COLLECTION DE CLERCQ

TOME IV

LES MARBRES

LES VASES PEINTS ET LES IVOIRES

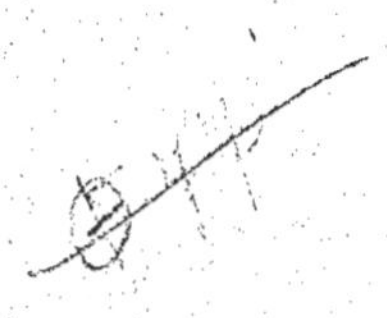

CHARTRES. — IMPRIMERIE DURAND, RUE FULBERT.

COLLECTION DE CLERCQ

CATALOGUE

PUBLIÉ PAR LES SOINS DE L'ACADÉMIE DES INSCRIPTIONS ET BELLES-LETTRES

ET SOUS LA DIRECTION DE

MM. DE VOGÜÉ, E. BABELON, E. POTTIER

TOME IV

LES MARBRES

LES VASES PEINTS ET LES IVOIRES

PAR

A. DE RIDDER

PROFESSEUR A LA FACULTÉ DES LETTRES D'AIX

OUVRAGE ACCOMPAGNÉ DE

30 héliogravures par P. DUJARDIN et 11 planches en similigravure par J. DEVILLARD

PARIS

ERNEST LEROUX, ÉDITEUR

28, RUE BONAPARTE, 28

1906

PREMIÈRE PARTIE

LES MARBRES

(1-60)

MARBRES PHÉNICIENS

(1-7)

La stèle de **Iehawmelek** a été plusieurs fois publiée, mais elle ne l'avait pas été par **M.** de Clercq et ne pouvait être omise dans le catalogue de sa collection. La description que j'en donne ici est purement archéologique et je n'ai pas prétendu faire l'étude complète du monument. Il serait intéressant de pouvoir le dater d'une manière précise ; malheureusement tout point de comparaison nous manque et nous pouvons seulement affirmer que la stèle est de l'époque perse et sans doute de la première partie du IVe siècle.

Les n[os] **2** et **3** appartiennent à une série mieux définie et qui a été plusieurs fois étudiée[1]. Les deux têtes n'ont pas été travaillées par la même main, mais elles sont du même type et sortent du même atelier, la seconde reproduisant, en les exagérant, les défauts de la première. Si on compare ces deux fragments aux sarcophages anthropoïdes déjà connus, on s'aperçoit que, par la forme comme par le style, ils se placent vers le milieu de la série et, semble-t-il, dans les dernières années du Ve siècle. Le cou et les épaules sont indiqués comme dans un sarcophage de Damas[2], mais d'une manière plus vague et moins précise. D'autre part la dépression légère qui sépare le chevet de la gaine n'est pas encore sensible dans un sarcophage du Louvre[3]. Donc, à ne consulter que la seule apparence extérieure, les marbres de Clercq se placeraient entre les deux monuments et assez près du sarcophage du Louvre où l'on a reconnu avec raison l'influence du style de Phidias[4]. L'examen du modelé mènerait aux mêmes conclusions. Sans

1. Perrot, *H. de l'Art*, III, p. 177-191, fig. 124-134. Furtwængler, *Archæol. Studien H. Brunn dargebracht*, pl. II, p. 67-88. Hamdi Bey-Th. Reinach, *Nécropole de Saïda*, p. 145-178. Le sarcophage de Cadix a été publié *Revue Archéol.*, 1898, II, p. 301-3, pl. XIII-XIV, de Laigue. Ajouter *Rev. Étud. Anciennes*, 1900, p. 272-3, Perdrizet (Venise) ; *Mélanges Perrot*, p. 152-3, Gsell (Cherchell) et les nombreux exemplaires découverts à Carthage.

2. Hamdi Bey-Th. Reinach, *l. l.*, pl. XLV, 82.

3. Perrot, *H. de l'Art*, III, fig. 126, p. 180.

4. Furtwængler, *l. l.*, p. 73, 19.

douté il s'agit ici de produits industriels et, qui pis est, d'art provincial[1], mais les marbriers auxquels nous devons ces monuments funéraires ont, comme leurs confrères[2], imité de leur mieux la sculpture attique du v᷉ᵉ siècle finissant. L'air de parenté est évident entre nos têtes et un certain nombre d'œuvres que nous avons tout droit de rapporter à l'atelier de Phidias ou à sa descendance. Le Lapithe du Louvre a le même front bas, le même visage ovale, les mêmes yeux grands ouverts à l'orbite très accusée, la même bouche aux lèvres saillantes[3]. La Hèra (?) d'Argos[4], où je m'étonne qu'on ne veuille pas reconnaître[5] un travail attique ou du moins « inspiré » des modèles attiques, a le même profil aux contours gras et fermes, qu'on retrouve, plus ou moins modifié, dans l'Athena Jacobsen[6] et dans une tête intéressante du Musée de Berlin[7]. L' « Aspasie » du Louvre offre, à peu de chose près, le même dessin de la bouche[8]. Je n'insiste pas sur la carrure du nez et sur la hauteur relativement grande des narines, ce sont là des caractères communs à toutes les têtes attiques, en particulier à l'Athena Jacobsen que nous avons déjà mentionnée, mais il n'est pas jusqu'aux ondulations profondes et horizontales de la chevelure sur les tempes que nous ne retrouvions identiques sur la tête de Berlin[9]; la différence ne commence qu'au-dessus des bandeaux, aucun lien visible ne retenant les cheveux des têtes syriennes. Les concordances, on le voit, sont nombreuses et frappantes ; elles suffisent, semble-t-il, à justifier l'attribution que nous avons proposée plus haut.

La matière des têtes **4-5** et de l'inscription **6** est un calcaire coquiller, sorte de conglomérat à gros grains, qui paraît propre à la région syrienne. Ces trois pierres sont donc de fabrication locale et, comme elles se ressemblent entre elles, il n'est pas impossible qu'elles proviennent du même lieu. L'inscription ayant trouvé grâce devant un juge tel que M. Clermont-Ganneau, il est vraisemblable que les deux têtes, si grossières qu'elles soient, sont, elles aussi, authentiques. Un faussaire moderne

---

1. M. Dussaud croit que la plupart des sarcophages, même de ceux en marbre, ont été sculptés en Phénicie même (*Revue Archéol.*, 1905, I, p. 21-2). La question mérite d'être reprise, mais, dans le cas particulier de nos deux monuments, je ne doute pas qu'ils ne soient de travail indigène.
2. FURTWÆNGLER, *l. l.*, p. 72-4.
3. COLLIGNON, *H. de la Sculpture gr.*, II, fig. 6, p. 17.
4. COLLIGNON, *ibid.*, II, fig. 82, p. 169. WALDSTEIN, *The Argive Heræum*, I, pl. 36.
5. S. REINACH, *Recueil de têtes*, pl. 51-2, p. 42-3 (contre FURTWÆNGLER, *Meisterwerke*, p. 443).
6. S. REINACH, *ibid.*, pl. 91-2, p. 74-5 (ARNDT, *Glyptothèque de Ny-Carlsberg*, pl. 41-2).
7. S. REINACH, *ibid.*, pl. 112-3, p. 88-9 (CONZE, *Beschr. d. Skulptur.*, 608).
8. S. REINACH, *ibid.*, pl. 39, p. 33-4.
9. S. REINACH, *ibid.*, pl. 112-3, p. 88-9.

aurait eu, semble-t-il, la main moins maladroite[1], et les nombreuses
figures de Bès découvertes en Syrie[2] montrent que l'apotropaion n'y était
guère moins connu qu'en Grèce.

1 (25). — **Stèle de Iehawmelek.** — Anc. collection Péretié. Trouvé en
1869 sur la colline située au sud du château de Byblos et sur l'emplacement
présumé du temple de la **Baalat.** Les deux lions passent pour avoir été
découverts avec la stèle. — Haut. de la stèle, 1ᵐ,15 (du champ 1ᵐ, — du
bandeau supérieur, 0ᵐ,035, — du bandeau inférieur, 0ᵐ,08, — du champ
figuré, 0ᵐ,37). Larg., 0ᵐ,55 (du champ, 0ᵐ,485). Prof. du champ, 0ᵐ,01.
Ép. moyenne, 0ᵐ,24. — Haut. du premier lion, 0ᵐ,585 (du dos, 0ᵐ,40).
Long., 0ᵐ,99 (du dos, 0ᵐ,42). Larg., 0ᵐ,36 (à l'arrière, 0ᵐ,33, — entre les
pattes, 0ᵐ,305, — de la plaque dorsale, 0ᵐ,08 à 0ᵐ,16). — Haut. du second
lion, 0ᵐ,55 et 0ᵐ,41. Long., 1ᵐ,01 et 0ᵐ,045. Larg., 0ᵐ,37 et 0ᵐ,31 (de la
plaque dorsale, 0ᵐ,13).

La stèle, qui est brisée dans le coin inférieur de droite, est en calcaire coquiller et
la surface en est très effritée. Les lions paraissent faits du même conglomérat, mais la
couleur en est grisâtre, tandis que celle de la stèle tire sur le blanc jaunâtre. Rien ne prouve
donc que les fauves, si fréquente qu'en soit la représentation en Phénicie[3], aient jamais
fait corps avec la pierre dressée et l'on ne peut qu'approuver, sur ce point, la réserve des
auteurs du *Corpus.* La seule chose certaine est que les lions, malgré de très légères
différences, étaient appariés. D'autre part leur dos est aplani et supportait certainement un
objet profond et de forme allongée, mais la plate-forme ne correspond nullement à la
base de la stèle : il est certes possible que les fauves aient accosté de quelque manière le
parallélipipède gravé et figuré, mais c'est là une hypothèse toute gratuite et que rien ne
nous permet de vérifier. Notons que la stèle est à peine dégrossie sur les côtés et que le
revers en est brut : elle devait être encastrée dans quelque monument, ou, tout au moins,
adossée à une façade.

Le premier lion est cassé en deux endroits, au bout des pattes, et au
milieu du dos ; il est allongé sur une base qui ne forme qu'une pièce
avec le fauve, les pattes de devant parallèles, la gueule ouverte, le mufle
ressemblant à une tête de chien, le corps mal modelé et, par derrière, à

---

1. Le relief d'Ascalon conservé au Musée du Louvre (Perrot, *H. de l'Art*, III, fig. 314, p. 441) montre à quel
degré peu croyable de barbarie pouvaient atteindre les artisans syriens.
2. Tome III, *les Bronzes*, p. 116 et 132.
3. Renan, *Mission de Phénicie*, p. 175, 176, 397, 702.

peine équarri, quelques traits gravés figurant les poils sur les pattes et sur la partie antérieure de l'animal. Sur le dos est ménagée une plate-forme qui est échancrée vers la naissance du cou et qui s'élargit à l'arrière.

Le deuxième lion ne diffère guère du précédent que par une cassure à l'arrière-train : la plate-forme dorsale est effritée et plus reculée vers l'intérieur.

La stèle est arrondie vers le sommet et le champ est entouré d'un bandeau saillant, qui s'élargit en bas de la pierre. La partie supérieure du champ est occupée par une scène figurée en bas-relief et deux lignes parallèles horizontales la séparent de l'inscription. En haut du registre, une mortaise rectangulaire est ménagée entre les ailes éployées ; une tige cylindrique de bronze traverse verticalement le fond de la cavité et se continue jusqu'à un trou percé en haut de la stèle, sur la tranche supérieure.

Dans le champ est un siège à dossier bas, recouvert d'une draperie retombante et dont les pieds sont consolidés par une équerre coudée à angle droit. Sur le fauteuil est assise à droite la **Baalat-Gebal,** les pieds réunis sur un tabouret allongé, le corps vêtu d'une longue tunique qui l'enserre comme une gaine, la main droite levée à droite, la main gauche, qui est baissée, tenant un sceptre terminé par une fleur de papyrus, un vautour accouvé semblant coiffer la tête sur laquelle les cheveux tombent comme une perruque, le crâne surmonté des deux cornes recourbées, entre lesquelles est le globe solaire. Vers la déesse marche **Iehawmelek,** le pied droit (?) en avant, le corps vêtu d'une longue tunique et d'un manteau drapé comme un grand châle sur les épaules, les avant-bras légèrement relevés, la main gauche tenant à plat une patère dont le manche est à l'opposé du roi, la main droite ouverte et la paume présentée vers la **Baalat,** la tête barbue et coiffée d'une tiare, dont la base est ondulée, mais qui se termine, à la partie supérieure, par une ligne droite. Au-dessus de la scène figurée, deux ailes, disposées de part et d'autre de la mortaise, épousent le bord supérieur du cadre : au centre devait être un globe solaire entouré d'uræus[1] et l'on distingue encore, au-dessous du trou, une espèce de queue.

Sous le premier registre, se succèdent neuf lignes entières et six autres cassées vers la droite. L'inscription est trop mutilée pour qu'il soit utile de reproduire ici la traduction du *Corpus.* On y voit que **Iehawmelek,**

---

1. La même disposition se retrouve au Louvre dans la stèle 140, rapportée de Tyr en 1860 par G. Rey ; au-dessous est un buste de femme drapée, la main levée.

fils et petit-fils de rois, protégé tout spécialement par la **Baalat-Gebal,** la Dame de Byblos, lui consacra un autel de bronze, différents objets d'or, et un portique avec ses colonnes, son architrave et son toit : le tout faisait partie du temple de la **Baalat,** dont l'emplacement était sur la colline où la stèle a été découverte.

Bibl. Clermont-Ganneau, *Études d'archéologie orientale,* I, p. 1-36, fig. *Corpus Inscriptionum Semiticarum,* t. I, 1re partie, pl. i, p. 1-8[1]. Perrot, *H. de l'art,* III, p. 67-8, fig. 23. Maspero, *H. des peuples de l'Orient,* II, p. 576, n. 3.

2 (37). — **Haut de sarcophage anthropoïde.** — Haut., o^m,76 (de la tête, o^m,39, — du chignon, o^m,05). Larg. aux tenons, o^m,82, (aux épaules o^m,70, — en bas du couronnement, o^m,51). Ép., o^m,075. Relief max., o^m,18. — Pl. I.

Marbre brillant à gros grains (Paros). Traces de rouge dans les cheveux.

Le haut conservé jusqu'à une ligne oblique allant de l'épaule gauche en bas du tenon droit (ces tenons servaient à soulever le couvercle du sarcophage[2]). La tête est en relief sur le chevet, mais l'attache du cou est à peine indiquée. En haut du crâne était un troisième tenon, qui est conservé.

Le visage est régulier de forme, les chairs pleines, le menton court et arrondi ; la bouche petite et ondulée, les lèvres fermées et abaissées aux commissures, l'inférieure épaisse et saillante, les narines rapprochées de la bouche, le nez droit et assez court, les arcades sourcilières peu prononcées et très arquées, les yeux par contre bien ouverts et entourés d'un ourlet très prononcé, les globes fortement convexes et le bord supérieur de l'orbite touchant les sourcils, les glandes lacrymales trop haut placées et d'un rendu très inexact, le coin externe non prolongé, le front plutôt bas, mal modelé et n'ayant rien de triangulaire. Les cheveux sont partagés par une raie indécise et forment sur les tempes des bandeaux largement ondulés et bouffant sur les côtés ; sur le crâne, les mèches sont vaguement indiquées et convergent vers le tenon supérieur, qui est à moitié dégrossi et donne presque l'illusion d'un chignon.

3 (66). — **Haut de sarcophage anthropoïde.** — Haut., o^m,38 (de la tête seule, o^m,33). Ép. totale, o^m,32 (du tenon, o^m,075). — Pl. II.

Même marbre que le précédent.

1. Je renvoie aux deux premiers recueils pour une bibliographie plus complète.
2. Hamdi Bey-Th. Reinach, *l. l.,* p. 145, 2.

Il n'a été conservé du couvercle qu'une petite partie du cou, un fragment près de la tempe gauche et le tenon arrondi qui surmonte la tête.

Le visage est plus plein encore que le précédent, le menton plus gras, et les joues plus empâtées, la bouche un peu plus large, la lèvre inférieure également renflée, la lèvre supérieure sinueuse et forte, les narines épaisses, lourdes et séparées brutalement des joues, le nez court, droit et très large, les arcades sourcilières aussi nettes et encore moins arquées, les yeux toujours très grands ouverts et les bords de l'orbite très accusés, les deux commissures presque symétriques, le front semblable et d'une hauteur également moyenne. Les cheveux sont partagés par une raie aussi peu indiquée que la précédente, et leurs bandeaux ondulent de la même manière en cachant presque entièrement les oreilles.

4 (28). — **Tête phénicienne (?) en relief.** — Anc. collection Péretié. — Long., o^m,43 (en bas, o^m,45). Haut., o^m,305 (à droite, o^m,31, — de la tête, o^m,28). Larg. de la tête, o^m,28 (sans les oreilles, o^m,22). Ép., o^m,10 à o^m,17. Relief max., o^m,075. — Pl. III.

Conglomérat calcaire très grossier, la surface rougeâtre, comme si elle avait été recouverte d'un enduit.

La plaque coupée ras au milieu du menton, le côté droit oblique au lieu d'être vertical, le dos très fruste et inégal, les tranches diverses à peu près équarries.

Tête de forme arrondie, les cheveux formant une calotte sur le front, des oreilles de pachyderme s'évasant en haut des tempes, les yeux à peine indiqués, le nez fort et gros du bout, les commissures profondément marquées, la lèvre supérieure sinueuse et saillante, l'inférieure formant un bourrelet droit.

5 (29). — **Tête semblable.** — Anc. collection Péretié. — Long., o^m,50. Haut., o^m,31 (de la tête, o^m,33). Larg. de la tête, o^m,47 (entre les oreilles, o^m,20). Ép., o^m,12 à o^m,13. Relief max., o^m,08. — Pl. III.

Même matière.

La figure à peu près rectangulaire et les côtés coupés net.

La tête dépasse quelque peu le bord supérieur du cadre ; elle est d'une forme bizarre, le front étant, comme le menton, coupé net par une ligne horizontale, le visage s'élargissant jusqu'à la hauteur de la bouche et composé de deux troncs de cône inégaux ; les oreilles sont plus grandes et plus informes, le nez plus court, la lèvre supérieure plus retroussée aux commissures. Malgré les divergences et l'inégalité des dimensions, il n'y a pas de doute que le relief ne représente le même monstre.

6. (33). — **Inscription phénicienne.** — Anc. collection Péretié. Trouvé à Saïda. — Haut., oᵐ,37. Larg., oᵐ,28. Ép., oᵐ,14.

Conglomérat calcaire. Le bloc est taillé à angles presque droits et l'inscription est gravée profondément, en très grands caractères.

Suivant M. Clermont-Ganneau, qui la regarde comme authentique, l'inscription serait écrite dans un idiome local, qui, sans être du phénicien, est apparenté de très près à cette langue. M. Clermont-Ganneau lui compare une autre dédicace publiée, par SCHRŒDER[1].

Bibl. CLERMONT-GANNEAU, *Recueil d'Archéol. orientale*, I, p. 77-80, et *Archiv. des Missions*, 3ᵉ série, t. XI, 1891, II, 94, p. 228, pl. V, A.

7 (44) [E. 436]. — **Vase en pierre.** — Environs de Saïda. — Haut., oᵐ,068. Diam. de la base, oᵐ,05 (de l'embouchure, oᵐ,063, — intérieur, oᵐ,037).

Calcaire dur et grisâtre.

La panse est coupée haut et bas par une section nette, l'embouchure formant à peine un léger rebord. Le modelé est imparfait et très sommaire.

Dix-sept caractères pseudo-phéniciens ont été gravés à une époque récente sur le plat de l'embouchure. Je n'ai pas cru devoir faire reproduire l'inscription, qui, d'après M. Clermont-Ganneau, est l'œuvre manifeste d'un faussaire.

1. *Zeitschrift d. deutsch. Morgenl. Gesellschaft*, XXXVIII, Heft IV, pl. II, 6, p. 533 (d'après Clermont-Ganneau).

MARBRES GRÉCO-ROMAINS

(8-45)

APHRODITE.

Les n°° **8-11** sont des répliques plus ou moins complètes et plus ou moins fidèles de l'**Aphrodite** de Cnide. Les deux premières statuettes ne méritent guère de nous arrêter, mais il en est autrement du marbre **10** qui provient du mithræum de Saïda. Si, comme tout nous porte à le croire, il est contemporain des œuvres d'art qui ornaient également le sanctuaire, il prouve qu'à la fin du II° siècle, sous Commode, les ateliers de la Syrie comptaient encore d'habiles artisans. Le travail est loin d'en être parfait, l'exécution est lisse et sans accents, mais, si la statuette rappelle d'assez loin l'œuvre de Praxitèle, elle ne manque, à tout prendre, ni d'originalité, ni même de mérite. Les jambes sont lourdes, et leur pose est sans grâce, mais elles se rapprochent plus encore du prototype que le ventre aplati, la taille allongée et le torse juvénile. Nous avons déjà rencontré cette tendance à la gracilité dans un groupe de la même collection[1], mais elle y était plus exagérée encore et le style de la tête prouvait que le toreuticien n'avait guère conservé que le motif primitif. Au lieu que l'imitation est ici sensible, mais le visage de la statuette est traité dans le même esprit que le corps lui-même ; dans l'un comme dans l'autre, on sent la même prédilection pour les formes rondes et molles, le même style affadi, la même transposition abâtardie de l'original.

Le torse **11** n'est pas, lui non plus, une sculpture de premier ordre ; il suffit pour s'en convaincre d'examiner le modelé du dos, ou encore la manière dont est traité l'avant-bras droit. Mais, si on lui compare de bonnes répliques de la Cnidienne[2], il est visible que le marbre s'en rapproche de très

---

1. *Tome III*, p. 6 et 27-8, pl. I.
2. COLLIGNON, *H. de la Sculpture gr.*, II, fig. 137-8, p. 275-6.

près. N'étaient les seins qui sont plus maigres, il n'est presque pas de trait
de l'original qui ne se retrouve dans la copie et si la surface de la pierre
n'avait pas souffert, le morceau, malgré sa lourdeur, prendrait place parmi
les meilleures répétitions partielles du prototype.

Les marbres **13** et **14** représentent la déesse à la fois nue et pudique,
l'une des mains cachant les seins, l'autre baissée devant le sexe. Le motif
est des plus fréquents[1] et il n'est pas rare que l'**Aphrodite** soit, comme dans
ces deux statuettes, accompagnée d'un **Eros**[2], mais je ne connais pas de
cas où celui-ci soit représenté dans un groupe en ronde bosse debout et les
mains liées[3] comme dans le n° **13**[4] ; l'assemblage est d'ailleurs mal composé
et le personnage principal y est, contre la coutume[5] et contre la vraisem-
blance, debout sur la jambe droite. La statuette **14**, qui est mieux comprise,
est d'un meilleur travail, sans que l'exécution y sorte de la moyenne.

Le groupe **15** est plus important, à la fois par les dimensions et par
le travail. La tête de la déesse manque et celle de l'**Eros** est mal conservée,
mais il reste assez des deux corps pour qu'on puisse juger du talent de
l'artisan. L'invention n'a rien d'original : le sculpteur s'est borné à réunir
à l'**Aphrodite** pudique et demi-nue, un **Eros** tenant la coquille[6] qu'il a
dressé sur la tête d'un dauphin ; encore cette combinaison elle-même
n'est-elle pas sûrement de lui et il s'est sans doute borné à copier un
modèle disparu. Mais il l'a fait non sans adresse ; si les draperies sont
lourdes et si le modelé des chairs est superficiel, l'ensemble ne manque pas
d'agrément et témoigne d'une certaine habileté décorative.

L'**Aphrodite 18** a le bras droit levé presque verticalement, variante
assez rare et d'ailleurs sans élégance. Pour tout le reste, la statuette rappelle de nombreuses répliques de l'**Anadyomène** et la conservation en est
si mauvaise qu'on ne peut guère parler de son style.

La figurine **19** soulève un intéressant problème d'authenticité qui sera
discuté un peu plus bas : si la combinaison de types y est nouvelle, les
statuettes qui lui succèdent n'ont rien d'inédit, et reproduisent le motif

1. *Tome III, les Bronzes*, p. 5-9.
2. CLARAC, pl. 606 B, 1379 A (Naples) ; pl. 620, 1379, 1380 et 1382 (Dresde, Venise et collection Brunet) ;
pl. 627, 1412 (Cavaceppi) ; pl. 632, 1398 A (collection Torlonia). Ajouter S. REINACH, *Répertoire*, II, p. 354, 5
(Antium), p. 355, 4 (Salerne). p. 354, 11 (Carthage), p. 355, 6 (Maxula).
3. Le motif en lui-même n'a rien que de très fréquent. C'est l'**Eros** captif, CLARAC, pl. 648, 1481 (Vatican),
pl. 650, 1481 A (coll. Pembroke) ; STEPHANI, *C. Rendu de St-Pétersbourg*, 1877, p. 73, 120, 121 (fig.), 153, 185.
4. On ne peut comparer que le n° **11** de la même collection.
5. *Tome III, les Bronzes*, p. 8.
6. CLARAC, pl. 606 A, 1405 A (Musée de Naples), S. REINACH, *Répertoire*, II, p. 378, 3 (collection Trubert) et
surtout p. 349, 6 (groupe perdu, connu d'après le recueil de de Cavalleriis, II, pl. 70). Le motif est fréquent dans les
petits bronzes.

bien connu de l'**Aphrodite** détachant sa sandale[1]. Le prototype était évidemment de bronze, car deux supports sont nécessaires aux répliques de marbre, l'un sous le bras et la cuisse gauches, l'autre sous le pied du même sens. Le gouvernail est souvent employé dans le premier cas[2], mais c'est la première fois, semble-t-il, que le cygne fait l'office de second contre-fort[3], il n'y a d'ailleurs rien d'étonnant à le voir, lui ou la colombe servir de marchepied à la déesse. La même statuette **20** nous fait connaître une seconde variante du type primitif ; au lieu que, dans tous les exemplaires, le bras gauche est plus ou moins relevé, il est ici entièrement baissé et presque parallèle au bras droit. Nous retrouvons d'ailleurs dans la figurine la flexion de la tête vers la gauche et les mêmes proportions élancées que dans beaucoup de petits marbres ou de bronzes syriens[4]. Dans le second exemplaire, la main gauche est relevée suivant l'usage courant et le poignet au lieu de la paume[5] s'appuie sur le haut du support.

L'**Aphrodite 22** porte un **Eros** sur l'épaule droite, motif dont il existe des exemples en bronze[6] mais qui, pour des raisons faciles à comprendre, est rare dans les statues de marbre[7]. Il faut avouer que l'exception est mal justifiée par les figurines, où ce corps grêle d'enfant, maladroitement collé sur la nuque de la déesse, est de l'effet le plus disgracieux.

Je ne trouve plus guère à signaler ensuite que les têtes **24-7**, dont l'une, que j'ai fait reproduire, est d'un assez bon style.

8 (13). — **Aphrodite de Cnide.** — Haut.,0ᵐ,3o8 (de la tête, 0ᵐ,o4, — de la base, 0ᵐ,o2). Long de la base, 0ᵐ,11. Larg. —, 0ᵐ,075.

Marbre des îles, très blanc et revêtu d'une croûte ferrugineuse, sans consistance et qui s'écaille facilement.

La base losangiforme et irrégulière, les coins arrondis.

1. *Tome III, les Bronzes,* p. 16-7, p. 66-9, pl. XIV-XVI. *Revue Archéol.,* 1903, II, p. 10-20, pl. X-XI, J. DE MOT.

2. FRŒHNER, *Catal. Hoffmann,* 3 juin 1889, 549, pl. 33. D'autres exemples, *Revue Archéol.,* 1903, II, p. 16. Je rappellerai que la rame de la collection de Clercq (*Tome III,* **710,** p. 375, 6) avait d'abord été placée à tort sous le bras gauche d'une **Aphrodite** détachant sa sandale (CLERMONT-GANNEAU, *Archiv. des Missions,* 3ᵉ série, t. XI, 1885, 93, pl. III B).

3. On trouve à cette place un **Eros** dans une statuette de Balanée (CLERMONT-GANNEAU, *Archiv. des Missions,* XI, 1885, pl. V, 1) et un dauphin dans un petit marbre de l'ancienne collection Mimaut (CLARAC, pl. 622 A. 1046 B).

4. Elles sont plus élancées encore que dans le bronze figuré dans le tome précédent, **91,** pl. XVI, p. 69.

5. *Ibid.,* **87,** pl. XIV, p. 66.

6. CLARAC, pl. 632 D, 1293 A, 1293 B. La première statuette est à Turin et vient sans doute d'Industria ; la seconde, qui faisait partie du cabinet Clarac, est au Musée de Toulouse.

7. L'**Aphrodite** accroupie de Sainte-Colombe au Musée du Louvre avait bien la main d'un **Eros** en haut du dos (RAYET, *Monuments antiques,* 53. H. DE VILLEFOSSE-MICHON, *Catal. sommaire,* 2240, p. 131), mais l'**Eros** ne devait pas être porté par la déesse (cf. CLARAC, pl. 631).

La déesse est debout sur la jambe droite, la jambe gauche pliée au genou, le pied en arrière et quelque peu en dehors, mais posant d'aplomb, le bras droit baissé, la main revenant en avant et cachant le sexe, le coude gauche un peu en arrière, la main relevée et dont les doigts sont baissés retenant une draperie qui est rattachée par un large tenon à la cuisse gauche : elle tombe en plis réguliers sur une petite urne ou une amphore sans anses, dont la panse est oblique et l'épaule horizontale, la base et l'ouverture étant figurées par de larges bourrelets. La tête, qui n'est pas baissée, est tournée légèrement à droite et inclinée vers l'épaule gauche, les oreilles non percées, les cheveux retenus par un double bandeau, relevés aux tempes et formant à la nuque un chignon court.

On peut comparer une statuette semblable, mais de dimensions un peu plus grandes, qui a été vendue à Paris le 9 novembre 1900 (*Catal. Serrure*, pl. XII, p. 21, 365). La main gauche est posée sur la draperie comme dans un bronze de la collection de Clercq[1]. Les formes sont lourdes et épaisses, comme dans un certain nombre de statuettes syriennes, dont il est exagéré de prétendre, avec M. S. Reinach, qu'elles visent toujours à la gracilité et à l'élégance[2].

9 (7). — Aphrodite de Cnide. — Haut., 0^m,503 (de la base, 0^m,055, — de la seconde base, 0^m,01 à 0^m,02, — de la tête, 0^m,063). Long. de la base, 0^m,225 (de l'ouverture, 0^m,157, — de la seconde base, 0^m,145). Larg. de la base, 0^m,165 (de l'ouverture, 0^m,102, — de la seconde base, 0^m,098).

Marbre des îles, la surface très polie et lisse. Traces de rouge dans les cheveux, de rose dans la draperie et de bleu (?) dans les yeux. Le bout du chignon non conservé, un des coins de la base éclaté. Une croûte épaisse recouvre une partie de la figurine.

La base est rectangulaire et grossièrement épannelée. Une cavité de même forme, aux coins arrondis, est creusée dans la surface : la seconde base, à laquelle adhèrent les pieds de la statuette, est quadrangulaire et la forme en est irrégulière ; comme elle est plus petite que la cavité, où elle semble flotter, il n'est pas sûr que la grande base appartienne à la statuette.

La déesse est debout sur la jambe droite, le pied légèrement de côté, la jambe gauche pliée au genou, le pied en arrière, oblique et sur la pointe ; les membres sont lourds, le torse plutôt étroit, les épaules tombantes ; la main droite cache de même le sexe, et le coude gauche est quelque peu en

1. *Tome III*, pl. II, 4.
2. *Rev. Archéol.*, 1904, I, p. 375.

arrière, mais l'avant-bras est horizontal, et la main, qui est fermée, mais non baissée, tient à poignée la draperie, qui forme au-dessus des doigts un coin mince et très allongé et qui recouvre en partie le vase dont l'ouverture et la base sont obliques. Le cou est mince et allongé, la tête tournée à droite, penchée quelque peu en avant et inclinée sur l'épaule gauche, les cheveux divisés par une raie et formant sur les tempes des bandeaux ondulés qui couvrent entièrement les oreilles, le chignon court et mal conservé.

La gracilité du corps et la coloration du marbre se retrouvent dans une statuette d'Helalieh, près de Saïda, au musée du Louvre (H. DE VILLEFOSSE-MICHON, *Catal. sommaire*, 2595). On peut rapprocher également une statuette d'Antarados au British Museum[1]. Une réplique du Vatican serait à comparer pour la main gauche, si la draperie n'y était vraisemblablement restaurée (*Arch. Zeitung*, pl. 12, 4, C, p. 145-7, MICHAELIS).

10 (8). — **Aphrodite de Cnide.** — Haut., 0^m,97 (de la base, 0^m,09, — de la tête, 0^m,129). Long. de la base, 0^m,34. Larg. —, 0^m,17 à 0^m,21. — Pl. IV.

Marbre de Paros, la surface très polie, dorée et singulièrement conservée. Traces de rouge dans les cheveux. Le vase, la base et la draperie semblent faits d'un autre bloc et un lourd tenon rectangulaire réunit la draperie à la cuisse gauche.

La base est quadrangulaire et irrégulière; l'angle antérieur de droite est seul rectangulaire.

La déesse est debout sur la jambe droite, mais les deux pieds sont sur la même ligne, le gauche plus en dehors, mais à peine relevé, les membres lourds, mais la taille assez svelte; la main droite, au lieu de cacher le sexe, est baissée verticalement et couvre le haut de la cuisse gauche, l'épaule gauche quelque peu relevée et le coude en dehors, l'avant-bras abaissé, la main, qui est retournée et presque pendante, tenant à poignée la draperie qui tombe en plis réguliers et symétriques, le vase à parfums étant petit et sans anses, comme dans les numéros **8** et **9**. Sur le cou assez court, la tête est à peine baissée, et presque de face, un peu inclinée vers l'épaule gauche, le visage ovale, le menton court, la bouche petite et entr'ouverte, la lèvre inférieure en relief, les joues pleines, le nez long et droit, les yeux creux et devant être incrustés, le front assez élevé, mais étroit et triangulaire, les cheveux ondulés en bandeaux sur le front et sur les tempes, et formant à

1. MURRAY, *Greek Sculpture*, II, p. 396. S. REINACH, *Répertoire*, II, p. 354, 2. SMITH, *Catal. Sculptur. British Museum*, III, 1576, p. 29.

la nuque un chignon d'une forme presque rectangulaire, un ruban passé deux fois dans la coiffure et noué sur la nuque, les oreilles à demi-cachées et une pendeloque en bronze encore passée dans l'oreille gauche.

La main gauche tient la draperie comme dans un bronze de la collection de Clercq[1].

11 (34). — Torse d'une Aphrodite de Cnide. — Haut., o^m,55. —Pl. V et VI.

Marbre de Paros. Petite nature (la statue complète avait 1^m,4o de haut environ).

Les jambes coupées net à l'attache, un peu au-dessous du sexe. L'avant-bras droit cassé au poignet et le bras gauche, qui était rapporté comme la main droite, près de l'aisselle. Le cou brisé obliquement. La surface assez bien conservée, sauf quelques égratignures, dont l'une au sein gauche.

La déesse devait être debout sur la jambe droite et la main de même sens se portait en bas du sexe, tandis que le coude gauche était en arrière du corps et que la main tenait une draperie au-dessus d'un vase. Le corps est modelé sommairement, mais avec un soin relatif; les formes sont grasses, le ventre assez saillant, la taille épaisse, les seins peu développés et rapprochés, le bras droit plutôt maigre et d'un mauvais style. La tête, d'après l'attache du cou, était quelque peu relevée et tournée vers la droite du spectateur.

12 (16) [D. 235]. — Aphrodite de type cnidien, à demi-drapée. — Haut., o^m,35 (de la tête, o^m,o38, — de la base, o^m,o2). Long. de la base, o^m,10. Larg. —, o^m,o7.

Marbre blanc des îles, recouvert par endroits d'une belle patine dorée. Traces de couleur rouge aux lèvres et, semble-t-il, à la chevelure, qui n'est pas détaillée. Le bas du groupe éclaté par devant, le cou cassé.

La base rectangulaire.

La déesse est debout sur la jambe droite, le pied un peu en dehors, la jambe gauche pliée au genou, le pied légèrement relevé, mais sur la même ligne que l'autre, le bras droit quelque peu infléchi au coude, la main, qui est placée devant le sexe, retenant la draperie qui tombe obliquement à droite et à gauche, et se relève à partir du genou gauche, un second pan tombant de la main gauche et recouvrant presque entièrement l'urne qui est

---

1. *Tome III*, pl. I, **5**.

informe et mal figurée, l'avant-bras gauche légèrement baissé et la main comme posée sur l'étoffe, qu'un tenon épais rattache à la cuisse gauche. La tête est tournée à droite du spectateur, légèrement baissée et penchée sur l'épaule gauche, les cheveux séparés par une raie, relevés aux tempes et noués en un chignon bas.

Je ne connais pas d'exemplaire où le bas du corps soit couvert et par l'étoffe même qui tombe sur le vase à parfum. La combinaison n'est d'ailleurs pas heureuse et il n'y a pas lieu d'en louer l'inventeur.

13 (27). — Aphrodite pudique, avec Eros. — Haut., $0^m,45$ (de la tête, $0^m,057$, — de la base, $0^m,04$, — du pilier, $0^m,175$, — de sa base, $0^m,03$, — de l'**Eros**, $0^m,125$, — de sa tête, $0^m,03$). Long. de la base, $0^m,17$ (de la cavité, $0^m,115$, — du pilier, $0^m,047$). Larg. de la base, $0^m,148$ (de la cavité, $0^m,095$, — du pilier, $0^m,043$).

Marbre des îles, à gros grains brillants, la surface revêtue d'une épaisse couche terreuse, de couleur rougeâtre.

La base est rectangulaire et percée d'une cavité demi-circulaire, plus profonde à l'avant qu'à l'arrière: dans ce trou entrait la seconde base, qui ne fait qu'un avec la statuette.

Le bras gauche cassé à mi-corps. Aux oreilles, boucles d'or qui paraissent rapportées: elles sont faites d'un anneau large suspendu à un crochet et auquel sert de pendeloque un second cercle, plus petit, et d'où se détachent deux fils tordus.

A gauche de la déesse est une sorte de pilier, arrondi au sommet et sur lequel paraît jetée une draperie ; le pilier se rattache, par un tenon épais, à la cuisse gauche d'**Aphrodite** ; la base en est moulurée et ornée d'une scotie entre deux tores. Un enfant ou un **Eros** sans ailes est adossé au support, les jambes détachées, mais le corps en relief et les bras ramenés derrière le dos, comme s'ils étaient enchaînés ; la tête est ronde et enfantine, les cheveux formant perruque et une tresse partant du front pour se diriger vers le sinciput.

La déesse est debout sur la jambe droite, le pied légèrement en dehors, la jambe gauche pliée au genou, le pied un peu en arrière et relevé ; la main gauche, comme l'indiquent deux protubérances affleurant en haut de la cuisse droite, était baissée devant le sexe ; l'avant-bras droit est horizontal, légèrement relevé et la main touche le sein gauche par le pouce et l'index ; la tête est quelque peu baissée et tournée insensiblement vers la droite ; les

cheveux forment un nœud en haut de la tête et trois tresses tombent sur le
dos, tandis qu'une quatrième descend sur l'épaule droite.

Le visage et le corps sont d'un mauvais travail ; certains détails ne laissent pas d'être suspects.

14 (14). — **Aphrodite pudique, avec Eros.** — Haut., o^m,27 (de la
tête, o^m,035, — de la base, o^m,025, — de l'Eros, o^m,095). Long. de la base,
o^m,11. Larg. —, o^m,06.

Marbre des îles ou de Paros, la surface corrodée et ruinée. Traces de peinture rouge
sur le tronc et sur la cuisse de la figurine ; l'objet tendu à la déesse paraît avoir été peint
en jaune ; les sandales, dont les lanières sont visibles sur le pied gauche, étaient peintes
en noir.

La base trapézoïde, plus profonde à droite qu'à gauche.

La déesse est debout sur la jambe gauche, le pied sensiblement de face,
la jambe droite pliée au genou, le pied en arrière, oblique et sur la pointe,
le bras gauche baissé, la main cachant le sexe, l'avant-bras droit légèrement
relevé, la main couvrant le sein ; la tête est penchée en avant, inclinée sur
l'épaule gauche et tournée à droite, les cheveux tombant en nappe sur le dos
et relevés par un nœud double en haut du front.

Un pilier épais, qui paraît recouvert par une draperie, est à droite de
l'**Aphrodite** et en touche la cuisse gauche. Devant ce support est un dauphin, la tête en bas et la queue relevée, sur lequel un **Eros** joue à califour-
chon, les ailes non figurées, la main gauche baissée sur la crête du cétacé,
la main droite levée vers la déesse et lui tendant un objet indistinct, la tête
de face, légèrement tournée vers l'épaule droite et un peu relevée, les cheveux coiffés d'une calotte conique.

Parmi les exemples cités plus haut, celui qui paraît se rapprocher le
plus du groupe est un corps sans tête trouvé à Maxula et conservé au Musée
de Tunis, LA BLANCHÈRE-GAUCKLER, *Musée Alaoui*, pl. XI, 8, p. 48 (S. REI-
NACH, *Répertoire*, II, p. 355,6).

15 (18). — **Aphrodite pudique, à demi drapée, avec Eros.** —
Haut., 1^m,14 (de la base, o^m,065 à o^m,07). Long. de la base, o^m,52. Larg. —,
o^m,37. — Pl. VII.

Marbre de Paros. La surface, là où le groupe est intact, généralement bien conservée,
sauf quelques éraflures à la draperie. Traces de peinture sur le dauphin et, semble-t-il,
dans les plis de la draperie.

DE RIDDER.   3

Le marbre était brisé en plusieurs morceaux qui se rajustent exactement (cassures au coude gauche, en bas des deux aisselles et au pli du ventre, au-dessus du nombril). Il manque dans l'**Eros** le pénis, les mains et une partie de la coquille, dans l'**Aphrodite** la tête, l'index de la main gauche et la main droite dont l'attache est encore visible sur le sein gauche et en haut du coude: le fort tenon rectangulaire qui réunit l'avant-bras à la poitrine, au-dessus du pli du ventre, a été refait, mais le départ en est ancien.

La base, qui est plus haute à gauche qu'à droite, est irrégulière: la forme en serait sensiblement ovale, si le côté droit n'en était taillé net; comme elle est, de ce côté, échancrée par-dessous, il est probable qu'elle était encastrée dans une autre base, plus grande et qui était sans doute rectangulaire.

La déesse est debout sur la jambe gauche, le pied en dehors et chaussé d'une sandale, la jambe droite pliée au genou, le pied légèrement en arrière et de côté, mais ne reposant pas sur la pointe et s'appuyant simplement sur le bord interne. Le bras gauche est baissé et fléchi au coude, la main prenant à poignée la draperie qui s'enroule en bas des reins et dont un pan retombe en bas des jambes: l'étoffe de laine est bordée d'un ourlet et alourdie par un plomb à l'angle inférieur; l'avant-bras droit est quelque peu relevé, le pouce s'appuyant sur le sein gauche et les derniers doigts reliés au bras, un peu en haut du coude, un tenon rattachant le bras au flanc gauche. Le torse était quelque peu penché en avant, la tête, qui est cassée, mais qui devait être taillée dans le même bloc, étant baissée et tournée vers la droite; une tresse ondule encore sur chaque épaule, mais le dos de la statue n'est qu'à peine dégrossi, ce qui prouve que la statue devait être regardée de face.

Sur la gauche de la déesse est une base rocheuse, irrégulière, sur laquelle un dauphin est renversé, la tête en bas, le rostre conique, les dents nombreuses, petites et aiguës, des flots semblant couler de sa bouche entr'ouverte, les évents marqués de chaque côté, la queue bifide et dressée, le corps du cétacé ne faisant qu'un avec celui de la statue, depuis le genou jusqu'au bord supérieur de la draperie. Sur la tête du dauphin est debout un **Eros**, nu, le pied droit en arrière et de côté, le pied gauche en avant et près de la crête, les deux bras pliés au coude, les mains tenant une coquille à fard, les ailes petites et entourant la queue dressée, la tête tournée vers la gauche, inclinée sur l'épaule droite et très en arrière, relevée vers la déesse qu'elle regarde, les cheveux frisés et bouclés, le visage mal conservé.

Assez bon style.

Le motif est celui d'un groupe de Naples où l'**Eros** seul est différent[1].

1. CLARAC, pl. 614, 1860.

Celui-ci ne chevauche plus le cétacé, mais est debout sur lui, position plus rare, mais dont il ne manque pas d'exemples [1].

16 (15) [D. 234]. — **Aphrodite pudique, à demi drapée, avec Eros.** — Haut., 0ᵐ,33 (de la tête, 0ᵐ,04, — de la base, 0ᵐ,025, — de l'enfant, 0ᵐ,092). Longueur de la base, 0ᵐ,11. Larg. —, 0ᵐ,065.

Marbre des îles, à gros grains, la surface recouverte d'une croûte terreuse et qui s'effrite singulièrement. Le dos est presque plat et sommairement modelé.

La base a la forme ovale.

La déesse est debout sur la jambe gauche, le pied légèrement en dehors, la jambe droite pliée au genou, le pied sur la même ligne que l'autre, mais un peu relevé et posé de côté, le bras gauche, qui est très long, infléchi au coude et baissé, la main cachant le sexe et placée devant la draperie : celle-ci, dont l'agencement est insolite, couvre à la fois les jambes et une sorte de pilier bas placé à la droite du spectateur et qui est relié à la statuette ; le bras droit d'**Aphrodite** est plié au coude, l'avant-bras horizontal, le pouce en bas du sein gauche, un tenon réunissant la main à la poitrine. La tête est légèrement baissée, inclinée sur l'épaule gauche et tournée quelque peu à droite, les cheveux formant à la nuque un court chignon et un nœud double sur le sinciput : ils sont séparés par une raie en haut du crâne et relevés en bandeaux ondulés sur les tempes, une queue tombant sur l'épaule droite et une autre descendant derrière la gauche.

Devant la draperie, ou, plus exactement, devant le pilier qu'elle recouvre, est un enfant ou un **Eros** sans ailes, nu et debout, les jambes réunies, les mains ramenées derrière le dos (voir plus haut le groupe **8**).

17 (17). — **Aphrodite pudique, à demi drapée, avec dauphin.** — Trouvé dans une grotte près de Saïda. Acquis d'Abela en 1884. — Haut., 0ᵐ,36 (de la tête, 0ᵐ,045, — de la base, 0ᵐ,02). Long. de la base, 0ᵐ,11. Larg. —, 0ᵐ,08.

Marbre très blanc (?), taché de noir à la base et à la partie droite du visage. Plusieurs cassures ; la queue du dauphin et le milieu des deux tresses, là où elles sont détachées de la tête et de la nuque, non conservés.

La base ovale, la tranche concave ; haut et bas, filets.

---

1. Outre ce groupe et un autre à la même page de Clarac, je citerai deux statues du Louvre (*ibid.*, pl. 344, 1398, 1353 = H. DE VILLEFOSSE-MICHON, *Catal. sommaire*, 280, 335) et une Vénus du Vatican (AMELUNG, *Sculpturen d. Vatic. Mus.*, 1, pl. 82, 673, p. 767). Cf. STEPHANI, *C. Rendu de St-Pétersbourg*, 1864, p. 219.

Le dauphin, dont le rostre est fiché en terre, n'est relié que par la queue au flanc gauche de la déesse. Celle-ci est debout sur la jambe gauche, le pied quelque peu en dehors, la jambe droite pliée au genou, le pied non relevé, mais très en arrière et légèrement oblique ; le bras gauche baissé et fléchi au coude, la main devant le sexe et tenant à poignée la draperie qui couvre le bas du corps, un pan vertical tombant du sexe jusqu'aux pieds ; le bras droit plié au coude, l'avant-bras un peu relevé, le pouce touchant le bord du sein gauche, les autres doigts recourbés et reliés au bras gauche, les pointes des seins rapportées. Le cou est dégagé et la tête, qui est tournée à droite, baissée légèrement et inclinée vers l'épauche gauche, est d'un dessin assez ferme, la bouche petite et infléchie, les paupières lourdes, les sourcils droits : les cheveux, qui sont relevés aux tempes et retenus par un bandeau, tombent sur la nuque en deux tresses égales et symétriques.

Les jambes sont assez courtes, mais le ventre est très allongé, le buste peu développé et les épaules très tombantes.

La pose est la même dans une statue découverte récemment à Carthage et conservée au Musée du Bardo, *Rev. Archéol.*, 1902, II, pl. XV, 3, p. 395 (GAUCKLER).

18 (12) [D. 24]. — **Aphrodite à demi drapée, se coiffant.** — Trouvé dans la mer à Tortose. — Haut., 0^m,26 (de la tête, 0^m,034, — de la base, 0^m,01). Long. de la base, 0^m,055. Larg. —, 0^m,045.

Marbre des îles, la surface rongée par l'humidité et recouverte d'une croûte ferrugineuse.

La base de forme irrégulière.

La déesse est debout sur la jambe gauche, la jambe droite pliée au genou, le pied en arrière et sur la pointe, le bas du corps enveloppé d'une draperie qui est nouée par devant, en bas du sexe, l'étoffe s'élargissant à la base en forme de cloche ; le haut du torse est penché vers la droite, le bras droit levé presque verticalement, quoique légèrement plié au coude, la main saisissant à poignée une tresse dénouée au-dessus et en arrière de la tête, le bras gauche abaissé, l'avant-bras présenté verticalement, la main tenant une seconde tresse à hauteur de la joue gauche et dans le plan de la tête ; celle-ci est penchée vers la gauche, baissée en avant et quelque peu inclinée vers l'épaule droite : les cheveux sont déjà relevés à la nuque où ils forment un chignon bas.

Les formes sont plutôt lourdes. La draperie est nouée par devant comme dans de nombreuses répliques de l'**Anadyomène**[1] : il n'est pas impossible que celle-ci ait été, tout comme la statuette, à demi-vêtue[2]. Le bras droit est élevé plus haut encore que dans une statuette de l'Ermitage[3].

19 (23) [348]. — **Aphrodite mettant une bandelette dans ses cheveux.** — Acquis par Quarelli. — Haut., 0^m,42 (du socle, 0^m,059, — à l'arrière, 0^m,07, — de la tête, 0^m,052). Long. du socle, 0^m,135 (à l'arrière, 0^m,14). Larg. —, 0^m,082 et 0^m,09. — Pl. III.

Marbre de Paros. La base ne forme qu'un bloc avec les jambes qui sont cassées, la droite au-dessus du genou, la gauche au même endroit et au cou de pied. Au-dessus de la cassure, la surface est en général plus brillante et mieux polie que dans la partie inférieure. Le bras gauche est brisé et manque depuis l'attache, ainsi que la moitié correspondante de la mitra, dont tout le pan droit est merveilleusement conservé. Traces de rouge dans la chevelure.

La base est rectangulaire, mais plus large à l'arrière qu'à l'avant, la tranche ornée d'une moulure creuse entre deux bandeaux plats, surmontés, l'un et l'autre, d'un listel.

La déesse est debout sur la jambe droite, le pied d'aplomb et sensiblement de face, la jambe gauche pliée au genou, le pied en arrière, en dehors et sur la pointe. A gauche de la jambe droite, et soutenant la cuisse de même sens, est un grand vase sans anses, la tranche du pied oblique, la panse allongée et à demi-cachée par une draperie frangée. Le bras droit est baissé et plié au coude, qui est un peu en arrière du corps, l'avant-bras relevé verticalement, la main à demi-retournée et tenant mollement entre les doigts le bout d'une bandelette simple qui part de la nuque et s'appuie un instant en haut de l'épaule ; le bras gauche était séparé du corps, la main relevée et tenant à droite l'autre bout de la bandelette. La tête est fortement penchée en avant et tournée quelque peu vers la gauche, tout en s'inclinant légèrement vers l'épaule droite, le visage allongé, le menton mince et proéminent, la bouche fermée, les lèvres fortes, le nez grand, les sourcils bien arqués, les yeux ovales, à demi-fermés et les paupières lourdes ; une bandelette, qui est large et ourlée sur les bords, ceint le front au-dessus des sourcils, repasse une seconde fois sur les cheveux et une troisième à la naissance du chignon, après quoi elle est nouée à la nuque

1. CLARAC, pl. 600, 1323 (Naples).
2. *Tome III, les Bronzes*, p. 13.
3. STEPHANI, *C. Rendu de St-Pétersbourg*, 1881, pl. I, 9, p. 46 (S. REINACH, *Répertoire*, II, p. 340, 1).

et les bouts en descendent vers les deux mains ; dans l'intervalle de ces
liens, les mèches parallèles et lourdement ondulées des cheveux convergent
vers le chignon court et relevé qui bouffe sur le derrière de la tête ; le bout
d'un frison apparaît sur le front et sur les tempes, devant les oreilles, descendent des touffes épaisses et calamistrées, d'un curieux travail.

BIBL. FURTWÆNGLER, *Meisterwerke*, p. 100.

Un problème délicat d'authenticité se pose à propos de la statuette :
les deux vues que j'en donne aideront, sinon à la résoudre, du moins à
poser la question. M. Furtwængler, qui avait pu voir le marbre dans la collection de Clercq, lui consacre dans les *Meisterwerke* quelques lignes enthou-
siastes. Peut-être le mérite lui en aurait-il paru moins évident, si la figurine
n'était venue confirmer à propos une théorie de l'auteur, suivant laquelle la
tête de Sapho traditionnelle serait celle d'une Aphrodite sortie de l'atelier de
Phidias. Car l'artisan hellénistique auquel nous devons cette réplique n'aurait jamais eu l'idée de faire surmonter un corps nu de ce chef caractéristique, si la tête n'avait primitivement et originairement représenté la déesse.
Mais l'hypothèse de M. Furtwængler s'appuie heureusement sur d'autres
preuves, car s'il est très possible que la figurine soit ancienne, la chose
n'est ni certaine, ni aucunement démontrée.

On peut faire valoir en faveur de la statuette que la surface n'en a pas
mauvais aspect ; que le travail en soit lisse, il n'importe, si certaines adhé-
rences de radicelles semblent bien témoigner d'un séjour prolongé dans la
terre[1]. Et l'on ne peut, comme j'ai cru d'abord pouvoir le faire, admettre
comme authentique l'une des parties dont se compose l'**Aphrodite** en rejetant, par exemple, le bloc supérieur : j'ai dû me convaincre, après examen,
que la matière est la même haut et bas et que le modelé y est moins différent
qu'il n'apparaît à première vue. D'autre part la tête reproduit bien le type
habituel de la Sapho[2] ; on y retrouve les frisons qui bouffent devant les
oreilles et jusqu'à la mèche qui apparaît en haut du front. Les traces de
couleur que l'on remarque dans les cheveux sont, de plus, quoique certaines,
assez dissimulées pour qu'on ne puisse y voir une intention de fraude. Enfin
M. Furtwængler me fait observer qu'il a été le premier à reconnaître dans

---

1. A vrai dire ces radicelles ne pénètrent pas ici à l'intérieur de la matière et l'argument n'est pas aussi décisif
qu'il ne l'est par exemple pour les terres cuites.
2. Liste dans FURTWÆNGLER, *Meisterwerke*, p. 98, 2. Reproductions *ibid.*, fig. 11-2 (*Arch. Zeitung*, 1871, pl. 50)
et S. REINACH, *Recueil de têtes*, pl. 85-9.

la Sapho une Aphrodite ; or la statuette était acquise antérieurement à l'apparition des *Meisterwerke*.

Par contre le travail du marbre est, dans la statuette, d'une froideur et d'une égalité singulières. Je sais que certaines sculptures romaines de l'époque impériale réunissent la même absence de vie à la même perfection, toute relative, du modelé. Mais ici ce n'est pas l'antiquité, mais Canova ou Thorwaldsen qu'évoquerait à première vue la figurine. De même la tête rappelle moins **Aphrodite** qu'une Pauline Borghese ou une grande dame du premier empire. Que l'on compare ce visage allongé, cette bouche fermée, ces joues égales, ce profil régulier, ce nez trop grand, ces yeux effilés et mi-clos aux répliques de la Sapho ; sur presque tous les points la différence est manifeste. Je sais qu'on ne peut attendre d'un artisan hellénistique une fidélité scrupuleuse à l'égard de l'original et que beaucoup de ces modifications partielles du type primitif se retrouveraient dans ces têtes du IVᵉ siècle, que l'on rattache, avec plus ou moins de raison, à l'influence de Praxitèle. Mais je ne connais pas, à cette époque même, de profil qui soit identique à celui de la statuette et qui en ait surtout l'aplatissement caractéristique. Les frisons qui bouffent devant les oreilles n'ont rien, il est vrai, d'un anachronisme et se rencontrent dans les répliques authentiques de la Sapho, mais nulle part ils ne sont traités avec cette barbarie et avec cet illogisme[1] ; et comme on ne peut guère taxer le marbrier d'impéritie, il semble bien qu'il ait méconnu ou qu'il n'ait pas compris ce détail de coiffure. Ce solécisme n'est pas le seul : la bandelette qui retient la chevelure témoigne d'une erreur plus forte et d'une faute plus grave d'un degré. Le triple lien est en effet déjà serré autour des cheveux ; il n'y manque rien que les deux bouts très courts qui sont, après le dernier nœud, ramenés sur le haut de la tête, depuis le chignon jusqu'au front et dont l'extrémité se dissimule sous la bandelette qui surmonte les arcades sourcilières[2]. Malgré cela, un long ruban, dont la conservation est merveilleuse et inquiétante, pend depuis la nuque jusqu'à la main droite ; comme il faut bien en supposer autant du côté gauche qui n'est pas conservé, on se demande à quoi pouvait servir cette *mitra* démesurée. Le front du Diadumène n'est ceint que d'un seul tour, aussi les deux mains, qui sont l'une et l'autre relevées, peuvent logiquement tenir les deux pans, et il en est de même dans tous les cas où les bouts de la bandelette sont ainsi pendants : ou celle-ci est simplement posée sur la

---

1. Pour qu'on puisse bien en juger, j'ai fait reproduire la tête sous ses deux faces.
2. Ce détail est très apparent sur toutes les bonnes répliques de la Sapho.

nuque, ou elle n'est encore enroulée qu'une fois autour du crâne[1]. Ici l'inconséquence est manifeste et l'erreur est de celles qu'un Ancien, semble-t-il, n'aurait pas commises.

Si l'on y réfléchit, la statuette est due à la triple combinaison d'une Aphrodite, d'un Diadumène et d'une tête de Sapho. N'y a-t-il pas là de quoi éveiller les soupçons et ne faut-il pas attribuer ce *pasticcio* à l'ignorance plutôt qu'à la trop grande science d'un faussaire ? Faut-il penser qu'un artisan se soit fait scrupule de mettre n'importe quelle tête antique sur un corps nu de femme et de donner au tout l'attitude polyclétéenne ? Il est bien vrai qu'à l'époque hellénistique on vit de singuliers mélanges de motifs, mais l'ensemble conserve alors une unité de style, qui fait défaut, ce me semble, à la statuette.

20 (55). — **Aphrodite détachant sa sandale.** — Tortose. — Haut., 0^m,332 (de la base, 0^m,01, — de la tête, 0^m,047, — de l'oiseau, 0^m,065). Larg. de la base, 0^m,075.

Marbre des îles, la surface rongée, surtout du côté gauche et recouverte d'une croûte ferrugineuse.

La base est quadrangulaire, plutôt que trapézoïde. Le pied droit de la déesse, le tronc et l'oiseau y sont disposés en triangle.

La déesse est debout sur la jambe droite qui est très légèrement fléchie au genou, le pied d'aplomb et tourné quelque peu en dehors, la jambe gauche pliée à angle droit, la cuisse horizontale et s'appuyant sur un haut pilier ou sur un tronc recouvert d'une étoffe, le bas de la jambe revenant devant la jambe droite, le talon un peu au-dessous du genou, la semelle marquée sous la plante, la pointe reposant sur la tête dressée d'un oiseau mal distinct, où l'on peut voir un cygne dont les pattes ne seraient pas figurées ; le bras droit descend verticalement et sans flexion, les doigts touchant la jambe gauche au mollet : le bras gauche est légèrement plié au coude et la main de même sens s'appuie sur le pilier drapé ; le buste est penché en avant, la tête, qui est portée par un long cou, tournée vers la droite et doucement inclinée, le visage ovale et mince, les cheveux ceints d'un bandeau double et relevés à la tempe en un court chignon.

Le corps est mince et très allongé, comme étiré. On peut noter que le

---

[1]. J'en ai donné quelques exemples dans Daremberg-Saglio, III, s. v. mitra, p. 1956. Il en est ainsi dans la cornaline que cite Furtwængler d'après Caylus, *Rec. d'Antiquités*, VI, pl. 38, 4, p. 127-8 (avec un louterion et l'inscription Scopas).

British Museum possède une statuette de ce type provenant d'Antaradus, SMITH, *Catal. Sculptur. British Museum*, III, 1581, p. 32.

21 (11) [D. 27]. — **Aphrodite détachant sa sandale.** — Anc. collection Péretié. Acquis en 1864. Tortose. — Haut. de la statuette, 0^m,34 (de la tête, 0^m,055, — de la base, 0^m,036, — de la mortaise, 0^m,014). Diam. de la base, 0^m,152. Long. de la mortaise, 0^m,10 (de la seconde base, 0^m,065 et 0^m,095). Larg. de la mortaise, 0^m,095 (de la seconde base, 0^m,07 et 0^m,085).

Marbre des îles, très blanc. Traces de peinture rouge dans la chevelure (très effacée). Les oreilles percées. Cassures au genou et au mollet droits, à l'épaule et au coude gauches, en haut du support, et en trois points de la rame ; le bras droit non conservé depuis l'attache, ainsi que la jambe gauche depuis le bas du genou : un exhaussement triangulaire de la base montre l'endroit où s'attachait le support du pied.

La base circulaire, avec une mortaise irrégulière, dans laquelle entre une seconde base trapézoïde, qui ne fait qu'un avec la figurine.

La déesse est debout sur la jambe droite, le pied légèrement en dehors, la cuisse gauche presque horizontale, le bas de la jambe croisé obliquement devant la jambe droite, la pointe du pied devant tomber devant l'autre pied, mais ne touchant pas directement le sol et portant sur un support dont l'attache a été conservée ; le bras droit, qui est cassé, pendait verticalement et, bien qu'il paraisse dirigé un peu trop vers la droite, la main touchait évidemment la sandale ; le haut du corps est penché en avant, le bras gauche étendu vers la droite, l'avant-bras revenant vers le spectateur et le poignet appuyé sur une rame, la main baissée tenant entre les doigts, dont le quatrième et le cinquième sont réunis, une pomme qu'un tenon rattache au gouvernail ; un pilier bas et recouvert d'une draperie est placé derrière la rame et lui sert de contrefort en même temps qu'il arc-boute la cuisse gauche à l'aide d'un tenon. La tête est tournée vers la gauche, baissée en avant et inclinée sur l'épaule droite, les cheveux partagés par une raie et relevés aux tempes où ils forment de larges bandeaux ondulés, un chignon épais pendant sur l'épaule gauche.

22 (6) [D. 39]. — **Aphrodite, avec un Eros sur l'épaule.** — Acquis en 1866. Rouad. — Haut., 0^m,40 (de la tête, 0^m,057, — de la base, 0^m,01). Long. de la base, 0^m,07. Larg. —, 0^m,05.

Calcaire (?) très friable, la surface ruinée et recouverte d'une croûte épaisse, qui est d'un brun rougeâtre.

DE RIDDER.   4

La base trapézoïde et devant entrer dans la cavité d'un socle rectangulaire. Le bout des pieds cassés, ainsi que les mains, les bras et l'aile droite de l'**Eros**.

La déesse est debout sur la jambe gauche, la jambe droite pliée au genou, le pied de côté, mais sur la même ligne que le gauche et à peine relevé ; les deux bras pendants, les mains, qui sont absentes, dirigées en avant, la droite devant être retournée et cacher le sexe, comme l'indique un trou ménagé en haut de la cuisse droite et qui servait à l'attache d'un tenon ; une double chaînette est passée autour des épaules et croisée entre les seins ; le cou est entouré d'un collier auquel est suspendue par devant une pendeloque en forme de feuille. La tête est tournée vers l'épaule droite et à demi relevée vers l'**Eros**, les cheveux entourés d'un bandeau et relevés à la nuque en un court chignon.

L'**Eros** adhère par le bas du ventre à l'épaule droite de l'**Aphrodite**, le pied droit passé sur le gauche, le bras gauche devant entourer le cou de la déesse, le bras droit paraissant baissé, la tête penchée et tournée vers celle de sa mère.

Le motif se rattache peut-être à l'**Aphrodite** de Cnide, mais on ne trouve plus dans la statuette qu'un souvenir lointain de l'original et il semble que la main gauche ait été ouverte et tendue en avant au lieu de tenir une draperie dont la trace se serait retrouvée sur la base. Quant aux chaînettes croisées sur le corps, elles se retrouvent fréquemment sur les vases peints et sur les terres cuites d'Asie Mineure [1].

23 (56) [D. 25]. — **Aphrodite (?), à demi drapée.** — Haut., 0ᵐ,49.

Marbre des îles.

Le bras droit cassé au-dessous de l'épaule et l'avant-bras gauche près du poignet. La tête non conservée.

La base rectangulaire.

La déesse est debout sur la jambe droite, la gauche légèrement fléchie au genou ; le bras droit était pendant (?), le coude porté légèrement en arrière, l'avant-bras gauche horizontal et la main devant être tendue en avant. Une draperie est posée sur l'épaule gauche, découvre le buste et est rejetée sur l'avant-bras gauche après avoir voilé tout le bas du corps.

Le motif rappelle certains **Apollons** (CLARAC, p. 346, 925), mais il est

____

1. POTTIER-REINACH, *Nécrop. de Myrina*, pl. XVI, p. 333-4.

des statuettes d'**Aphrodite** dont l'attitude est très analogue (CLARAC,
pl. 632, A, 1422 D, pl. 632, I, 1425 G).

24 (57) [H. 165]. — **Tête d'Aphrodite.** — Torse. — Haut., 0ᵐ,30.

Marbre de Paros.

Cassé au cou. Le bout du nez non conservé. La surface abîmée.

Le visage est plein, les joues arrondies, les yeux légèrement relevés,
le front convexe, les cheveux ondulés sur les tempes et relevés au-dessus
du front en un large nœud.

Style passable.

25 (41) [D. 236]. — **Tête d'Aphrodite.** — Anc. collection Péretié. —
Haut., 0ᵐ,275 (de la tête proprement dite, 0ᵐ,15). — Pl. XI.

Marbre de Paros. Traces (?) de peinture à l'intérieur des yeux.

Le cou cassé obliquement et le diadème écorné sur la droite.

La tête est légèrement tournée vers la gauche et inclinée sur l'épaule
gauche, le visage ovale, le menton peu prononcé, la bouche petite et fermée,
les commissures baissées, le nez court et droit, les ailes peu marquées, les
paupières à demi fermées, les yeux très allongés, la glande lacrymale indiquée d'une manière conventionnelle, les sourcils mollement arqués, le front
assez haut, les cheveux séparés sur le front, ondulés sur les tempes où ils
cachent à demi les oreilles et finissant à la nuque en un court chignon ; le
diadème est élevé, le bord antérieur convexe, la tranche assez large.

Travail moyen.

26 (51). — **Tête de femme ou d'Aphrodite.** — Haut., 0ᵐ,15 (du visage,
0ᵐ,10).

Marbre des îles.

Le haut de la tête est aplati et, par derrière, deux plans obliques se
succèdent à angle très ouvert : dans le dernier, qui s'arrête à la hauteur
du menton, est creusée une sorte de mortaise verticale où entrait un tenon.
Il est possible que la tête ait fait partie d'un très haut relief, mais il paraît
plus probable que l'occiput était fait d'un autre bloc de marbre.

Le visage est ovale et mince ; le menton, qui est éraflé comme le nez,
était petit et légèrement relevé, la bouche étroite et les lèvres épaisses, le

front triangulaire, les yeux à peine indiqués et les paupières lourdes. Les cheveux étaient partagés par une raie en deux bandeaux ondulés et striés.

Mal conservé. Travail rapide.

27 (21). — Tête de femme ou d'Aphrodite. — Haut., o^m,06 (du visage o^m,o35).

Marbre de Paros. Traces de brun rouge dans les cheveux.

La tête cassée au ras du cou.

La tête est de face, légèrement tournée vers la gauche et quelque peu penchée en avant ; le visage gras et rond, les yeux enfoncés, la face mal conservée ; les cheveux relevés en bandeau sur les côtés et formant un court chignon sur le haut de la tête.

APHRODITE D'APHRODISIAS.

28 (22) [33g]. — Aphrodite d'Aphrodisias (?). — Acquis en 1888 à la vente Hoffmann. — Haut., o^m,36 (du socle, o^m,07, — du champ inférieur, o^m,o38). Long. du socle, o^m,1o5 (en bas, o^m,115). Long. —, par derrière, o^m,11 et o^m,125. Larg. —, o^m,075 et o^m,082. — Pl. VIII.

Marbre de Paros.

Cassure derrière la base, en bas de la dernière zone et entre les seins. Les coins de la base ébréchés. Pièce rajustée entre les deux bustes. Les bras rapportés et non conservés ; la tête cassée, ainsi que le haut de la draperie sur l'épaule droite.

La base trapézoïde, plus large à l'arrière qu'à l'avant. Depuis le bas, tore saillant, bandeau mince et large champ en retrait, légèrement concave ; en haut du champ, tore saillant, moulure rentrante, et second tore, en retrait sur le premier.

Dans le champ de la base, deux colombes (?), l'une à droite et l'autre à gauche, tiennent chacune dans leur bec le bout d'une guirlande, qui pend entre les deux oiseaux.

L'idole est vêtue d'un long chiton talaire qui cache les pieds et s'évase vers le bas en forme de cloche ; par-dessus le premier vêtement se superposent quatre bandes figurées, séparées les unes des autres par deux tores conjugués et dont la dernière court au-dessous des seins. Un himation, qui est jeté sur les épaules, s'enroule autour des coudes et tombe à droite jusqu'à la base; les avant-bras étaient dirigés en avant et les mains tenaient peut-être comme attribut une bandelette à grosses touffes de laine.

Le buste est encadré, à droite et à gauche, par les plis de l'himation, en bas par les tores conjugués qui surmontent la dernière zone, en haut par une double ligne courbe qui suit le contour du cou. Une série d'arcs continus se succèdent sur les bords du cadre et entre les seins pend un ménisque, suspendu à une sorte de palmette.

Dans la zone supérieure, buste de trois quarts à droite, les épaules drapées, un himation jeté sur l'épaule gauche, la tête féminine et les cheveux massés (**Aphrodite** ou **Artemis?**). A droite, buste symétrique, de trois quarts à gauche (**Arès** ou **Athena**), coiffé d'un casque romain, le cimier bas, l'attache des bras indiquée, une chlamyde couvrant les épaules.

Dans la deuxième zone, trois **Nymphes** ou trois **Grâces,** nues entre deux cornes d'abondance dressées; des grappes, des fruits ronds et coniques et des guirlandes débordent hors des pavillons; la première **Charite** est de face, la jambe gauche fléchie au genou, la tête penchée vers la gauche et les cheveux relevés en chignon, les bras pliés au coude, l'une des mains touchant le haut de la corne d'abondance et l'autre posée sur l'épaule gauche de la **Nymphe** médiane, qui est vue de dos, et tourne la tête de trois quarts à droite, les mains sur les épaules gauche et droite de ses compagnes : la dernière déesse a la jambe droite fléchie au genou droit et est la contre-partie exacte de la première.

Dans le troisième champ, **Néréide,** assise sur un bouc marin et allant à droite, la queue large et tripartite comme celle d'un dauphin, la tête retournée en arrière et baissée; la déesse est demi-nue et à peu près de face, la main droite appuyée sur la croupe du monstre, la main gauche levée à droite près du garrot et tenant le coin d'un voile qui flotte derrière le buste, la tête à droite et légèrement baissée, les cheveux relevés en chignon.

Dans la dernière zone, **Eros,** nu et ailé, de face, la jambe gauche fléchie au genou, le bras droit plié au coude et baissé, le bras gauche baissé à droite, la main tenant une torche (?) qui ressemble à un miroir à manche, la tête à droite, les cheveux relevés en houppe sur le haut du front. Un second **Eros,** de face et la jambe droite fléchie au genou, relève la main droite au-dessus de l'épaule et la retourne comme pour prendre une flèche dans un carquois, la tête à droite et baissée, le bras gauche plié au

coude, la main faisant le geste de tenir l'arc. Un troisième **Eros**, également
nu et ailé, est exactement symétrique au premier.

BIBL. FROEHNER, *Catal. Hoffmann*, 26 mai 1888, 339, pl. XXIII. *Athen. Mitteil.*,
XXII, 1897, p. 364, L (FREDRICH).

La statuette ressemble d'une manière frappante à un marbre connu
depuis le XVIIe siècle et conservé au musée Kircher[1] : les dimensions elles-
mêmes sont analogues dans les deux figurines[2], qui ne sont pas cependant
identiques et entre lesquelles on peut relever des divergences de détail. Dans
le xoanon de Rome, une guirlande sert de collier à la déesse et le bord
supérieur du chiton n'est pas apparent, tandis que le ménisque de la pendeloque est plus relevé. Dans la première zone, les deux têtes en relief sont à
la fois plus penchées en avant et inclinées dans un autre sens : la première,
au surplus, est voilée, et la seconde n'est pas casquée. On peut noter plus
bas que la main droite de la seconde **Nymphe** est plus abaissée et que la
queue du monstre marin est, au contraire, dressée plus haut. De même
le troisième **Eros** fait du bras droit un geste différent et le cartouche
du bas, celui où sont figurées les colombes, forme un rectangle moins
allongé.

Les deux idoles font partie d'une série assez nombreuse, que Jahn[3] et
Fredrich[4] ont successivement étudiée. On n'y retrouve ni les mamelles
abondantes de l'**Artemis d'Ephèse,** ni ses attributs bien connus, tels que
les abeilles et les protomes de taureaux et de lions. M. Fredrich a proposé
d'y reconnaître l'**Aphrodite** d'Aphrodisias, le xoanon que les monnaies
de la ville reproduisent à profusion et qui, sur un curieux type d'ὁμόνοια, se
dresse à côté de l'**Ephésienne**[6]. L'une des quinze répliques, bas-relief
assez fruste du Musée de Constantinople, a précisément été trouvée à
Aphrodisias[5] et sur un bronze d'Hadrien, dont l'empreinte lui a été com-
muniquée par Imhoof-Blumer[7], Fredrich croit reconnaître le Capricorne et
un buste de face, deux des symboles que porte la gaine du xoanon. Aussi
bien tous les éléments de la décoration se retrouvent à Aphrodisias. Le

---

1. JAHN, *Entführung d. Europa*, p. 41, n. 4, D. HELBIG-TOUTAIN, *Musées de Rome*, II, p. 384-5, 94 (REISCH).
Athen. Mitteil., XXII, 1897, p. 364, 1, pl. 12.
2. La hauteur de la statuette romaine est de 0^m,43, mais la tête, qui est surmontée d'un haut polos, est restaurée
ainsi que l'attache du cou.
3. *Entführung d. Europa*, p. 31-44.
4. *Athen. Mitteil.*, XXII, 1897, p. 361-380, pl. 11-12.
5. BARCLAY HEAD, *Catal. coins Brit. Mus.*, *Caria*, 160, p. 53, pl. XLIV, 1 (bronze de Septime Sévère).
6. *Athen. Mitteil*, XXII, 1897, p. 361 et suiv., P, pl. 11 (*Catal.* du Musée Impérial, 115).
7. *Athen. Mitteil.*, l. l., p. 375, fig. 3.

ménisque[1], la tête d'**Hélios**[2], les **Charites**[3], la **Néréide**[4], même les **Eros** dadophores[5] se retrouvent sur les monnaies, et ces derniers, d'après une inscription, formaient dans la cité une sorte de triade[6]. Enfin certaines particularités, plus spéciales aux répliques de Clercq et Kircher, telles que la présence de l'**Arès**[7], et celle des deux colombes[8], s'expliquent ou peuvent, à la rigueur, s'expliquer par la numismatique de la ville carienne.

A dire le vrai, aucun de ces arguments n'emporte la conviction et, si ingénieuse que soit l'hypothèse de M. Fredrich, je doute qu'on puisse, avec M. Arndt[9], la considérer comme démontrée. Il est exact qu'une réplique a été découverte à Aphrodisias, mais la représentation est fruste et d'un caractère tout particulier[10]; de plus, on adorait bien dans la ville l'**Artemis** éphésienne[11] : n'est-il pas à penser que d'autres xoana étrangers à la cité pouvaient également y être reçus? Le témoignage des monnaies ne prouve pas que le culte de l'**Aphrodite** ait émigré au dehors, comme ont pu le faire ceux de l'**Artemis** éphésienne, du **Zeus** d'Héliopolis ou du **Dieu** de Doliché. Il faudrait bien l'admettre, si le xoanon carien était le seul connu en dehors de la grande **Ephésienne** : comme nos quinze répliques ne représentent sûrement pas cette dernière, il serait alors évident qu'elles reproduisent la déesse d'Aphrodisias. Mais il ne manque pas d'autres idoles, dont le corps était également revêtu d'une gaine et partagé en champs décorés de bustes et de reliefs. Nous trouvons en Asie même, en dehors du dieu d'Héliopolis, l'**Artemis Leukophryène**[12] de Magnésie et l'**Atargatis** que l'on vénérait à Damas[13]. Des découvertes ultérieures permettront sans doute de résoudre un jour le problème et d'identifier à coup sûr l'original de nos répliques.

M. Fredrich croit voir, sur l'empreinte d'Imhoof-Blumer, un buste au-dessous d'un monstre marin : outre qu'aucune idole ne nous montre rien de pareil, on peut se demander si la lecture est bien certaine, la représentation étant très petite et la gaine très peu distincte sur les

---

1. Même monnaie et Barclay Head, *Catal. coins Brit. Mus.*, *Caria*, pl. V, 11, 21. p. 29 (impériale sans date) ou pl. VII, 3, 95, p. 40 (bronze de Livie), etc.
2. *Catal. coins Brit. Mus.*, 81, p. 48.
3. *Ibid.*, pl. VII, 117-8, p. 44 (bronze de Julia Domna). Cf. *C. I. G.*, 2756.
4. *Athen. Mitteil.*, *l. l.*, p. 376 (monnaie de Gordien).
5. *Catal. coins Brit. Mus.*, 125, p. 46 (bronze de Gordien III).
6. *Bull. Corr. Hell.*, IX, 1885, p. 78, 8, Paris-Holleaux.
7. *Catal. coins Brit. Mus.*, pl. VII, 6, 113, p. 43 (bronze de Julia Domna, **Arès** dévoilant **Aphrodite**).
8. *Ibid.*, 114, p. 44 (même droit).
9. *Einzelaufnahmen*, série IV, 927, p. 110 du texte (statuette de Munich = E de la liste Fredrich).
10. Entre autres, le monstre se dirige vers la gauche au lieu d'aller vers la droite.
11. *C. I. G.*, 2823.
12. *Catal. coins Brit. Mus.*, *Ionia*, pl. XIX, 4-7, Poole et Barclay Head.
13. *Rev. Archéol.*, 1904, II, p. 250, fig. 28, Dussaud (tétradrachme de Démétrius III Eucæros = Babelon, *Rois de Syrie*, pl. XXVIII, 2-3, p. 206-7).

exemplaires du British Museum[1]. Le ménisque apparaît bien sur les monnaies, mais, comme la tête d'**Hélios,** il occupe tout ou partie du champ
et ne rentre nullement dans le décor de la gaine. Les **Charites** font
partie intégrante du cycle d'**Aphrodite,** mais le motif est si fréquent à
l'époque impériale qu'il semble imprudent d'y attacher une signification
précise[2] : d'autant que, sur la monnaie d'Aphrodisias, le groupe paraît plus
resserré et que la **Nymphe** vue de dos a les mains autrement placées. Le
même raisonnement vaut pour les **Eros,** pour l'**Arès** et pour les **colombes :**
rien ne prouve qu'ils fussent figurés sur le palladion de la cité. Les **Eros**
dadophores se retrouvent sur un laraire de Tortose[3] et ils semblent, sur
les monnaies d'Aphrodisias, assez différents de ce qu'ils sont sur les répliques de l'idole ; de même le buste casqué de la figurine de Clercq peut être
aussi bien celui d'**Athena** que celui d'**Arès** ; enfin les colombes ne paraissent pas seules sur les monnaies cariennes et Fredrich paraît avoir raison
d'y chercher un motif chypriote[4]. Et il ne suffit pas qu'un bronze d'Aphrodisias porte une **Néréide,** pour que la déesse marine fasse partie du pan-
théon de la ville et pour qu'elle décore la statue de culte.

Il ne faut pas oublier qu'en dehors du relief de Constantinople et d'une
réplique trouvée à Athènes[5], les treize autres idoles connues viennent
d'Italie, de Rome ou d'Ariccia. Or nul ne conteste qu'Aphrodisias n'ait été,
à l'époque impériale, l'une des principales cités de l'Asie Mineure, mais, si
étroits qu'avaient pu être, depuis Sylla[6], ses rapports avec Rome, il serait
singulier qu'une idole carienne fût plus adorée à Rome qu'en Anatolie.

Il est à noter, et M. Fredrich l'a remarqué avec raison, que, dans l'ensemble des répliques, la statuette de Clercq forme un groupe à part avec celle
du musée Kircher. Non seulement elles ont seules une base figurée, mais les
Charites, la **Néréide** et les **Eros** y sont représentés d'une manière parti-
culière. Enfin les deux bustes, au moins dans notre figurine, n'ont rien de
l'**Hélios** et de la **Sélènè** traditionnels. Il semble qu'il y ait eu, de bonne
heure, des variantes dans la manière de représenter l'idole, mais ignorant
l'origine du prototype, nous ne savons pas, à plus forte raison, en quels
lieux le xoanon put être modifié.

1. *Catal. coins Brit. Mus.,* pl. VII, 4, 104, p. 41.
2. On les retrouve sur l'**Hekataion** d'Hermannstadt, *Arch. Epigr. Mitt. aus Œsterreich,* V, pl. I-II.
3. *Coll. de Clercq,* III, pl. LII, p. 233-5.
4. *Athen. Mitteil.,* l. l., p. 373, 2.
5. A de la liste de Fredrich (pl. 11, 1 et p. 362).
6. Appien, I, 97, cf. Fredrich, l. l.

EROS.

29 (26). — **Eros appuyé sur un pilier.** — Haut., 1ᵐ,5o (de la tête,
o,22, — de la base, o,o7, — du pilier, o,88, — de la moulure supérieure,
o,115, — de la moulure inférieure, o,117). Long. de la base, o,46 (du
pilier, o,165 et o,12). Larg. de la base, o,475 (du pilier, o,135 et o,18).
— Pl. IX et X.

Marbre de Paros, la surface très abîmée par endroits et ailleurs ne semblant pas
achevée, comme une façade mal ravalée. Traces incertaines de peinture. Les doigts du
pied gauche cassés et la surface du pied droit ruinée ; le pénis cassé ; l'avant-bras gauche
brisé un peu après le coude et le bras droit un peu après l'épaule ; l'attache des ailes seule
conservée ; enfin le visage informe, comme si la surface en avait été brisée à coups de
marteau.

La base demi-circulaire, la tranche non épannelée et n'étant d'ailleurs pas visible
dans la cavité de même forme où entrait la statue.

Le pilier est sensiblement rectangulaire. A la base, cartouche rectangulaire dont le centre a été ravalé ; au-dessus, tore, scotie et trois gradins
en retrait : mêmes motifs, mais en sens inverse, à la tête du fût, dont le
sommet est arrondi. Sur la face, à peu près aux trois quarts de la hauteur,
on remarque les restes d'un objet en relief, telle que serait l'amorce d'un
phallus (?) ; un tenon quadrangulaire réunit le pilier à la cuisse gauche.

L'**Eros** est debout sur la jambe droite, le pied très légèrement en dehors,
la jambe gauche pliée au genou, le pied en arrière, relevé et oblique, les
troisième et quatrième doigts touchant l'angle postérieur interne du pilier,
le contour des hanches arrondi, le ventre plat, les pectoraux assez saillants,
le bras gauche plié au coude et l'avant-bras s'appuyant sur le haut du pilier,
le bras droit s'écartant du corps et dirigé en avant, la main devant peut-être
tenir l'arc, un baudrier sans carquois passé sur l'épaule droite. La tête
n'est pas inclinée, mais elle est légèrement tournée vers la droite, les cheveux coiffés par mèches courtes et relevés en haut du front.

Il n'est guère qu'une statue[1] qu'on puisse rapprocher du marbre,
c'est le grand **Eros** Borghese du Louvre où les épaules ont un mou-

---

1. Les bras sont modernes, mais il ne semble pas douteux que l'avant-bras gauche ne s'appuie sur le pilier. Le
motif du coude gauche appuyé est d'ailleurs fréquent dans les terres cuites. En exceptant bien entendu les cas où les
jambes soient croisées, on peut citer plusieurs terres cuites de Myrina dont une a fait partie de la collection Misthos
(WINTER, *Typen d. figürlichen Terrakotten*, II, p. 356, 2, 4, 7) : aucune ne ressemble pour le style au marbre de Clercq.

DE RIDDER.   5

vement différent (Clarac, pl. 281, 1 486), dont le corps est également plus jeune et où la tête est coiffée d'un bandeau et de boucles tombant à droite et à gauche ; un tronc d'arbre y remplace le pilier, qui se retrouve à côté d'autres **Eros**[1]. Quant au baudrier, il arrive souvent qu'il soit passé en bandoulière, alors même que le carquois n'est pas figuré ou qu'il l'est seulement sur le support de la statue[2].

Pan et Hermaphrodite.

30 (19). — **Groupe de Pan et d'Hermaphrodite.** — Haut., $1^m,o5$, (du groupe, $o^m,98$, — de la tête de Pan, $o^m,25$). Long. de la base, $o^m,6o$. Larg. —, $o^m,45$. — Pl. XII.

Marbre de Paros, la surface bien polie. La base, y compris l'outre, les sabots du chèvre-pieds et les doigts du pied gauche de l'**Hermaphrodite**, est d'un autre marbre et certainement moderne. Le bras droit de **Pan**, le pénis qui était dressé et dont le gland reste attaché à la cuisse droite de l'**Hermaphrodite**, la pointe de la barbe, le nez et une partie de la chevelure ne sont pas conservés et le visage même a beaucoup souffert. Manquent dans l'autre figure la tête, le bras gauche, brisé près de l'aisselle, le pénis et le haut de la draperie qui couvre la cuisse gauche ; les doigts de la main gauche paraissent encore sur le sein, par-dessus et entre les doigts de **Pan**.

La base est de forme irrégulière et à pans coupés.

Pan est assis sur une base rocheuse que recouvre une peau de bête et en bas de laquelle une outre est jetée ; les jambes écartées et la droite portée en avant, il tient **Hermaphrodite** assis sur sa cuisse gauche, tandis que son bras gauche entoure la poitrine et que sa main presse fortement le sein gauche de l'éromène ; son bras droit était levé et la main devait se porter au-dessus de la tête, afin d'arrêter la main de l'**Hermaphrodite**[3]. Le torse est large et puissant, les muscles fortement indiqués et les pectoraux très saillants, la tête relevée, inclinée sur l'épaule gauche et tournée vers l'éromène, la bouche franchement ouverte, comme si elle criait de douleur, la langue cassée (?), les dents non figurées, la face large, les yeux petits et assez distants, les bosses sourcilières très marquées, épaisses et hérissées de poils,

---

1. Clarac, pl. 540, 1132-3 (bronzes de Naples). *Annali*, 1859, pl. A, p. 32 (Athènes).
2. Clarac, pl. 650, 1467 A (coll. Carlisle).
3. Comparer le groupe Ludovisi, v. *infrà*.

la barbe et les cheveux traités par mèches épaisses, irrégulières et d'un travail rude, les oreilles animales hautes et caractéristiques. L'**Hermaphrodite** a la jambe droite croisée sur la gauche, le pied en avant et d'aplomb, le pied gauche en arrière et sur la pointe, une draperie à bord frangé enveloppant les jambes et tombant en plis sobres, le corps jeune et délicatement modelé, la taille courte, les seins grêles, le torse tourné vers la gauche et penché en avant pour mieux résister à l'attaque ; la tête devait être rejetée en arrière, la main gauche posée sur celle de **Pan** et essayant de dénouer l'étreinte du dieu, la main droite saisissant à poignée les cheveux du chèvrepieds, le bras plié au coude et légèrement levé.

Le culte de Pan, populaire en Cilicie[1], ne l'était pas moins en Palestine, à Cæsarea Paneias[2] et à Gadara[3] ; il est possible qu'on ait d'abord adoré dans ces lieux un génie sémitique à jambes de bouc[4], qui aurait pris, plus tard, la forme du dieu hellénique. Il en avait été de même en Égypte, où l'assimilation s'était faite de très bonne heure[5] et où la plus haute des collines d'Alexandrie, d'où l'on pouvait découvrir toute la ville, avait reçu le nom de Paneion[6] ; aussi l'art hellénistique avait-il représenté souvent le dieu d'Arcadie : le groupe de Clercq en offre un exemple qui est caractéristique.

Je n'insisterai pas sur le rapprochement de l'**Hermaphrodite** et du dieu : les œuvres d'art qui les mettent aux prises sont assez nombreuses, mais je n'en connais pas qui soit composée comme le groupe. D'ordinaire **Pan** dévoile l'éromène[7] ou s'approche de l'**Hermaphrodite,** qui est assis sur une base différente et dont la main s'attaque à peine à la chevelure du chèvrepieds[8]. Le symplegma est d'ailleurs connu, mais les personnages sont différents et, au lieu de **Pan,** un simple **Faune** ou un **Silène** se joue avec une **Nymphe.** L'exemplaire le plus complet faisait partie de la collection Ludovisi[9], mais il a été très restauré et une draperie toute moderne entoure le bras gauche de la **Ménade** ; un groupe de Naples paraît de meilleur style, mais

1. Roscher, *Lexikon,* III, s. v. Pan, p. 1370, 20, Roscher.
2. *Ibid.,* p. 1371, 21. Il y a remplacé quelque Baal local, comme Maspero le reconnaît avec raison, *H. des peuples de l'Orient,* II, p. 159, fig. 3.
3. *Ibid.,* p. 1371, 22.
4. *Ibid.,* p. 1371, 21. Cf. Bérose, frag. 1, 4.
5. *Ibid.,* p. 1372-0.
6. Strabon, p. 795.
7. Clarac, pl. 725, 1739 (Vatican).
8. *Ibid.,* pl. 670, 1550 (Florence, Uffizi) ; Dütschcke, III, 527 ; Zannoni, *Gall. di Firenze,* sér. IV, II, 61 = S. Reinach, *Répertoire,* II, p. 71, 5 ; Roscher, *Lexikon,* III, s. v. Pan, p. 1462, 7, Wernicke. Je ne connais pas le groupe de la villa Aldobrandini (?), signalé par Stephani, *C. Rendu de St-Pétersbourg,* 1867, p. 11, 2, d'après Hirt, *Bilders. f. Mythol.,* p. 162, 2, pl. XX, 8.
9. Schreiber, *die ant. Bildw. d. villa Ludovisi,* 54. S. Reinach, *Répertoire,* II, p. 147, 5.

les bras y sont cassés[1] et un marbre du Louvre n'a guère conservé que les
deux troncs[2]. Outre l'emploi nouveau qu'il a ou qu'il aurait fait du motif,
le sculpteur a modelé le corps de l'éromène avec un soin et une délicatesse
auxquels ne nous ont pas habitués les fournisseurs habituels du marché
syrien.

STATUE VIRILE.

31 (24). — **Statue virile cassée à mi-jambes.** — Haut., 1ᵐ,25, (de la
tête, 0ᵐ,22). — Pl. XIII et XIV.

Marbre de Paros. La tête, qui est rapportée, est faite du même marbre, mais le travail
en est moins achevé et la surface moins polie : l'adhérence originelle des deux parties est
cependant presque certaine, car la draperie est cassée aux deux endroits où le cou
paraît dépasser le bord de la cavité et, si l'on remplaçait les éclats du marbre, on consta-
terait qu'ils masquent le rapport des deux pièces.

La jambe gauche cassée au genou, la droite un peu plus haut, presque à mi-cuisse.
Le bras droit brisé une première fois près de l'attache, un peu au-dessous de l'aisselle, et
comme effrité en haut du poignet, la main non conservée, un petit tenon de bronze
cylindrique réunissant encore le bras au bord intérieur de la cuisse au-dessous de la hanche,
un tenon de marbre quadrangulaire, dont l'attache est visible un peu plus bas, à la hauteur
des parties, devant soutenir le poignet ; le bras gauche relié au corps par un tenon
semblable près du renflement de l'aine, un autre tenon réunissant la draperie au bas de la
cuisse, le bras cassé vers le milieu de l'avant-bras, immédiatement au-dessous de la draperie. Ce poignet et la main devaient être rapportés, et, d'après les traces de rouille laissées
sur le marbre, assujétis par un tenon de fer ; à en juger par l'attache d'un tenon de marbre,
qui est visible sur la draperie, du côté intérieur du corps, et dont la direction était contraire
à celle du bras, la main tenait un objet qui devait se prolonger assez loin vers la gauche.
Le pénis est rapporté et la draperie est éraflée sur les bords : le bout du nez est refait.

La statue était debout sur la jambe droite, la gauche étant pliée au
genou et le pied relevé, le bras droit pendant et rapproché du corps, l'avant-
bras légèrement oblique, la main devant être quelque peu infléchie ; le mouvement du bras gauche pareil à celui du droit, le coude et l'avant-bras
plus relevés, la main tenant un objet d'assez grande dimension et dont nous
avons plus haut déterminé le sens ; les bords de l'aine formant un épais

---

1. CLARAC, pl. 667, p. 1545 A. STEPHANI, C. Rendu de St-Pétersbourg, 1867, p. 11, 1 (indication du même
motif sur une fresque et sur des pierres gravées).
2. S. REINACH, Répertoire, II, p. 63, 5 (legs Siguol). Les corps sont plus éloignés l'un de l'autre et le bras droit
de la Nymphe est levé plus haut.

bourrelet, le ventre plat, les pectoraux gras et saillants, la poitrine modelée
largement, mais dans un style médiocre ; une draperie agrafée par une
boucle ronde sur l'épaule droite et rejetée sur l'épaule gauche, un pan
repassant sur l'avant-bras gauche et tombant presque jusqu'à terre, l'étoffe
alourdie à l'angle par un gland de plomb. La tête est tournée de trois
quarts à gauche, légèrement baissée et quelque peu inclinée vers l'épaule
droite, le menton large, mais non proéminent, les lèvres épaisses et
sinueuses, le nez gros du bout et séparé des joues par des méplats marqués, les yeux aux paupières épaisses et aux coins externes prolongés,
bien enfoncés sous des arcades sourcilières larges et très peu arquées,
le front bas et carré, les cheveux formant une calotte épaisse sur le
crâne aplati, des frisons bouffant aux oreilles et des mèches emmêlées
figurées sur le front.

Style médiocre.

La main gauche devait tenir soit un glaive, soit un caducée. Dans le
second cas nous aurions affaire à un personnage représenté en **Hermès,**
dans le premier à un héros ou à un chef héroïsé. Il est difficile de choisir
entre les hypothèses, qu'il serait aisé d'appuyer, l'une comme l'autre, de
nombreux exemples. Le seul point certain est que nous avons devant les
yeux un portrait, mais je doute qu'il faille y voir un prince de la famille
impériale. Malgré quelques traits de ressemblance, on ne peut raisonnable-
ment y reconnaître ni Auguste, ni Tibère, ni un membre de la gens Clau-
dia, tel que serait Drusus l'Ancien.

TÊTES ET BUSTES.

32 (45) [H. 166]. — **Tête de Bacchante.** — Beyrouth. — Haut., o^m,22
(jusqu'au menton, o^m,18). — Pl. XI.

Marbre des îles, la surface bien polie et légèrement éraflée.

La tête sensiblement de face, mais légèrement baissée et tournée vers
la droite, le visage large et plein, le menton court et gros, la bouche
entr'ouverte et souriante, le nez petit et fort, les pommettes saillantes, les
yeux bien enfoncés dans l'ombre des arcades, les paupières lourdes et à
demi-fermées, les globes très allongés, le front bas et large, les cheveux
relevés sur le front et sur les tempes, une mèche tombant devant les oreilles

et une boucle revenant en spirale sur le cou, un bandeau ondulé ceignant le front, une guirlande de fleurs passée autour de la tête.

Assez bon travail.

Il ne serait pas impossible qu'il fallût y voir une tête de **Dionysos** enfant.

33 (44) [H. 167]. — **Tête de jeune Faune.** — Beyrouth. — Haut., 0^m,22 (de la tête proprement dite, 0^m,175). — Pl. XI.

Marbre des îles, la surface bien polie.

Le cou cassé obliquement.

La tête légèrement tournée vers la gauche et penchée insensiblement sur l'épaule gauche, le visage allongé, le menton arrondi, la bouche entr'ouverte, le nez court et épaté du bout, les pommettes saillantes, les yeux petits, obliques et bridés, les sourcils très relevés, le front haut et carré, les oreilles animales et dressées, les cheveux coiffés par touffes en forte saillie, les mèches très emmêlées et dans un désordre voulu.

Assez joli style.

Le **Faune** est représenté très jeune et presque enfant.

34 (53) [H. 168]. — **Tête de Sarapis.** — Tortose. — Haut., 0^m,32 (jusqu'au cou, 0^m,29).

Marbre de Paros, très brillant et très transparent. Traces de peinture rouge.

En haut du crâne, dépression circulaire, dans laquelle le modius s'insérait par un tenon cylindrique. Le bout du nez cassé. Cassure oblique au cou.

La barbe divisée en deux masses embroussaillées, travaillées au vilebrequin, la moustache tombante, la bouche à peine entr'ouverte, la lèvre inférieure petite et saillante, le plan des joues nettement indiqué, les yeux bien ouverts sous des arcades sourcilières en fort relief, le globe non détaillé, le front marqué par une dépression assez forte, une dizaine de mèches tombantes couvrant le front, la chevelure très emmêlée et retenue par un bandeau, de grosses boucles à la nuque.

Mauvais travail.

Si l'on compare la tête aux diverses répliques réunies par M. Amelung[1], il semble que le travail du marbre rappelle celui des exemplaires trouvés en Égypte. Le visage est moins élargi vers le bas qu'il ne l'est dans plusieurs

1. *Rev. Archéol.*, 1903, II, p. 177-204.

têtes alexandrines[1] et les cinq mèches frontales ne sont pas nettement
divisées, mais, sauf ces détails, il semble que le sculpteur ait pris pour
modèle un **Sarapis** conservé au Musée d'Alexandrie[2]. Le style manque
de largeur et la tête ne paraît pas antérieure à l'époque des Antonins.

35 (10) [D. 239]. — **Buste d'Antinoüs.** — Anc. collection Péretié.
Banias. — Haut., 0^m,80 (de la tête, 0^m,30, — de la base, 0^m,09, — du
cartouche, 0^m,046). Larg. des épaules, 0^m,78. Long. du cartouche, 0^m,105.
Diam. de la base, 0^m,275. — Pl. XV, XVI, XVII.

Marbre de Paros. L'épaule droite refaite, ainsi qu'une partie du cartouche ; le nez
moderne et les lèvres fortement restaurées, le coin droit intact. Les mèches de cheveux
cassées à leur extrémité, en particulier à l'oreille droite.

La base est circulaire. Sur la tranche, moulure creuse, comprise entre deux tores
saillants et bordés de filets. Sous le buste, contrefort étroit, sensiblement rectangulaire et
arrondi sur les côtés, la face antérieure en forme de cartouche et partagée par un listel à
mi-hauteur.

Le buste est coupé obliquement à l'attache des bras et suit la courbe
des pectoraux, qui sont larges, mais mous et sans accent, les épaules un
peu remontées, sinueuses et convexes, les aisselles sommairement indiquées.

La tête est penchée à droite, sensiblement baissée et légèrement inclinée vers l'épaule gauche, le menton court et non saillant, les joues
larges, assez pleines et séparées du cou par une ligne droite, la bouche
grande, les lèvres sinueuses et sensuelles, l'inférieure formant un bourrelet
saillant ; le nez, qui a été mal restauré, fort et droit, les yeux très profondément enfoncés et disposés dans un plan oblique, les commissures
externes prolongées, le renflement de chair qui surmonte à cet endroit la
paupière très prononcé, l'orbite même ovale et les bords bien marqués,
les sourcils formant deux barres droites et rigides, dont l'angle est très
court et qui se rejoignent presque en haut du nez, les poils indiqués par
des stries rapides et obliques, le front bas et très couvert. Les cheveux sont
coiffés par mèches assez longues et épaisses, qui partent du sinciput, sont
séparées par une raie et s'enroulent en deux rangs sur le front, et sur la
nuque, les oreilles à demi-cachées et une boucle en accroche-cœur descendant de chaque côté, de manière à rétrécir le haut des joues et à

1. *Ibid.*, fig. 1, p. 189, et 4, p. 190.
2. *Ibid.*, fig. 1, p. 189.

ombrager la partie supérieure du visage, ce qui fait ressortir en pleine lumière l'éclat voilé des yeux et le dessin sinueux de la bouche.

Bien conservé, mais d'un modelé sommaire, sans fraîcheur et sans grâce.

Sur le tore supérieur et sur la gorge de la base, on peut lire les deux inscriptions suivantes, dont on a dû aviver la gravure (se reporter aux planches pour la forme des lettres). Les caractères ne sont pas les mêmes, mais les champs diffèrent à la fois de forme et de hauteur, ce qui peut suffire à expliquer les divergences.

Sur le tore : 'Αντινόῳ ἥρωϊ.

Sur la moulure creuse : M. Λούκκιος Φλάκκος.

BIBL. *Bull. Corr. Hell.*, III, 1879, p. 259, 2, M. BEAUDOIN, E. POTTIER. PAULY-WISSOWA, I, *s. v.* Antinoos, p. 2441, WERNICKE.

Pour juger équitablement le buste, il faut tenir compte de ce que l'épaule droite et le nez ont été mal restaurés ; si l'on compare sur le premier point la statue de Delphes[1] et sur le second les têtes Casali[2] et Mondragone[3], on pourra mesurer ce que le marbre a pu perdre à ces restitutions. Tel quel, et bien que le travail en soit sommaire, c'est, à tout prendre, l'une des meilleures répliques de l'**Antinoüs.** L'on y retrouve, un peu exagérés et durcis, tous les traits qui caractérisaient l'original, le menton court, les lèvres sensuelles, les joues molles, les yeux enfoncés, le front bas et très couvert. Les exemplaires qui se rapprochent le plus du nôtre sont le buste, dit d'Ecouen, du Louvre[4] et une tête de bronze du même Musée qui, elle, provient à coup sûr du château d'Ecouen[5] : M. Michon y reconnaît, peut-être à tort, la copie d'un buste du Vatican[6].

36 (59) [H. 174]. — **Tête de Lucius Verus.** — Tripoli. — Haut., o^m,385 (de la tête, o^m,3o).

Marbre de Paros.

Cassé au cou, qui était encastré, le nez refait, la surface très abîmée.

La barbe est égale, épaisse et frisée par petites touffes, une courte mouche sous la lèvre inférieure, la moustache fournie et tombante, le nez

1. *Gaz. des Beaux-Arts*, 1894, II, pl., p. 448-454, HOMOLLE.
2. FURTWÆNGLER, *Coll. Somzée*, p. 44-5, pl. XXVIII-XXIX.
3. H. DE VILLEFOSSE-MICHON, *Catal. sommaire*, 1205, p. 73.
4. *Ibid.*, 1082, p. 66. *Mém. de la Soc. des Antiquaires de France*, LVIII, 1899, extrait, fig. 2, p. 34 (MICHON).
5. *Ibid.*, fig. 3, p. 35.
6. *Ibid.*, fig. 4, p. 54. L'identité des deux bustes ne me paraît pas aussi évidente qu'à l'auteur.

droit, les yeux allongés, les prunelles marquées et à demi-cachées par les paupières, les sourcils formant deux barres rigides, le front bas et bossué, les cheveux coiffés par séries régulières de touffes étagées.

La tête ne rappelle que de loin le portrait du *Braccio Nuovo*, AMELUNG, *Sculpturen d. Vatic. Museums*, pl. 19, 123, p. 148-9.

37 (54) [H. 169]. — **Tête d'homme barbu.** — Tortose. — Haut., 0ᵐ,29 (jusqu'au menton, 0ᵐ,23).

Marbre de Paros.

Le nez brisé, le bas de la lèvre abîmé, le cou cassé obliquement.

La barbe est courte, mais n'est pas rasée sur les côtés, la bouche fermée et la moustache tombante, les joues arrêtées par deux plans nets et obliques, les yeux très légèrement obliques, la pupille creusée et relevée, les sourcils en faible relief et à peine incisés, les arcades se rejoignant à angle très ouvert, le front présentant au milieu une dépression verticale, les cheveux tombant bas et coiffés par mèches courtes et égales, comme le serait une calotte striée d'incisions verticales. Au dos est une sorte de tenon quadrangulaire, qui a presque l'apparence d'un chignon et qui devait servir à encastrer le chef.

La tête rappelle par le style certains portraits d'**Antonin** (AMELUNG, *Sculpturen d. Vatic. Museums*, I, pl. 35, 30, p. 333 ; pl. 69, 505, p. 644), mais elle ne représente pas l'empereur.

38 (58) [H. 164]. — **Tête d'homme.** — Tortose. — Haut., 0ᵐ,30.

Marbre blanc. La draperie et les cheveux peints en rouge.

Le nez cassé. Le cou encastré (?).

Une draperie couvre le haut du buste. Le menton est ferme et pointu, les coins de la bouche sont abaissés, le visage est chétif et ridé, les yeux saillants sous des sourcils très relevés, le front haut et chauve, les cheveux ramenés de côté sur les tempes.

39 (52). — **Masque en stéatite blanche et translucide.** — Acquis en 1888. — Haut., 0ᵐ,25. Larg. max., 0ᵐ,18. Ép. max., 0ᵐ,095. — Pl. XI.

La pierre, qui est douce et un peu grasse au toucher, est d'un jaune très clair et qui tire quelque peu sur le vert. Le bout du nez cassé et rapporté.

Le masque, qui s'élargit vers le bas, est d'épaisseur inégale et le revers forme un angle presque droit, dont les côtés sont reliés par une courbe ; en haut est creusée par derrière une cavité sensiblement rectangulaire, mais où il ne semble pas qu'un tenon ait pu s'insérer.

La tête est coupée un peu au-dessous de la bouche qui est entr'ouverte, les coins abaissés et les lèvres épaisses, le nez gros du bout, les yeux assez ouverts, les bosses frontales très marquées, le front coupé en deux par une dépression verticale, des mèches en saillie s'enroulant sur les tempes, comme celles d'un **Fleuve.**

D'après M. Frœhner, le masque serait celui d'un **Hercule,** mais rien, semble-t-il, n'autorise cette hypothèse.

BIBL. FRŒHNER, *Catal. Hoffmann,* vente du 28 mai 1888, 343, pl. **XXIV,** p. 85.

M. Frœhner voit dans la pierre le *phengite,* que l'on trouvait en Cappadoce et dont font mention Pline[1] et Suétone[2]. Mais, s'il faut en croire leur témoignage, non seulement le phengite était transparent, mais encore il réfléchissait la lumière, ce que ne peut faire la stéatite. Ce devait être plutôt une sorte de mica[3].

RELIEFS.

40 (38). — **Fragment de bas-relief « néo-attique ».** — Haut., o^m,43 (à gauche, o^m,415 — à droite, o^m,40). Larg., o^m,52. Ép. à gauche, o^m,o5 (à droite, o^m,12). — Pl. XVIII.

Marbre à grain très fin, peut-être du pentélique.

Les deux figures cassées à la hauteur des genoux, celle de gauche bien conservée malgré quelques éraflures au bras gauche, au sein et au chiton, l'autre ayant plus souffert, le bras droit, l'épaule, le haut des reins, une notable partie du bras gauche non conservés ou très abîmés.

La plaque coupée net à gauche et à la partie supérieure, brisée à droite et en bas, l'épaisseur très irrégulière et augmentant fortement vers la droite, la tranche droite légèrement oblique, la pierre fixée à la partie supérieure par deux tenons de fer, dont la trace est conservée, l'un à mi-longueur de la plaque, et l'autre, dont la mortaise est double, à l'angle de droite. Il n'y a pas trace de tenons sur la tranche de gauche.

1. XXXVI, 663.
2. *Vit. Domit.,* 14.
3. BLÜMNER, *Technologie bei Griechen u. Römern,* III, p. 68.

La première **Ménade** marche vers la gauche, les pieds autrefois sur la pointe et le droit un peu en avant du gauche, le corps vêtu d'un long chiton qui bouffe à la ceinture et qui a glissé sur l'épaule gauche en découvrant le sein de ce côté, les plis de l'étoffe arrondis et sinueux, laissant transparaître à demi le corps, une draperie, qui forme himation, jetée sur l'épaule droite, retenue au-dessus de la nuque par la main droite relevée et tombant en plis tumultueux, le bras gauche pendant à droite, la main tenant par l'une des pattes, qui est repliée, l'arrière-train d'un faon, la main droite armée d'un couteau. La tête est penchée sur l'épaule droite, le cou plissé, les joues pleines, le visage court, le nez droit, le crâne très arrondi, les plis multiples d'un kékryphale entourant le front bas et ne laissant qu'à peine apparaître les cheveux.

La deuxième **Ménade** ressemble à la première, mais, au lieu de pencher la tête en avant, elle l'a, au contraire, rejetée en arrière, le chiton agité par le vent, et bouffant devant la poitrine en dégageant entièrement le sein gauche, une nébride pendant de l'épaule droite et attachée par un nœud sur le cou ; le bras gauche baissé à gauche et légèrement fléchi au coude, un bracelet double au poignet, la main tenant par une des pattes une protome de faon, qui pend la tête baissée ; la main droite non conservée et devant tenir à droite un thyrse dressé. Le cou est également gras et plein, la tête d'un profil un peu différent, le visage plus allongé, le menton moins plein, le front très en retrait, le crâne très mince et très effacé, les cheveux flottant en arrière et noués par un nœud à la nuque.

La collection Péretié comprenait à Beyrouth[1] un sarcophage de marbre dont trois côtés étaient ornés de reliefs : sur la face principale étaient représentés un autel et une **Bacchante**, qui tenait de la main droite une épée et de la gauche un chevreau. On pourrait penser à notre relief, dont les dimensions ne s'écartent guère de celles du sarcophage[2], mais ce qui rend l'identification impossible est que, sur la cuve de Beyrouth, la **Bacchante** est suivie d'un **Satyre** jouant de la flûte. Il n'en est pas moins intéressant de noter, une fois de plus[3], l'importance du culte de Dionysos en Syrie.

---

1. *Bull. Corr. Hell.*, III, 1879. p. 260-1, 5, BEAUDOIN-POTTIER.
2. Il manque environ le quart des **Ménades**, ce qui donne au relief complet une hauteur minima un peu inférieure à 0ᵐ,60. D'autre part la hauteur du sarcophage Péretié est de 1ᵐ,15 : comme elle comprend les deux moulures, dont l'importance peut être assez grande, il n'y a pas nécessairement désaccord entre les deux chiffres.
3. *Catalogue de Clercq*. III, p. 162, p. 247.

Les deux **Ménades** sont, l'une et l'autre, d'un type bien connu[1] ; elles font partie du répertoire « néo-attique » et il est vraisemblable que l'invention des motifs remonte au ve siècle avant notre ère. La pose de la première est plus commune et les douze exemples cités par Hauser se rencontrent sur des cratères[2], sur un rhyton[3], sur des bases rondes[4] ou rectangulaires[5]. La seconde **Ménade** est plus rare et on n'en connaît que quatre répliques[6], dont trois[7] où elle accompagne la première. Il est à remarquer que l'un de ces trois exemplaires, celui des Offices[8], a précisément les dimensions que pouvait avoir, lorsqu'il était complet, le bas-relief de la collection de Clercq.

Si l'on compare entre eux ces monuments on constate la plus grande ressemblance dans la silhouette des **Ménades** et, malgré cette similitude générale, d'assez nombreuses divergences de détail. Ainsi la tête de la première **Bacchante** est plus baissée sur le relief de l'Esquilin, tandis qu'elle est plus relevée sur l'autel du Musée Chiaramonti. Sa forme est d'ordinaire moins ramassée, plus allongée de visage et moins arrondie au sommet : sur le vase de Sosibios le crâne est même surhaussé et presque pointu, tandis que le kékryphale manque sur l'autel du Vatican ; lorsqu'il est conservé, il est plissé autrement et cache moins la chevelure. Le mouvement du bras droit est bien à peu près le même sur le relief de l'Esquilin, mais l'avant-bras est oblique sur le rhyton de Pontios et sur la réplique de Gabies ; d'autre part le bras gauche, lorsqu'il est conservé comme sur le rhyton, n'est pas plié au coude et continue sans interruption sensible la ligne de la nuque ; si la saillie de l'épaule est marquée sur le relief de l'Esquilin, elle y est moins prononcée et d'une forme moins arrondie que sur le marbre de Clercq. Enfin la draperie est d'ordinaire d'un travail plus sec et plus minutieux ; lorsqu'elle n'est pas simplifiée à l'excès comme sur le vase de Sosibios, elle

---

1. N°s 25 et 28 d'Hauser, *die Neu-attischen Reliefs*, pl. II.

2. Hauser, 1, p. 7, 6, p. 11-2, 17, p. 15-7 (amphore de Sosibios au Louvre, cratères du Musée Torlonia et du Campo Santo de Pise).

3. Hauser, 2, p. 8 (rhyton de Pontios) = *Bull. Arch. Mun. di Roma*, III, 1875, pl. XII, 1 et XIII, p. 118-134 (Visconti) = Helbig-Toutain, *Musées de Rome*, I, 578, p. 432-3.

4. Hauser, 5, p. 11, 14, p. 15 (autel de la collection Lansdowne et plaque trouvée sur l'Esquilin ; pour cette dernière, voir Winter, 50e *Berl. Winckelmannsprogramm*, pl. I, p. 97-124 = Collignon, *H. de la Sculpture gr.*, II, fig. 340, p. 648 = Helbig-Toutain, *l. l.*, I, 556, p. 415-6).

5. Hauser, 4, p. 10, 7, p. 12, 9, p. 13, 10, p. 14, 15, p. 14-5 et 16, p. 15 (autel de Gabies au Vatican, reliefs de Broadlands, des Offices, de Turin, du British Museum et de la villa Albani). Pour l'autel de Gabies, voir Amelung, *Sculpturen d. Vatic. Mus.*, I, Chiaramonti, 182, p. 436-9, pl. 45. La photographie du relief des Offices a été publiée dans l'*Einzelverkauf* d'Arndt-Amelung (n° 372 = Amelung, *Führer d. d. Antiken i. Florenz*, 163, p. 104).

6. Hauser, 2, 4, 9 (autel de Gabies, rhyton de Pontios et relief des Offices), auxquels s'ajoute le n° 8, p. 12-3 (reliefs de Madrid, publiés par Winter, 50e *Berl. Winckelmannspr.*, p. 106 et suiv., pl. II-III).

7. Hauser, 2, 4, 9.

8. Haut., 0^m,59.

a des plis moins arrondis et des volutes moins amples ; on peut ajouter
que, sur les autres reliefs, l'himation est plus éloigné du kékryphale et
qu'on ne rencontre pas ailleurs le brusque ressaut que fait l'étoffe à droite
de la protome.

Si mal conservée que soit la deuxième **Ménade,** nous pouvons du moins
constater que, sur aucune des répliques, la tête n'est rejetée si en arrière
sur la nuque et n'a cette forme étrange et comme rétrécie, qui fait contraste
avec le visage plein et ramassé de sa compagne. De même la nébride n'est
jamais nouée de la même manière et la protome n'a jamais cet aspect ; enfin
le bras gauche n'est pas plié au coude sur le vase de Pontios, et l'est d'une
manière moins sensible sur le putéal de Madrid, que Velasquez dut acheter
en Italie et qui, suivant M. Winter, ne ferait qu'un avec le relief trouvé sur
l'Esquilin.

Ces remarques et ces observations de détail étaient nécessaires pour
établir que la réplique ne reproduit pas servilement les monuments déjà
connus ; il suit de là qu'on ne pourra reconstituer le texte primitif sans
tenir compte de la leçon nouvelle et des variantes qu'elle contient.

41 (43). — **Bœuf marchant à droite.** — Anc. collection Péretié. —
Haut., o^m,593 (du bandeau supérieur, o^m,o38, — du champ, o^m,42). Long.,
o^m,65. Ép., o^m,10. Retrait du champ, o^m,019. Relief max., o^m,o2. — Pl. XVIII.

Marbre de Paros.

La plaque est complète à gauche et brisée sur la droite où une partie de la tranche
paraît cependant ravalée : si elle l'avait été sur toute sa longueur, il faudrait en conclure
que la partie antérieure de l'animal était sculptée sur une autre plaque de marbre.

Haut et bas du cadre, bandeau en relief, celui du haut très étroit.

Dans le champ, bœuf ou taureau marchant à droite, la patte droite de
l'arrière-main en avant, les membres disposés en sens inverse à l'avant-train,
la queue pendante. Comme le corps occupe toute la hauteur du cadre, la tête
ne pouvait être relevée, et il est probable, sans être sûr, qu'elle était tournée
vers la droite et présentée de face.

On peut rapprocher, sinon comparer, l'autel nabatéen de Kanatha (CLER-
MONT-GANNEAU, *Rec. d'Archéol. orientale,* II, p. 108-111) et le monument,
également nabatéen, de Gézer (*ibid.,* III, pl. I, p. 75). Pour le culte du taureau en Syrie, il suffit de renvoyer au **Zeus** d'Héliopolis (*Catal. de Clercq,*
t. III, p. 141-6). Le taureau joue également un grand rôle dans les mystères
de Mithra et l'on a trouvé dans le mithræum d'Allmedingen en Rhétie un bas-

relief représentant un bœuf marchant vers la gauche[1], mais nous n'avons
aucune raison de rapprocher notre plaque du monument de Saïda que nous
étudions plus loin : la matière n'est pas la même et le motif est trop banal
pour qu'on puisse penser à un culte déterminé.

MONUMENTS FUNÉRAIRES.

42 (2) [447]. — **Stèle funéraire.** — Anc. collection Péretié. — Haut.,
o^m,44 (du champ, o^m,226, — de la tête, o^m,o4, — du fronton, o^m,o62). Larg.,
o^m,21 à o^m,23 (du champ, o^m,165 à o^m,17, — du fronton, o^m,16). Relief max.
(à la tête), o^m,o2. Épais., o^m,o78. — Pl. XXIX.

Pierre calcaire, à gros grains, la surface irrégulière et mal polie, le coin inférieur de
droite cassé, la tranche épannelée à gauche seulement, les autres faces à peine dégrossies.
La stèle sensiblement rectangulaire, un peu plus large vers la base, le haut découpé
en forme de fronton. Le champ lui-même n'est qu'approximativement rectangulaire, un
large bandeau le séparant du fronton et orné, en son milieu, d'une rosette à quatre pétales,
légèrement creusés. La profondeur du relief augmente depuis le bas et atteint son maxi-
mum (plus de o^m,o2) en haut du cadre.

Le fond du champ est bordé en haut par un bandeau lisse, à droite et
à gauche par deux colonnes ou piliers à peine indiqués, surmontés par deux
chapiteaux simples, un rideau, qui est censé glisser sur une tringle, pendant
du haut et tiré vers la gauche. Devant ce fond, un personnage est
assis de trois quarts à droite sur un siège plein à dossier recourbé, les pieds
chaussés sur un tabouret vu en perspective, le corps vêtu d'une longue
tunique et d'un himation dont un pan retombe sur l'épaule gauche, la main
droite posée sur les genoux, la gauche tenant à droite un objet en forme de
demi-couronne, qui semble se continuer avec le couvercle du panier placé
à la droite (peut-être l'anse de ce panier), la face imberbe, le visage
grossièrement indiqué, les cheveux frisés et massés. Au second plan, à
droite et sur une base plus haute que le tabouret, est une corbeille ovoïde
et tressée, dont les joncs se croisent obliquement et sont maintenus, haut et
bas ainsi qu'au milieu, par trois bourrelets horizontaux.

1. CUMONT, *Textes et mon. fig. rel. à Mithra*, II, fig. 449, p. 504 (mithræum d'Allmedingen en Rhétie).

En bas du champ est l'inscription (pour la forme des lettres, voir la planche).

CTHTHA	Στήτη ἄ-
ΛΥΠΕΧΕΡΕ	λυπε χ[αῖ]ρε

BIBL. *Bull. Corr. Hell.*, III, 1879, p. 263, 12, M. BEAUDOIN, E. POTTIER.

43 (5). — **Stèle funéraire.** — Haut., o^m,67 (de la partie en terre, o^m,17, — du champ, o^m,3o, — du tympan, o^m,13). Larg., o^m,34 (entre les bases, o^m,21, — entre les colonnes, o^m,225, — du tympan, o^m,235). Ép., o^m,135. — Pl. XXIX.

Conglomérat silico-calcaire, très grossier et recouvert d'une mince couche de stuc, un enduit jaunâtre en partie disparu posé sur la surface, l'inscription et le motif du tympan peints en rouge.

Le bas de la stèle, n'étant pas revêtu de stuc, devait entrer dans une mortaise. Cassure à droite et au sommet, la tranche épannelée à gauche seulement, ainsi que sur une petite partie du côté droit.

Dans le champ, édicule à fronton triangulaire et encadré de deux colonnes à triple cannelure posées sur de hauts dés rectangulaires, le chapiteau formé d'un coussinet renflé à droite et à gauche, le tailloir ovale et irrégulier, le fronton encadré de rais de cœur, d'un travail libre et sans netteté, la pointe cassée et pouvant recevoir un fleuron rapporté.

Quelques traits irréguliers sont encore visibles en haut du tympan, mais ils appartiennent à un ensemble qu'on paraît avoir effacé à dessein ; en effet le champ presque entier du fronton a été recouvert d'une nouvelle couche du stuc et le badigeonneur n'a laissé libre qu'une bande étroite, tout près du sommet et c'est précisément à cet endroit qu'apparaissent des caractères rouges irréguliers, qui peuvent n'être qu'un reste de palmette[1]. Dans ces conditions on ne peut guère supposer que le nom du défunt ait jamais été peint (κατάγραφος) dans le champ triangulaire, car il n'y en a pas d'exemple à Sidon et on ne l'aurait pas ainsi dissimulé comme à plaisir sous un nouvel enduit. En tout cas un buste n'a jamais été figuré dans l'étroit espace disponible.

Entre les piliers cannelés est l'inscription, qui est tracée rapidement, mais en caractères assez nets. Elle est en vers irréguliers et se compose de deux hexamètres, suivis de deux pentamètres et d'un dochmiaque : j'ai repro-

1. Cf. *Rev. Archéol.*, 1904, I, p. 237, fig. 2, PERDRIZET.

duit à la suite, presque sans changement, la traduction donnée en 1877 par M. Perrot (pour la forme des lettres, se reporter à la planche).

<pre>
      ΓΟΝ ϹΟΦΟΝ ΕΝΝΟ · Ι Ο Ϲ
      ΚΑΙΓΑΙΔΕΥϹΑΝΤΑ
      ΕΦΗΒΟΥϹΤΟΝΘΡΕΨΑΝ
      ΤΑΒΡΟΤΟΥϹΚΑΙΕΝϹΤΕΡ
    5 ΝΟΙϹΙΔΙΚΑΙΟΝΓΑΡΘΕ
      ΝΙΚΑϹΤΕΛΕϹΑϹΑΞΙΑ
      ΝΥΜΦΙΔΙΩΝΚΑΙΖΗ
      ϹΑΝΤΑΚΑΛΩϹΕΒΔΟΜΗ
      ΚΟΝΤΑΕΤΗΚΑΤΑΓΡΑΦΟϹ
   10 ΕΝΘΑΔΕΚΕΙΤΑΙ
</pre>

τὸν σοφὸν ἐν νο[μ]ίο[ις] καὶ παιδεύσαντα ἐφηβους,

τὸν θρέψαντα βρότους καὶ ἐν στέρνοισι δίκαιον,

παρθενικὰς τελέσας ἄξια νυμφιδίων

καὶ ζήσαντα καλῶς ἑβδομήκοντα ἔτη,

Κατάγραφος ἐνθάδε κεῖται.

« Sage entre les pasteurs d'âmes (?), il a instruit des éphèbes et élevé des hommes ; juste de cœur, il a fait (par son enseignement) des jeunes filles les égales des femmes mariées, et après une vie honorable, il est mort à soixante-dix ans ; Catagraphos repose ici. »

L. 1. — L'ε est suivi de deux ν, ce qui rend impossible l'interprétation de M. Perrot ἐν λο[γ]ίοις ; νόμιος est l'épithète bien connue d'Hermès, qui peut à la rigueur être prise à la fois substantivement et au sens métaphorique. Dans tous les cas, la forme lunaire du signe qui suit l'o est due à une erreur ou à une négligence de l'artisan.

L. 3. — Le texte est certain ; aussi, malgré sa subtilité, l'explication proposée semble seule recevable.

L. 5. — M. Perrot traduit « son image et ses restes sont ici », mais nous avons vu que le fronton ne portait, tout au plus, que le nom du défunt, ce qui semble mal s'accorder avec le sens propre du mot comme adjectif. J'ai préféré prendre avec Kaibel Κατάγραφος pour un nom propre : pour mettre en main les pièces du procès, je crois bon de rappeler ici, bien qu'elle soit probablement mal copiée et ne paraisse pas décisive, une inscription de Chypre publiée par Colonna-Ceccaldi[1] :

<pre>
      ΟΠΑΟΝΙ
      ΜΕΡΑΝΘΙΩΙ
      ΚΑΤΑΓΡΑΦΟΣ
      ΥΠΕΡΤΟΥΥΙΟΥ
      ΚΑΤΑΓΡΑΦΟΥ
      ΕΥΧΗΝLϹ
</pre>

1. *Rev. Archéol.*, 1874, t. XXVII, p. 86-7 (Larnaca).

Bibl. *Rev. Archéol.*, 1877, I, p. 61-2, 9, Perrot (d'après une copie de M. Martin). *Gaz. Archéol.*, 1877, p. 114-5, Clermont-Ganneau. *Bull. Corr. Hell.*, III, 1879, p. 263-4, 15, M. Beaudoin, E. Pottier. Kaibel, *Epigrammata græca, add.*, 459 a, p. 526.

On a trouvé de ces stèles peintes à Alexandrie[1] et à Chypre[2], mais elles sont particulièrement fréquentes à Saïda[3]. Il n'est pas impossible que telle soit la provenance de notre exemplaire, mais on en a découvert également à Tyr[4] et Péretié possédait une stèle analogue trouvée à Amrith et qui n'est pas entrée dans la collection de Clercq. On y voyait d'après l'inventaire « sur la face qui porte des traces de dorure et de peinture une femme assise et à demi-drapée »; sur le revers (?) étaient « des ornements en peinture noire ».

Rien ne permet, semble-t-il, de dater le monument avec quelque précision. Le P. Jalabert distingue bien[5] dans les stèles peintes deux séries différentes; l'une, qu'on pourrait appeler militaire, est consacrée aux mercenaires des Séleucides[6]; l'autre, qui formerait une suite plus tardive, comprendrait les civils et les morts du commun. Notre inscription, composée en mauvais vers, transcrite avec négligence et où le Σ est lunaire, est sans doute de l'époque impériale, et la date doit en être fort basse.

44 (1) [H. 161]. — **Cippe funéraire.** — Anc. collection Péretié. — Haut., 0ᵐ,354 (de la base, 0ᵐ,15, — de la bandelette, 0ᵐ,065). Long. de la base, 0ᵐ,165. Larg. —, 0ᵐ,12. Diam. du cippe, 0ᵐ,145 (petit diam. —, 0ᵐ,115). — Pl. XXIX.

Marbre des îles.

A la base, socle plein et rectangulaire. Au-dessus, cippe ovale, qui, lui aussi, est presque rectangulaire, les coins simplement abattus. En haut, près du bord, le cippe est entouré d'une bandelette à triple bourrelet incisé, interrompue à trois reprises par une rosette rudimentaire, dont les quatre pétales sont aplatis.

---

1. *Rev. Archéol.*, 1899, II, p. 42 (Perdrizet). *Ibid.*, 1904, II, p. 13, 3 (L. Jalabert). Il y en a plusieurs au Musée du Caire, *Arch. Anzeiger*, XVI, 1901, p. 200-2, v. Bissing.

2. *Amer. Journ. of Archæol.*, 1888, p. 261, pl. 17. *Rev. Archéol.*, 1889, I, p. 323, S. Reinach. Elles sont peintes directement sur la pierre et non sur stuc (*Rev. Archéol.*, 1904, 1, p. 234, Perdrizet).

3. Renan, *Mission de Phénicie*, pl. XLIII, 4-9 et (?) 2-3, p. 380. *Gaz. Archéol.*, II, 1877, pl. 15-6, p. 102-125, Clermont-Ganneau. Ledrain, *Mon. phéniciens du Louvre*, 115-120. Joubin, *Cat. des mon. funéraires de Constantinople*, 42-3, p. 21. *Rev. Archéol.*, 1888, II, p. 109-112, P. Lammens. *Ibid.*, 1904, 1, p. 234-244, fig. 1-3, Perdrizet. *Ibid.*, 1904, I, p. 408 et 1904, II, p. 1-16, fig. 1-3, L. Jalabert.

4. Clermont-Ganneau, *Études d'Archéologie orientale*, II, p. 144 (inscription pointe sur la pierre stuquée, au-dessus de deux mains ouvertes).

5. *Rev. Archéol.*, 1904, II, p. 9 et 15, L. Jalabert.

6. La seule qui soit datée l'est d'une manière toute relative et tout ce que nous pouvons affirmer à son sujet est qu'elle est postérieure à l'an 195 avant notre ère.

De Ridder.

7

L'inscription (voir la planche) est mal gravée et en caractères irréguliers, les lettres inégalement espacées et les deux dernières lignes très
serrées.

	ΑΥΓΑΖШΝ	Ἀυγάζων
	ΧΡΗϹΤΕΚΑΙ	χρηστὲ καὶ
	ΑΛΥΠΕΧΑΙΡΙ	ἄλυπε χαῖρ[ε]
	ΖΗϹΑϹΕΤΗ	ζήσας ἔτη
5	ΚϹΑΠΕΘΕΤΟ	κϛ' ἀπέθετο
	ΤΗΚΑΡΤΕΡ˙˙ΟΥ	τῇ κ. ἀρτεμ(ισίου) [τ]οῦ
	ϹΗϹϹΤΟΥϹ	σϙϛ' ἔτους.

L. 1. — Le nom désigne ordinairement des esclaves et, une fois au
moins, un gladiateur[1]. Il faut sans doute le rapprocher des Αὐγάσιοι, peu-
plade voisine de la Sogdiane[2].

L. 5. — Je ne crois pas que l'E soit suivi d'un signe d'abréviation. Il
me semble, bien que les jambages verticaux ne soient pas continués, voir
l'indication assez nette d'un M.

L. 7. — L'angle gauche est cassé, si bien que la première lettre peut
être un ϛ, comme le veulent les premiers éditeurs.

L'an 296 donne 37 après J.-C. pour l'ère d'Aradus, 170, 185, 187 et 247
pour celles de Tyr, de Sidon, de Séleucie, d'Antioche. En l'absence de tout
renseignement sur la provenance du cippe, il est difficile de se décider pour
l'une ou l'autre de ces dates.

BIBL. *Bull. Corr. Hell.*, III, 1879, p. 259-260, 3, M. BEAUDOIN, E. POTTIER.

Ces cippes sont d'une forme commune à Chypre[4], en Syrie et en Phénicie. La mission Renan en a rapporté des exemplaires au Musée du Loúvre[5].
D'autres proviennent de Saïda[6] et de Beyrouth[7] et il y en a même un à
Jérusalem, mais il est possible qu'il y ait été importé du dehors[8]. La collection Péretié contenait un second cippe pareil, mais de taille un peu plus
grande et qui portait une dédicace à Μάγνα[9].

45 (20) [II. 141]. — **Coffret de pierre.** — Beyrouth. — Haut., 0^m,14

1. *C. I. L.*, VI, 7895,
2. Steph. Byz., s. v. ; STRABON, XI, 513. PAULY-WISSOWA, s. v., II, p. 2299, TOMASCHEK.
3. PAULY-WISSOWA, 1, s. v. Aera, p. 647-650, KUBITSCHEK.
4. COLONNA-CECCALDI, *Nouvelles inscriptions grecques de Chypre*, p. 4, 1-18. D'autres exemples cités *Gaz. Archéol.*, 1877, p. 107, 1, CLERMONT-GANNEAU.
5. RENAN, *Mission de Phénicie*, pl. XXII, 13, p. 384.
6. DE SAULCY, *Voyage autour de la mer Morte*, Atlas, pl. IV.
7. *Ibid.*
8. *Gaz. Archéol.*, 1877, p. 102-7, fig., CLERMONT-GANNEAU.
9. *Bull. Corr. Hell.*, III, 1879, p. 260, 4, M. BAUDOIN, E. POTTIER.

(de la base, oᵐ,o9 et oᵐ,o8; de la cuve, oᵐ,o6). Long., oᵐ,164 (sans le
rebord, oᵐ,105). Larg., oᵐ,105 (à l'intérieur, oᵐ,05).

Sur la tranche verticale de la cuve se superposent un bandeau mince
et trois moulures creuses séparées par deux filets saillants, la petite face
antérieure percée de quatre trous (dont l'un a dû être refait), la face postérieure n'ayant qu'une ouverture, une échancrure (haute de oᵐ,o1) ménagée
en haut de la petite face antérieure.

Le couvercle est en forme de toit, mais les bords sont relevés en sens
inverse des rampants, à peu près comme sur certains sarcophages lyciens,
la base entourée, sur trois côtés, d'un bandeau lisse qu'arrête vers l'intérieur un rebord saillant, le quatrième côté libre et correspondant à la
petite face antérieure de la cuve. A l'état de repos, le couvercle est fixé sur
la cuve par la triple saillie du rebord interne et il suffit, pour ouvrir la boîte,
de le faire glisser dans le sens longitudinal. Pour assurer la fermeture,
trois trous sont percés sur le couvercle, deux dans le champ des tympans
et un autre vers le milieu de l'arête dorsale, qui s'aplanit à cet endroit. Une
ficelle passait par ces ouvertures et par celles que nous avons relevées dans
la cuve.

MITHRÆUM DE SAIDA

(46-54)

Le seul document que nous possédions sur le mithræum de Saïda est une lettre d'Edmond Durighello publiée dans le *Bosphore Egyptien* du 19 août 1887 et reproduite, l'année suivante, par S. Reinach[1]. Les renseignements qu'elle contient ne méritent malheureusement pas une confiance absolue. Mis au courant de la découverte, Son Excellence Hamdi-Bey, directeur des Musées Impériaux ottomans, occupé à des fouilles plus importantes, ne put, — on ne saurait trop le regretter, — vérifier les dires de l'antiquaire levantin. De sorte que nous ignorons aujourd'hui, et que nous risquons bien de ne jamais connaître, ce que cachent au fond toutes ces déclarations. Peut-être, si l'on en rabat les trois quarts, reste-t-il une part de réalité. C'est sous cette réserve que nous rappelons qu'il y est question de niches qui contenaient des statues, de mosaïques qui pavaient le sol, de reliefs portant les signes du zodiaque, de représentations de la Vénus orientale, enfin de personnages ayant « les têtes de différents animaux ». Sur tous ces points, à en juger d'après les divers mithræa connus et d'après ce qui paraît s'être conservé du nôtre, il semble, nous le répétons, qu'on ait démesurément grossi l'importance d'une découverte réelle.

L'article parle d' « une douzaine de statues », qui auraient été expédiées à Paris et qui seraient à ce moment (en 1887) chez M. de Clercq. Le renseignement est ici tout à fait exact et nous pouvons le vérifier encore aujour-

---

1. *Rev. Archéol.*, 1888, I, p. 91-3 (*Chroniques d'Orient*, I, p. 434-6). Cf. CUMONT, *Textes et monuments figurés relatifs à Mithra*, II, *inscr.* 6, p. 92 et *mon.* 4, p. 191. Je profite de l'occasion qui m'est donnée pour remercier M. Cumont, qui a bien voulu m'écrire plusieurs fois à propos du mithræum et dont l'expérience « mithriaque » m'a beaucoup servi.

d'hui. Un document que j'ai eu entre les mains parle bien seulement d'onze pièces, mais l'inventaire de la collection Péretié, que M. de Clercq acheta d'un bloc en 1882, mentionne sous le n° 461 un **Mithra** haut de o^m,90 et dont les deux bras auraient été cassés et détachés, or cette douzième statue ne se retrouve pas dans la collection : il est possible qu'elle ait été saisie au départ de Beyrouth et qu'on l'ait envoyée ou qu'on ait dû le faire à Tchinili-Kiosk, où il ne semble pas qu'elle se trouve aujourd'hui. Les autres monuments paraissent avoir formé deux lots distincts. Le premier, qui a dû être expédié du vivant de Péretié, comprenait les deux groupes mithria-ques, le **Kautès,** le **Mithra** taurophore, le **Kronos** et les deux personnages armés de la hache. Quatre statues étaient restées à Beyrouth jusqu'en 1882 et n'entrèrent dans l'hôtel de Clercq qu'après la mort de Péretié. C'étaient le **Kautopatès,** l'**Hekataion,** la grande **Aphrodite** de bronze (*Tome III*, **43,** p. 44, pl. VIII) et l'**Aphrodite** de type cnidien que nous avons rencontrée plus haut (n° **10).**

La matière de tous ces monuments est la même. Ce n'est pas l'albâtre, comme Durighello l'écrivait à tort et comme l'a répété, d'après lui, M. Cumont, mais une variété très claire et presque transparente de marbre de Paros, peut-être du *lychnite*[1]. Ce qui a pu contribuer à faire illusion est que l'exécution est partout égale et que la surface, polie avec un soin scru-puleux, a pris avec le temps un aspect gras et presque laiteux.

Les sculpteurs qui ont travaillé au mithræum ne devaient pas être fort nombreux et ils faisaient en tout cas partie du même atelier, car il semble impossible de distinguer entre eux, et l'œuvre commune témoigne d'une singulière unité. Nous avons relevé le fini et le poli du modelé. On peut y joindre une certaine entente de la composition, une habileté réelle à pré-senter les figures d'une manière pittoresque et une facilité d'exécution qui peut, de loin, faire illusion. A ces qualités, qui sont indéniables, répondent de nombreux défauts. Les corps, si bien polis, n'ont une vie que d'apparence et comme de surface ; sous les chairs molles on ne sent ni muscles, ni ossa-ture, et ces visages sans expression ne sont que les répliques affadies d'un prototype qu'on s'est vainement évertué à copier. Si brillant que soit au premier abord cet art provincial, ni dans le fond, ni dans la forme, il n'a rien d'original et de vivace, aussi sa floraison n'a pu être que passagère et aucune trace n'en est restée.

---

1. BLÜMMER, *Technologie*, III, p. 33. Il ne me paraît pas douteux que la définition d'Hesychios (*s. v.* λυχνίας) ne soit préférable à celle de Varron (Pline, 36, 14).

Nous sommes en mesure de déterminer la date où cet ensemble fut consacré et sans doute fut exécuté. Le **Mithra 47,** le **Kronos 49** et l'**Hekataion 54** sont dédiés par un même personnage, Fl. Gerontios, et en la même année 500, soit, dans l'ère des Séleucides, 188 après J.-C. Il est à remarquer que 500 est un nombre rond, ce qui, comme M. Cumont me le fait observer, peut provenir de cette prédilection pour les chiffres parfaits qui caractérise toutes les religions orientales et, en particulier, le culte de Mithra[1].

A dire vrai les trois inscriptions ne sont pas identiques et diffèrent entre elles non seulement par la rédaction, mais, détail plus important, par la forme même des caractères. Comme deux d'entre elles, celles du **Mithra** et du **Kronos** n'ont pu être gravées qu'à une époque où les bases avaient déjà souffert, on pourrait être tenté de mettre en doute l'authenticité des dédicaces. Il ne semble pas, après examen, que ces soupçons soient légitimes. La dignité que notre personnage possède dans la hiérarchie mithriaque n'était connue, en dehors de nos monuments, que par une inscription latine d'Aquilée, conservée à Venise dans la basilique de Saint-Marc et peu connue avant le recueil de M. Cumont[2]. Comme le titre est grec, on ne peut supposer qu'un faussaire, même s'il avait eu vent de la dédicace, ait eu l'idée de la traduire à nouveau dans sa langue originelle. D'autre part la différence des rédactions s'explique fort bien par l'existence de plusieurs lapicides, qui ne sont pas nécessairement les mêmes que les sculpteurs. Enfin, il semble bien qu'on ait, à la fin du siècle dernier, *rafraîchi* les inscriptions, ce qui ne prouve pas qu'elles soient nouvelles. Donc, et jusqu'à plus ample informé, je tiendrai avec M. Cumont les trois textes pour authentiques et je daterai en conséquence du règne de Commode, à la fois les trois marbres et l'ensemble de la trouvaille.

Il est regrettable que nous ne sachions rien de précis sur la disposition primitive des sculptures. Tout ce qu'on peut conclure de l'examen des bases est que celles-ci sont d'ordinaire plus hautes à l'arrière qu'à l'avant ; les socles dans lesquels elles entraient devaient être disposés de manière à ce que cette différence d'épaisseur ne fût pas sensible pour le spectateur.

---

1. Si on fait le total des chiffres que représentent les six lettres dont se compose le mot Μειθρας, on obtient 365, ou le nombre de jours d'une année. M. Cumont relève également la prédilection des sectateurs de Mithra pour le chiffre 7. Il serait porté en conséquence à penser que la dédicace a pu être faite à l'occasion du siècle nouveau qui commença en 188 après notre ère. Il rappelle à ce propos l'épithète de *sæcularis* que donne au dieu une inscription de Bretagne (*l. l.*, II, 480 = *C. I. L.*, VII, 646).

2. Cumont, *l. l.*, II, p. 123, 166. Avant le *Corpus*, paru en 1872 (*C. I. L.*, V, 764), elle avait bien été publiée dans le recueil d'Orelli (5059) et dans les *Annali* de 1846, p. 271, mais elle ne paraît pas avoir attiré l'attention.

D'autre part le **Kronos** était probablement placé dans une niche et la tête
en était *praticable*, sans que nous sachions au juste à quoi pouvait correspondre le trou qui était ménagé dans l'occiput.

Je n'insisterai pas ici sur les différentes sculptures qui composent le
mithræum, ni sur l'importance de cette découverte dans la région syrienne.
Cette étude nous entraînerait trop loin et risquerait de faire double emploi
avec les courtes reflexions dont j'ai fait suivre la description de chaque
monument. Les deux **Aphrodite** font seules défaut à cet ensemble. On ne
peut s'étonner de les trouver réunies à **Mithra,** car on connaissait déjà une
dédicace de *leones* à la *Cælestis Ourania* et M. Cumont pense que la déesse
syrienne a pu être assimilée à **Anahita,** la compagne du dieu solaire[1]. Il
est à remarquer que la draperie de la **Cnidienne 10** était peinte en rouge,
tandis qu'aucune trace de couleur ne paraît s'être conservée sur les autres
monuments du mithræum.

46 (35). — **Bas-relief mithriaque.** — Saïda. — Haut., o",445. Larg.,
o",77. Relief max., o",o8. — Pl. XIX.

Marbre de Paros. La plaque sensiblement rectangulaire et bien conservée, malgré
une cassure qui la traverse de haut en bas vers le tiers de sa longueur.

Aux quatre coins, dans des médaillons de grandeur semblable, bustes
d'enfants, personnifiant les **Saisons,** les cadres composés de deux anneaux
concentriques, dont l'intérieur est le plus saillant, les têtes entièrement
détachées du fond. A gauche, en bas, l'**Hiver,** la tête ceinte d'une guirlande
de roseaux et enveloppée d'un capuchon, les épaules couvertes et drapées,
une mèche de cheveux revenant sur le front, la figure poupine, baissée et de
trois quarts à droite ; dans l'angle, un canard tourné vers la gauche. Au-
dessus, le **Printemps,** la tête ceinte d'une guirlande de feuilles et de
roses (?), le visage tourné de même, l'attache des bras indiquée, une draperie jetée sur l'épaule gauche; dans l'angle, un panier bas et tressé,
surmonté d'une anse et rempli de fleurs en forme de grappes. A droite, en
haut, l'**Été,** la tête de trois quarts à gauche, baissée et ceinte d'une guirlande
d'épis, une draperie attachée sur l'épaule droite; dans l'angle, une gerbe liée
et dressée, accostée d'une faucille. Au-dessous, l'**Automne,** la tête ceinte
d'une guirlande de pampres, une draperie sur les épaules; dans l'angle,
panier haut et sans anses, d'où sortent des fruits divers.

1. CUMONT, *l. l.,* 1, p. 149, 14.

Entre les deux bustes supérieurs, deux médaillons semblables contien-
nent les divinités célestes. A gauche, **Artemis** ou **Luna**, la face inclinée
vers la droite, les cheveux partagés en bandeaux ondulés et relevés en un
nœud sur le haut de la tête, les cornes d'un ménisque entourant le buste,
une tunique agrafée sur les épaules. A droite, **Hélios,** les cheveux bouclés
et frisant sur les tempes, la tête juvénile et de trois quarts à gauche, une
chlamyde attachée sur l'épaule droite, douze grands rais en léger relief
entourant le haut du cadre.

Les douze signes du Zodiaque se succèdent autour du groupe central,
le **scorpion** seul placé sous l'animal et le **taureau** tournant le dos au
bélier au-dessus de la tête du dieu. Le **taureau** galope à gauche, les pattes
de l'arrière-train touchant le bonnet de **Mithra**, la queue relevée; les
Gémeaux nus et de face, les pieds sur une base commune, la main gauche
du premier posée sur l'épaule droite du second, le bras droit de ce dernier
passé derrière le dos du premier, qui est barbu et debout sur la jambe
droite, la main droite levée à gauche et tenant horizontalement la massue,
l'autre frère posé de même, le visage imberbe et incliné vers la gauche, la
main gauche baissée et comme s'appuyant à droite; les deux pinces du
crabe relevées; les pattes de derrière du **lion** réunies sur une base et
l'avant-train s'élançant vers la droite, la gueule ouverte et rugissante; la
Vierge de face, les pieds chaussés, un himation jeté sur le long chiton
talaire, entourant la tête comme un voile et enveloppant les bras; un éphèbe
debout sur la jambe droite, la tête légèrement tournée vers la gauche, une chlamyde passée autour du cou et enroulée autour du bras gauche, la main
droite tenant la **balance**; les pinces du **scorpion** cassées, la queue recourbée
piquant les bourses du taureau; le centaure ou **Sagittaire** tourné vers la
gauche, les pattes de devant brisées, la patte droite de l'arrière-train devant
la gauche, la tête juvénile et relevée, la main gauche tenant le bois de l'arc;
le **Capricorne** galopant vers la gauche, le corps pisciforme et terminé par
une queue de dauphin; un enfant nu et debout sur la jambe gauche (**Verseau**),
la tête inclinée vers la gauche, la main droite levée au-dessus de la tête, la
gauche baissée à droite et tenant une outre d'où un liquide coule sur la
droite; les **poissons** superposés en sens inverse.

Des deux corbeaux mithriaques, l'un, à droite de la **Vierge,** est en plein
relief et tourné vers le dieu, l'autre, dont la tête est baissée vers la gauche,
est placé entre le **Verseau** et le buste de l'**Été.**

Le taureau mithriaque, dont le garrot est saillant comme celui d'un buflle ou d'un zébu, tombe à terre vers la droite, la patte droite de l'arrière-train rigide et allongée, la patte gauche pliée au genou, le sabot écrasé sous le corps, la patte droite de l'avant-train fléchissant, la gauche déjà abattue, la tête relevée, la bouche entr'ouverte et mugissante, l'avant-corps du serpent dressé et sa langue dardée vers la victime, les pattes de derrière du chien-lévrier réunies sur une base, celles de devant posées sur la patte droite du taureau et la tête relevée, la gueule ouverte, mais la langue ne pouvant lécher le sang de la plaie. Le dieu a la jambe droite allongée sur la patte de derrière du taureau, le pied sur le canon, un peu plus haut que le boulet et le genou gauche posé sur le dos de l'animal, les pieds chaussés de hautes endromides, lacées par devant, une première tunique s'arrêtant en haut des genoux, une seconde, qui est plus courte et à manches longues, serrée à la taille par une ceinture, une chlamyde attachée autour du cou et flottant par derrière, les plis très arrondis et très creusés ; le bras droit légèrement baissé, la main enfonçant le couteau dans l'épaule droite de la victime ; le coude gauche paraissant s'appuyer sur la tête relevée du taureau, les doigts de la main recourbés sauf le pouce et s'enfonçant dans les naseaux, la tête retournée vers la gauche, et légèrement relevée, quoique inclinée vers l'épaule gauche, la bouche petite et fermée, le nez droit et les yeux grands ouverts, les cheveux coiffés du bonnet phrygien et partagés sur le front, des boucles ondulées descendant sur les joues.

Bibl. Daremberg-Saglio, III, *s. v.* Mithra, fig. 5092, p. 1952, Fr. Cumont. Cumont, *Textes et mon. fig. rel. à Mithra,* II, *inscr.* 6, p. 92, mon. 4, p. 191.

Les **Saisons** apparaissent sur d'autres reliefs mithriaques[1] et sous la même forme de **génies**[2] ou d'enfants, représentées souvent par de simples bustes[3]. Il est rare, au moins sur les bas-reliefs[4], que ces protomes soient figurées dans des médaillons, mais ces cadres, circulaires ou polygonaux, sont des plus fréquents sur les mosaïques[5]. On peut seulement se demander si l'**Automne** porte une guirlande de pampres[6] ou une couronne de fruits[7],

1. Cumont, *Textes et mon. fig. rel. à Mithra,* p. 92.
2. Relief de Carnuntum, *ibid.,* Mon., fig. 432-3, p. 496. Mosaïque de Sentinum, peut-être mithriaque, *ibid.,* 298, fig. 350, p. 419 (*Arch. Zeit.,* XXXV, 1877, pl. 3).
3. Relief d'Heddernheim, *ibid.,* 251, *d,* 11°, pl. V.
4. On peut citer le pilier des grottes vaticanes (*Wiener Vorlegebl.,* IV, pl. X) et un relief du Musée Chiaramonti, Amelung, *Sculpturen d. Vatic. Mus.,* I, p. 504, 292, pl. 51.
5. Mosaïque de Cirencester (*Arch. Anzeiger,* VIII, 1850, p. 139), de Lyon (*Arch. Zeit.,* XVI, 1858, p. 160), de Carthage au British Museum (*Arch. Anzeiger,* XVII, 1859, p. 6), de Tor de' Schiavi près de Rome (*ibid.,* XX, 1862, p. 259), de Palerme (*Arch. Zeit.,* XXVII, 1869, p. 39), etc. Voir la bibliographie du motif dans Daremberg-Saglio, III, *s. v.* Musivum opus, p. 2119, 10, Gauckler.
6. C'est le cas le plus fréquent.
7. Mosaïque de Sentinum, *Arch. Zeit.,* XXXV, 1877, pl. 3.

De Ridder. 8

les deux attributs lui étant également familiers. Quant à la corbeille qui accompagne le **Printemps,** il semble bien qu'elle contienne des fleurs mal figurées.

Le **Soleil** et la **Lune** sont des divinités bien connues de la religion mithriaque[1]. Il est à remarquer que la **Lune** est, contre l'ordinaire, placée à gauche du **Soleil**[2] : je doute qu'on en trouve un autre exemple sur les bas-reliefs mithriaques[3].

Les signes du zodiaque ne sont pas rangés en cercle autour du dieu[4] et ne sont pas non plus disposés autour de la grotte mithriaque[5] : s'ils se suivent en ordre régulier, ils ne correspondent par contre nullement aux **Saisons.** Le **Bélier,** le **Taureau** et les **Gémeaux** sont bien, si l'on veut, sur la même ligne que le **Printemps,** mais le **Cancer,** le **Lion** et la **Vierge** sont groupés avec le génie de l'**Hiver** et la série continue ainsi, au rebours de l'ordre véritable. Si la faute en est à l'auteur du relief, il semble qu'il ait suivi une tradition mithriaque en coupant en deux les signes du **Printemps** et en figurant dos à dos le **Taureau** et le **Bélier,** car la même interversion a lieu sur un bas-relief mithriaque de Modène[6] et il faut sans doute en conclure que l'année mystique commençait avec l'équinoxe de mars[7] ; la seule différence sur ce point entre le zodiaque de Modène et le nôtre est que le bélier est représenté la tête retournée en arrière, comme il l'est, par exemple, sur un monument bien connu du Musée du Louvre[8]. Je n'insisterai pas sur les détails de la représentation, où malgré la négligence du travail, l'inspiration grecque est plus sensible que sur les répliques italiennes. On peut remarquer qu'un des **Gémeaux** paraît être barbu et porter la massue : j'hésiterais cependant à y voir un **Héraklès** et je partage, sur ce point, les répugnances de M. Cumont[9].

Les corbeaux nous font entrer plus avant dans la théologie mithriaque ; on sait que les initiés d'un certain rang avaient ce surnom et que, sur un

---

1. Cumont, *l. l.,* I, p. 121.
2. Voir le relief du Louvre, Clarac, pl. 203.
3. Il en est par contre ainsi sur la monnaie publiée par Svoronos, *Bull. Corr. Hell.,* XVIII, 1894, p. 104.
4. Cumont, *l. l.,* I, p. 110, 7 et II, mon., 246 b, 247 b, 248 e, 251 d, 253 g, p. 348, 351, 354, 362, 372 (reliefs d'Osterburken, de Gross-Krotzenburg, de Friedberg, d'Heidenfeld et d'Heddernheim).
5. Cumont, II, mon., 220 et 267 a, p. 325 et 389 (reliefs de Londres et de Siscia en Pannonie). Ajouter le relief de Modène où les signes entourent un **Kronos** mithriaque, *Rev. Archéol.,* 1902, I, p. 1-13, Cumont.
6. *Rev. Archéol.,* 1902, I, pl. I, p. 1-13. Cf. le **Kronos** mithriaque d'Arles, Cumont, *l. l.,* 281, p. 112. = S. Reinach, *Répertoire,* II, p. 477, 6.
7. Le bélier, dans les doctrines astrologiques, est la tête (κεφαλή) du cosmos, Bouché-Leclercq, *l'Astrologie grecque,* p. 129-131, 156, etc.
8. Clarac, pl. 171.
9. *Rev. Archéol.,* 1902, I, p. 7, 2.

curieux bas-relief découvert en Bosnie, un des convives du banquet sacré porte un masque formé par une tête d'oiseau[1].

Le taureau à garrot renflé se retrouve ailleurs et M. Cumont en cite d'autres exemples[2]. Le dieu, sauf l'absence d'anaxyrides, a exactement le costume qu'il porte par exemple sur un marbre de l'Esquilin, aujourd'hui au Musée des Conservateurs[3]. Quant au serpent symbole de la terre[4], au chien compagnon fidèle du dieu[5], et au scorpion qui personnifie l'esprit du mal[6], ce sont des accessoires obligés de la représentation mithriaque.

47 (46). — Mithra tauroctone. — Saïda. — Haut., o^m,72 (de la tête, o^m,12, — de la base, o^m,o65, — de la base par derrière, o^m,o4). Long. de la base, o^m,87. Larg. —, o^m,23. — Pl. XX.

Marbre de Paros.

Cassures à la chlamyde, au glaive et à la queue du taureau, qu'un tenon rattache à la chlamyde; un autre relie le bout du fourreau au dos de l'animal et un troisième soutient la patte gauche de l'avant-train. Le dos n'est pas travaillé.

La base est sensiblement ovale et creusée par derrière en forme de ménisque. Elle est cassée vers le milieu et par devant, sur une certaine longueur, la tranche disparaît sur tout ou partie de sa hauteur; il est à remarquer que l'inscription respecte la cassure.

Le taureau tombe à droite, la patte droite de l'arrière-main allongée et courbée sous le poids du dieu, le membre gauche fléchi au genou, et la couronne repliée sous le corps, la patte droite de l'avant-train également repliée et la gauche infléchie en avant, comme si l'animal essayait de se redresser, le garrot portant une bosse, comme celle d'un zébu, la tête à demi-relevée, les cornes petites et peu recourbées, la main gauche du dieu enfonçant l'index et le médius dans le naseau droit et les deux derniers doigts dans le gauche, le scorpion, dont la queue s'appuie sur le sol, mordant les bourses de ses pinces, le serpent plus à droite et dressant sa tête vers le point où s'enfonce le glaive, la langue dardée, mais sans indication de sang, les pattes du chien réunies deux à deux, l'animal dressé à gauche et aboyant vers le dieu, le collier au cou, la tête entièrement détachée, la patte droite de l'avant-main réunie au flanc du taureau.

1. Daremberg-Saglio, III, s. v. Mithra, fig. 5087, p. 1949, Cumont.
2. Cumont, *Textes et mon. fig.*, I, p. 183; II, 5, 89 et 90, p. 191-2, p. 247, p. 248 (vases figurés et groupe de Volletri au Musée du Louvre).
3. *Bull. Arch. Municipale*, 1874, pl. XXI, Visconti = Cumont, *l. l.*, fig. 27, p. 202. Le dieu a souvent les jambes nues, Cumont, *l. l.*, I, p. 183, 4.
4. Cumont, *l. l.*, p. 79.
5. *Ibid.*, p. 191.
6. *Ibid.*, p. 189-190.

Mithra vient de sauter sur la croupe de l'animal, la jambe droite allongée
sur la patte droite de l'arrière-main, le pied posé sur la couronne, au-dessus du boulet, le genou gauche appuyé sur le dos, les pieds, dont le gauche
est sommairement indiqué, chaussés de bottines molles et lacées, une
tunique courte et à manches longues serrée à la taille par une ceinture et
relevée une deuxième fois, un peu plus bas, par une seconde ceinture, non
apparente, le pan inférieur s'arrêtant aux hanches et échancré sur les côtés,
la chlamyde attachée au cou par une fibule et flottant par derrière en plis
tumultueux, un baudrier passé sur l'épaule droite et relevant le fourreau ;
le bras droit infléchi et baissé, la main serrant la poignée du glaive et
l'enfonçant verticalement près du garrot, le bras gauche allongé et les
doigts de la main enfoncés dans les naseaux, la tête redressée et tournée
vers la gauche, la bouche abaissée aux commissures, les sourcils relevés,
les yeux profondément enfoncés, et la prunelle indiquée par un cercle
en creux, les cheveux encadrant le visage de tresses tirebouchonnées,
quatre boucles irrégulières pendant par derrière, deux autres tombant à
droite et à gauche, sur chaque joue ; le bonnet phrygien très relevé, et
portant une étoile à huit rais gravée à côté d'un ménisque.

L'inscription de la base (pour la forme des lettres, voyez la planche)
porte en grandes lettres :

Φλ. Γερόντιος, πατὴρ νόμιμος τῶν τελετῶν τοῦ Θεοῦ, εὐχαριστῶν ἀφιερωσάτω τῷ
φ′ ἔτει.

Bibl. Cumont, *Text. et mon. fig. rel. à Mithra*, II, p. 92, p. 191.

Nous avons vu plus haut que l'inscription n'avait pu être gravée
qu'après une cassure de la base, brisure qui n'est pas nécessairement postérieure à l'exécution ou, tout au moins, à la mise en place du monument.
Le nom de Gerontios n'est pas sans exemple en Syrie[1]. Quant à la date,
elle ne peut être évaluée, comme nous l'avons fait plus haut, que dans
l'ère des Séleucides (188 après J.-C.)[2]. L'ère locale de Sidon donnerait
389 après J.-C., ce qui serait absurde.

48 (4). — **Mithra taurophore.** — Saïda. — Haut., o^m,8o (de la base,
o^m,o6). Long. de la base, o^m,38. Larg. max. —, o^m,20. — Pl. XXI.

Marbre de Paros. Traces incertaines de peinture brune.

1. Le Bas-Waddington, 2492. Clermont-Ganneau, *Rec. d'Archéol. orientale*, I, p. 5 (Djâsim, dans l'Haouran).
2. D'après Kalinka (*Jahreshefte d. œst. Instituts*, 1900, *Beiblatt*, p. 26), l'ère des Séleucides continue de rester
en usage dans les inscriptions grecques de Syrie jusque vers l'an 200 après notre ère. Elle est alors remplacée par l'ère
arabique, dont le point de départ est le 1er mars 106.

La base rectangulaire, la face et le côté droit courbes, le côté gauche grossièrement épannelé, le tronc d'arbre, le veau et le derrière de la tête à peine modelés, le moschophore devant être vu de face ou du côté droit. L'oreille droite de l'animal et sa patte droite de devant cassées, un tenon maintenant le membre gauche, un autre réunissant la patte à la draperie et un troisième fixant la queue au corps. Les bouts des pieds n'ont pas été cassés et ne sont pas indiqués, parce qu'ils auraient dépassé le plan vertical de la base.

Le dieu marche à grands pas, le pied droit en arrière, de côté et sur la pointe, la jambe gauche pliée au genou, le pied un peu oblique, mais d'aplomb, le flanc gauche appuyé à un tronc d'arbre épais, la tête tournée légèrement vers la droite et un peu redressée, les bras relevés, les mains ramenées en arrière et en bas du cou, la gauche un peu plus haut que la droite, toutes deux tenant les pattes de derrière d'un veau, dont le corps pend sur le dos de l'éphèbe; les pieds chaussés de bottines molles et terminées par un épais bourrelet, les jambes nues ; une tunique courte et à longues manches s'arrêtant en haut des genoux et serrée à la taille par un nœud apparent, la chlamyde passée autour du cou et tombant sur le dos, l'un des pans finissant à hauteur du tronc ; le veau sommairement indiqué, la tête seule relativement soignée, le mufle épais et les yeux très ouverts ; la tête du dieu est jeune et imberbe, les formes molles, la bouche fermée, les yeux grands ouverts et relevés, la prunelle légèrement indiquée, l'arcade sourcilière très marquée, longue et renflée, le front bas et que les cheveux encadrent par trois rangs de frisons ondulés, la pointe du bonnet phrygien recourbée.

BIBL. CUMONT, *Text. et mon. fig. rel. à Mithra*, II, p. 92, p. 191.

Le **Mithra taurophore** est souvent représenté sur les bas-reliefs mithriaques [1], mais, le plus souvent, le bœuf touche la terre de ses pattes de devant et le dieu traîne son fardeau plutôt qu'il ne le porte. Ici l'animal est de petite dimension et ses pattes s'arrêtent en haut des genoux de **Mithra**. Celui-ci est donc un **moschophore** plutôt qu'un **taurophore** et c'est ainsi que nous le voyons déjà figuré dans le troisième mithræum d'Heddernheim [2].

49 (40). — **Kronos mithriaque.** — Saïda. — Haut., 1ᵐ,08 (de la tête, 0ᵐ,14, — de la base, 0ᵐ,06). Ép. du bouchon mobile, 0ᵐ,015. Diam. de la base, 0ᵐ,30 et 0ᵐ,285 (du bouchon, 0ᵐ,035 et 0ᵐ,045). — Pl. XXII et XXIII.

Marbre de Paros.

[1]. CUMONT, *Textes et mon. fig. rel. à Mithra*, II, pl. V, p. 345 (bas-relief de Neuenheim); 251, pl. VII, p. 364-5 (bas-relief d'Heddernheim) ; fig. 259, p. 368 (autel d'Heddernheim), etc.

[2]. CUMONT, *l. l.*, II, 253, p. 375.

La base sensiblement ronde, la tranche un peu oblique. Sur cette tranche, filet gravé à 0ᵐ,001 du bord et sur le pied inscription en grosses lettres.

Le dieu, dont le corps est humain et juvénile, est debout, les jambes réunies et les pieds sur la même ligne, le torse légèrement cambré en avant, un tronc d'arbre noueux servant par derrière de contrefort et s'arrêtant en bas des reins, les bras à peine infléchis et pendant, les mains fermées et tenant deux clés, l'une en forme de cercle muni d'une queue, celle de droite ressemblant à une moitié de caducée, deux paires d'ailes repliées attachées en haut du dos, la seconde paire un peu plus basse que la première et la dépassant quelque peu sur les côtés, un serpent dont la queue est cassée s'enroulant autour du corps, qu'il traverse obliquement]depuis le mollet droit jusqu'en haut des genoux, revenant par derrière en haut des fesses, repassant par devant à la hauteur du nombril, disparaissant une seconde fois derrière les ailes, puis finissant sur l'épaule droite où il s'enroule en bas du cou et darde sa langue vers la bouche du dieu. La tête léonine du **Kronos** est traitée d'une manière conventionnelle, le derrière du crâne coiffé, au lieu d'une crinière, de cheveux d'homme emmêlés, la gueule ouverte et laissant apercevoir la langue et quatre crocs, un trou rond, qui est ménagé au-dessus de l'occiput, et qu'on peut fermer avec un bouchon de marbre, correspondant avec l'ouverture de la mâchoire.

On lit sur la base (pour la forme des lettres, voir la planche) :

Φλ. Γερόντιος, πατὴρ νόμιμος, ἀνεθέμην τῷ ϛ´ ἔτι. Il est à remarquer que les trois dernières lettres ne sont pas au même niveau que les premières, mais qu'elles sont gravées un peu plus haut ; la raison en est qu'à cet endroit la base est brisée à la partie inférieure et que la place a manqué au lapicide. Il suit de là que la cassure de la base, qu'elle soit ancienne ou moderne, est, ici encore, nécessairement antérieure à l'inscription.

Bibl. Daremberg-Saglio, III, fig. 5030, p. 1951, *s. v.* Mithra, Cumont et Cumont, *Text. et mon. fig. rel. à Mithra,* p. 92, p. 191.

Le dieu mithriaque est bien connu [1] et nous n'essaierons pas ici d'en chercher l'origine, nous bornant à remarquer, avec M. Cumont, que le lion est souvent adoré en Syrie, qu'on l'associe ou non au dieu **Gennaios** et au **Zeus** ou **Baal** d'Héliopolis. Les quatre ailes paraissent correspondre aux

---

1. Cumont, *Textes et mon.*, I, p. 75 et suiv. Voir le texte de Damascius, *Vita Isidori,* cité p. 79. pour la μορφὴ λέοντος adorée à Baalbeck.

quatre vents [1] et les deux clés ouvrent (?) les portes du ciel et de l'enfer [2] : on
peut observer que les mains qui les tiennent sont collées le long des cuisses
au lieu d'être ramenées devant la poitrine comme dans tous les exemplaires
précédemment connus. Le serpent, signe de la terre [3], plutôt que des constel-
lations [4], ne cache pas non plus les parties et je doute que Zoëga ait eu raison
de croire que le sexe du dieu ait pu être jamais dissimulé à dessein, comme
si le dieu devait avoir « seul procréé » le monde. Car notre **Kronos** est à
rapprocher sur ce point d'un marbre du Vatican [5], d'un torse de Stuttgard [6]
et d'un bas-relief du Musée de Modène [7]. Enfin l'ouverture de la tête n'est
pas non plus sans analogues [8]. Dans un bas-relief Albani, le trou de la gueule
est percé à travers toute l'épaisseur de la plaque de marbre [9], dans une statue de la même collection la cavité traverse la pierre de part en part, et à
l'extrémité de ce trou correspond une rainure qui descend obliquement le
long du dos jusqu'à la base [10] : enfin, dans un **Kronos** de Philippeville, un
petit trou rond, profond de cinq centimètres est creusé de même dans la
gueule [11]. Or un bas-relief du Palais Colonna nous montre le dieu tenant
deux torches et soufflant sur un autel [12] et M. Cumont observe que, dans
le seul cas connu jusqu'ici où le **Kronos** ait été découvert encore en
place, dans le troisième mithræum d'Heddernheim [13], le dieu était enfermé
dans une niche obscure et n'était visible que par une étroite ouverture
ménagée par devant. Il conclut de là que, par un artifice dont l'action
devait être grande sur les fidèles, les prêtres mithriaques pouvaient, en
se dissimulant derrière le **Kronos,** insérer un soufflet dans l'ouverture
de l'occiput et raviver ainsi la flamme de l'autel, que le dieu lui-même
paraissait attiser.

50 (5o). — **Cautès mithriaque.** — Saïda. — Haut., o^m,87 (de la base,

---

1. Cumont, *l. l.*, 1, p. 83.
2. *Ibid.*, 1, p. 84.
3. C'est le sens habituel et celui que le serpent présente, par exemple, dans les groupes mithriaques.
4. Cumont, I, p. 79. Cf. ce que dit Macrobe, 1, 17, 67, des deux statues de femmes de l'Hiérapolis syrienne : « ea cingit flexuoso volumine draco... ; draconis effigies flexuosum iter sideris monstrat. »
5. Cumont, II, 37, p. 214-5 = Clarac, pl. 559, 1192 et 1192 a.
6. Cumont, II, 242 *bis*, fig. 457, p. 507.
7. *Rev. Archéol.*, 1902, I, p. 1-10, pl. I, Cumont.
8. Cumont, *l. l.*, I, p. 81, 1. Gsell, *Musée de Philippeville*, p. 49, note 6.
9. Cumont, *l. l.*, II, 39, p. 215-6, fig. 46.
10. *Ibid.*, II, fig. 47, p. 216.
11. Gsell, *Musée de Philippeville*, pl. VI, 8, p. 49.
12. Cumont, *l. l.*, II, 10 *B*, fig. 22, p. 196-7 (Matz-Duhn, 3743, III, p. 138).
13. Cumont, *l. l.*, II, 253 *f*, fig. 286, p. 375.

o^m,o4, — de la base à l'arrière, o^m,o6). Long. de la base, o^m,3o (à l'arrière,
o^m,35). Larg. —, o^m,18. — Pl. XXIV.

Marbre de Paros.

La base sensiblement trapézoïde et plus haute à l'arrière qu'à l'avant.

L'éphèbe marche à droite, le poids du corps portant sur la jambe gauche,
le pied en avant et oblique, la jambe droite à peine pliée au genou, le pied
presque de face, les anaxyrides descendant jusqu'aux talons et couvrant ainsi
une partie des hautes bottines, le bras gauche légèrement fléchi au coude
et pendant naturellement, la main serrant près du bout la longue torche, que
la main droite, également retournée, soutient à la hauteur de l'épaule,
le flambeau hexagonal, le manche entouré de deux filets au départ de la
flamme, un tenon carré le rattachant à l'épaule ; la tunique courte à longues
manches échancrée sur les hanches et serrée à la taille par une ceinture non
apparente, la chlamyde agrafée sur le cou par une fibule ronde et rejetée
sur les épaules de manière à servir de fond à la statue, qui se détache presque
comme un haut relief ; un chien, dont les pattes sont réunies deux à deux,
se dressant à gauche derrière l'éphèbe, et retournant vers lui sa gueule
ouverte, les oreilles courtes et pointues. La tête est relevée, légèrement
inclinée vers la gauche et penchée vers l'épaule droite, la bouche petite et
fermée, les yeux grands ouverts sous l'arcade très nette des sourcils, le nez
long et mince du bout, les longues mèches des cheveux ondulées et touffues,
la pointe du bonnet phrygien épaisse et rabattue.

BIBL. CUMONT, *Text. et mon. fig. rel. à Mithra*, II, p. 92, p. 191.

Les dadophores mithriaques ont d'ordinaire les jambes croisées, mais
il arrive parfois aussi que l'un avance vers le dieu, tandis que l'autre s'en
éloigne. Je citerai un bas-relief bien connu du Louvre[1] et un autre d'Heddernheim, où **Cautès** et **Cautopatès** paraissent dans cette posture et entièrement
nus, tout en étant représentés une seconde fois vêtus et les jambes croisées
aux côtés du taureau sacré[2].

51 (49). — Cautopatès mithriaque. — Saïda. — Haut., o^m,88 (de la
base, o^m,o4, — de la base à l'arrière, o^m,o6). Long. de la base, o^m,28 (à
l'arrière, o^m,3o). Larg. —, o^m,13. — Pl. XXV.

Marbre de Paros.

1. CLARAC, pl. 204, 76.
2. CUMONT, *l. l.*, II, 251, pl. VII, p. 364-5.

La base est rectangulaire, le côté gauche plus oblique que le côté droit, la hauteur plus grande à l'arrière que sur le devant.

L'éphèbe va vers la gauche, le poids du corps sur la jambe gauche, le pied un peu de côté, la jambe droite légèrement pliée au genou, le pied en dehors et d'aplomb, les anaxyrides descendant jusqu'aux talons et couvrant une partie des hautes bottines ; un serpent partant de derrière le pied droit, et se dressant le long de la jambe gauche, la tête barbue regardant vers la torche, les bras baissés tous deux, l'avant-bras droit oblique, une main tenant la torche à poignée et l'autre posée sur son manche hexagonal, la torche horizontale, la flamme baissée vers la droite et cernée d'un listel à la base, la tunique courte à manches longues échancrée sur les hanches et serrée à la taille par une ceinture non apparente ; la chlamyde attachée au cou par une fibule ronde et rejetée sur les épaules, comme pour servir de fond. La tête est légèrement baissée, inclinée vers la droite et penchée sur l'épaule gauche, le menton ferme, la bouche baissée aux commissures, le nez long et mince du bout, les yeux grands ouverts sous des arcades bien marquées ; les cheveux, qui sont coiffés par mèches épaisses et emmêlées, forment une masse touffue au-dessous du haut bonnet phrygien à pointe recourbée.

Bibl. Cumont, *Text. et mon. fig. rel. à Mithra*, II, p. 92, p. 191.

52 (48). — **Dadophore mithriaque, tenant la hache à deux tranchants.** — Saïda. — Haut., 0ᵐ,86 (de la tête, 0ᵐ,12, — de la base, 0ᵐ,085, — de la base à l'arrière, 0ᵐ,105). Long. de la base, 0ᵐ,35. Larg. —, 0ᵐ,22. — Pl. XXVI.

Marbre de Paros.

Réparations au côté droit de la draperie et à la flamme (?) de la torche.

La base profonde et plus haute à l'arrière ; elle est de forme demi-circulaire, la courbe moins prononcée sur le côté gauche.

L'éphèbe est debout sur la jambe droite, le pied un peu en dehors, la jambe gauche légèrement fléchie au genou, le pied en arrière et oblique, mais sensiblement d'aplomb, la jambe droite appuyée latéralement à un tronc d'arbre jusqu'à la hauteur de la hanche ; les jambes sont nues, et les pieds chaussés de hautes bottines à bord retroussé ; le bras gauche est baissé à droite, et la main tient à poignée, près de la flamme conique, une torche dont le manche est quadrangulaire, une draperie courte enroulée autour

De Ridder. 9

du poignet et pendant par derrière en servant de soutien au manche et en
se rattachant latéralement au flanc gauche, le bras droit écarté du corps et
plié au coude, l'avant-bras relevé, la main tenant une hache à double tranchant lunaire, dont le bouton s'appuie sur la droite du bonnet phrygien,
deux ménisques à bouts recourbés et réunis par un losange gravés sur le
fer, une tunique à manches longues serrée à la taille par une ceinture
apparente et s'arrêtant un peu au-dessus des genoux. La tête est tournée
vers la droite, légèrement baissée et quelque peu inclinée sur l'épaule
gauche, le visage jeune et arrondi, la bouche fermée, le nez gros et les
yeux enfoncés sous les arcades, les cheveux frisés et peu apparents sous
le haut bonnet phrygien.

Cumont, *Text. et mon. fig. rel. à Mithra*, II, p. 92, p. 191.

Les dadophores mithriaques ont souvent les jambes nues, Cumont,
l. l., I, p. 204, 2.

53 (47). — **Dadophore mithriaque, tenant la hache à deux tranchants.** — Saïda. — Haut., 0ᵐ,088 (de la base, 0ᵐ,08, — de la base à l'arrière, 0ᵐ,11). Long. de la base, 0ᵐ,38. Larg. —, 0ᵐ,175 à 0ᵐ,20. — Pl.
XXVII.

Marbre de Paros.
Le bras droit cassé près du coude et le gauche près du poignet.
La base sensiblement rectangulaire.

L'éphèbe est debout sur la jambe gauche, le pied droit un peu en
dehors, mais sur la même ligne que le gauche, qui est, lui aussi, légèrement de côté; la jambe droite appuyée latéralement depuis le cou de
pied à un tronc d'arbre noueux, à l'une des saillies duquel est attaché
par une courroie un carquois court à pointe conique[1]; les jambes sont
nues et les pieds chaussés de hautes endromides à bords retroussés;
le bras droit est baissé à gauche et légèrement écarté du corps, la main tenant
à poignée près de la flamme conique le manche à pans coupés d'une torche,
dont le pommeau court s'appuie en bas du flanc droit, près du genou;
le bras gauche écarté du corps et plié au coude, l'avant-bras relevé, la
main tenant une hache à double tranchant lunaire dont la pointe est reliée
au bonnet phrygien, le dessin gravé sur le fer ressemblant à celui du

1. Cumont, *l. l.*, I, p. 209, 2.

n° précédent; la tunique à manches longues, et serrée à la taille par une
ceinture apparente s'arrêtant en haut des genoux, une chlamyde attachée
sur l'épaule droite et flottant derrière le corps, l'un des pans s'arrêtant en
haut du tronc d'arbre. La tête est légèrement baissée, quelque peu tournée
vers la gauche et inclinée sur l'épaule droite, le visage arrondi et gras, la
bouche fermée et les lèvres épaisses, les yeux enfoncés assez profondément
sous les arcades qui sont peu relevées, les cheveux frisés et ondulés, le haut
bonnet phrygien couvrant la tête.

> Cumont, *Text. et mon. fig. rel. à Mithra*, II, p. 92, p. 191.

Les deux dadophores qui précèdent, à la différence du **Cautès** et du
Cautopatès, tiennent tous les deux la torche élevée. Ce n'est pas à vrai dire
la première fois qu'on observe cette particularité dans les acolytes de
Mithra[1], mais, comme le fait restait isolé, M. Cumont avait conclu à une
erreur du sculpteur ou du restaurateur. Les deux statuettes de Saïda prou-
vent qu'il y avait des exceptions à la règle commune et que ces exceptions
étaient intentionnelles. Nos deux personnages sont surtout intéressants
par la hache[2] qu'ils brandissent. C'est un attribut tout oriental porté par
les **Amazones,** par **Zeus Labrandeus,** et par un **Persée** (?) de bronze, que
M. Cumont a pu acquérir à Erzindjan (Satala)[3]. Faut-il en conclure que les
marbres représentent deux sacrificateurs, ou la bipenne s'explique-t-elle
par un épisode inconnu des légendes mithriaques[4]?

54 (39).— **Hekataion, entouré d'un chœur de Nymphes.**— Saïda.—
Haut., 0ᵐ,755 (du polos, 0ᵐ,06, — des grandes têtes, 0ᵐ,10, — des petites
têtes, 0ᵐ,07, — de la base, 0ᵐ,08). Écartement des tenons, 0ᵐ,23. Diam. de
la base, 0ᵐ,245 (du polos, 0ᵐ,09, — à l'intérieur, 0ᵐ,06). — Pl. XXVIII.

Marbre de Paros.

Sur une base circulaire se dresse un pilier central dont le bas est caché
par le chœur des trois **Nymphes,** le haut formé de trois bustes féminins,
dont les têtes sont réunies deux à deux et surmontées d'un polos commun,
creux et mouluré haut et bas, les seins à demi-indiqués sous le chiton qui

---

1. Cumont, *l. l.*, I, p. 204, 12 ; II, *mon.*, 93 (Naples), 194-5 (Apulum), fig. 170-1, p. 312-3, n° 198 (Alvinez) fig. 174, p. 315, *suppl.*, 67 *bis* (Rome), fig. 418, p. 483.
2. M. Cumont me signale un bouclier et une hache d'Amazone sculptés au-dessous d'un Attis funéraire de Coblenz (Ulrichs, *Jahrb. Ver. Alterth. Rheinl.*, XXIII, pl. 1, III). On sait que les Attis funéraires sont apparentés à Mithra, Cumont, *l. l.*, I, p. 212.
3. *Rev. Archéol.*, 1905, I, p. 188, fig. 3-4.
4. Cumont, *Textes et mon. fig. rel. à Mithra*, I, p. 205.

est échancré sur le cou, et dont un pan retombe par devant, comme dans l'ancien chiton « dorique »; les bras remplacés par des tenons pareils à ceux des hermès, obliques et réunis deux à deux, une sorte de cartouche gravé, à bouts concaves, en décorant les tranches et le plat, les deux tresses verticales et conjuguées qui descendent de deux têtes voisines tombant chacune sur une moitié de tenon. Le cou des **Hécates** est gras, le collier de Vénus y est plus ou moins marqué, le menton plein et court, la bouche fermée et abaissée aux commissures, les yeux enfoncés et le front légèrement bombé, les cheveux séparés par une raie, retenus par un bandeau et ondulés sur les tempes, une tresse, qui est percée au bout d'un trou, tombant sur chaque bras de l'hermès.

Les **Nymphes, Heures** ou **Charites**[1] dansent vers la gauche, la tête sous les tenons obliques des hermès et les bras également baissés, chaque main droite dans une main gauche, qui la prend un peu au-dessus du poignet, entre le pouce et les autres doigts réunis. La première **Nymphe** (au milieu de la planche) a le pied gauche en arrière et le droit en avant, les genoux également fléchis, les pieds légèrement relevés et également chaussés, un chiton à manches courtes glissant sur l'épaule gauche, l'himation posé sur cette même épaule, passant sous l'aisselle droite, et rejeté en plis tumultueux sur le haut du bras gauche, la tête de trois quarts à droite, presque de profil et légèrement penchée sur l'épaule gauche, les cheveux retenus par un bandeau, séparés par une raie et relevés sur les tempes, des tresses semblables à celles des grandes têtes flottant sur les épaules. La seconde **Nymphe** a la jambe droite de face et le bas du corps tourné vers la droite, tandis que le buste s'infléchit vers la gauche, le chiton plus dégagé et serré sous les seins par une ceinture apparente, la tête non baissée, tournée vers la gauche et penchée sur l'épaule droite, la main gauche et la droite de la **Nymphe** suivante très détachées du fond et soutenues par un tenon rectangulaire. La dernière danseuse est semblable à la première, le chiton sans manches, la ceinture apparente et la tête de face, légèrement baissée et un peu penchée vers l'épauche gauche.

Sur la base est l'inscription : Φλ. Γερόντιος, πατὴρ νόμιμος, εὐχαριστῶν τὴν θεὸν ἀφιερωσάτω φ΄ ἔτι.

Bibl. Cumont, *Text. et mon. fig. rel. à Mithra*, I, p. 140, II, p. 92, p. 191.

---

1. Petersen, *die dreigestaltige Hekate*, p. 78 et suiv. (*Arch. Epigr. Mitt. aus OEsterreich*, IV, 1880). Je cite d'après les pages du tirage.

La présence d'un **Hekataion** n'est pas pour nous surprendre à côté de **Mithra**[1]. L'hiérophante des **Hécates** est également celui de **Liber pater**[2] et la **Libera triformis,** mentionnée dans une inscription mithriaque d'Apulum[3], n'est autre que notre déesse.

Notre **Hekataion** occupe une place à part dans une série assez rare de monuments[4], ceux où la triple déesse est entourée de trois **Nymphes** dansant et que ne distingue aucun attribut particulier. Ce groupe, déjà clair-semé, se divise lui-même en idoles composées au centre de trois hermès juxtaposés[5], et en triades où les déesses sont représentées entières, les mains baissées ou portées devant la poitrine[6]. Entre les hermès et les triades, M. Petersen ne connaissait en 1880 qu'un monument de transition[7], un **Hekataion** découvert à Marseille dans le bassin de Carénage et conservé au Musée Borély[8]. Les bras de la triple déesse y sont bien réunis deux à deux et se terminent, comme sur notre exemplaire, par des « poutrelles en saillie », mais le corps de la triple déesse est presque entièrement figuré et les pieds sont apparents, ce qui rend l'idole plus proche du second type. Le groupe de Clercq, plus schématique et moins développé que la triade marseillaise se classe au contraire plus près et tout à côté de la première série.

Les **Nymphes** sont placées au-dessous des tenons et entre les trois déesses, disposition que loue avec raison M. Petersen[9] et qu'on retrouve aussi bien dans tous les groupes connus jusqu'ici, hors ceux de Salamine et de la Marciana. Les danseuses se ressemblent en leurs attitudes, mais leurs mouvements ne sont pas identiques. Le mérite n'en revient pas au sculpteur, car la seconde figure avançait déjà la jambe droite dans l'**Hekataion** de Prague[10] et, dans tous les **Hekataia** de cette série, les têtes des **Nymphes** sont infléchies en des sens différents[11], quoique celles de la première et de la

---

1. Cumont, *Textes et mon. fig. rel. à Mithra*, I, p. 140, note 3.
2. *C. I. L.*, VI, 507 : *ibid.*, VI. 510 (autel de Saint-Jean, à Rome). Cumont, *l. l.*, II, inscr. 22, p. 97.
3. *C. I. L.*, III, 1095, 1154. Cumont, *l. l.*, II, inscr. 240, p. 132.
4. Groupe W de Petersen, *l. l.*, p. 60-6.
5. *Ibid.*, W *a*, **Hekataion** de Salamine, au Musée d'Athènes (Gerhard, *Venus Proserpina*, pl. 1 = S. Reinach, *Répertoire*, II, p. 323, 8). W *b*, **Hekataion** d'Athènes dans la collection archéologique de l'Université de Prague, *Arch., Epigr. Mitt. a. OEst.*, 1880, pl. IV. W *c*, **Hekataion** de la Marciana (Gerhard, *Akad. Abhandl.*, pl. XXXII, 4 = S. Reinach, II, p. 322, 7).
6. **Hekataion** trouvé à Athènes dans le théâtre de Dionysos = Petersen, *l. l.*, W*d*. **Hekataion** de Munich, Brunn, *Descr. de la glyptothèque*, 46, p. 57-8 = Petersen, W *e*.
7. Petersen, *l. l.*, W *f*, p. 65.
8. Frœhner, *Catal. des Antiq. du Musée de Marseille*, 234, p. 95-6. Mon ami, M. Clerc, conservateur du Musée Borély, a bien voulu m'envoyer une photographie du monument et répondre aux questions que je lui avais posées à son sujet.
9. *L. l.*, p. 64.
10. Il n'en est pas de même dans le groupe Borély où les trois déesses ont la jambe gauche en avant.
11. Dans l'**Hekataion** de Marseille, les trois têtes sont infléchies comme dans notre monument.

troisième soient d'ordinaire également présentées de face. Le polos fait également défaut dans l'**Hekataion** de Salamine, et, quant au costume, s'il n'est pas archaïstique comme dans l'exemplaire de Prague, il se rapproche de celui que portent les danseuses de Marseille[1]; l'himation est d'ailleurs traité avec la même liberté que l'ensemble du monument.

1. Avec cette différence que les plis de la grande **Hecate** sont plus réguliers et rappellent davantage les reliefs archaïstiques.

SCULPTURES PALMYRÉNIENNES

(55-60)

Les six hauts reliefs qui suivent peuvent nous donner quelque idée de cet art demi-barbare et demi-grec de Palmyre, que vint arrêter dans son développement la prise de la ville par Aurélien en l'an 273. Les archéologues, sauf de rares exceptions, ne paraissent pas avoir prêté l'attention dont elle est digne, à cette floraison tardive et presque exotique, l'une des dernières formes sous lesquelles se manifeste la vie, encore active, du vieux monde finissant. Pour étudier cette civilisation comme elle le mérite, il faudrait rapprocher des ruines et des rares textes que nous possédons les sculptures éparses dans les musées, surtout au Louvre et à Ny-Carlsberg. En attendant que de plus compétents abordent cette tâche, je me bornerai à signaler les deux traits par lesquels cet art un peu fruste mérite de nous intéresser : le réalisme de ses portraits et le goût bien oriental dont il témoigne pour les étoffes brodées et les lourdes pièces d'orfèvrerie.

55 (42) [D. 237]. — **Statue de femme ou de déesse.** — Anc. collection Pérétié. — Haut., o^m,89 (de la tête, o^m,19). Relief max., o^m,18. — Pl. XXX.

Conglomérat calcaire, qui s'effrite et qui est revêtu d'une sorte de stuc. Traces de noir aux sourcils.

Le dos est plat et la statue n'était en réalité qu'une partie de haut relief, dont on a découpé le fond pour faciliter le transport. En bas, une cassure oblique va de la hanche gauche jusqu'un peu au-dessus du genou droit, les jambes non conservées, tout le côté droit de la tête et du corps abîmé et à demi-brisé.

La femme est vêtue d'une tunique plissée et ornée sur la jambe droite d'une bande de largeur inégale, sur laquelle est brodée une tige en relief à feuilles tréflées et lancéolées, une blouse à manches ou candys s'arrêtant à mi-cuisse, la bordure inférieure également brodée et trois feuilles allongées et superposées y alternant en ordre différent, les bords des manches (bracelets ?) décorés d'un filet, d'une zone de postes enroulées et d'une ligne de grènetis entre deux filets, une dernière bande brodée au cou avec un motif de myrtes ou de feuillage ; les bras réunis au corps jusqu'aux coudes, l'avant-bras droit baissé et la main tenant par la queue une poignée d'aubergines ou de bananes (?), l'avant-bras gauche horizontal et la main supportant une corbeille tressée remplie de figues et de roses doubles. Le cou est fort et le visage d'aspect plutôt carré, le menton éraflé et la bouche droite, aux lèvres épaisses et marquées, le nez court et élargi du bout, les yeux ovales et allongés, les bords des orbites marqués, un cercle ponctué gravé en haut de l'œil, les sourcils en relief, tracés d'un coup de ciseau décidé et rehaussés de noir, le front bas et en retrait, les oreilles portant chacune deux pendeloques superposées, toutes deux simples et terminées par une boule, l'une attachée au lobe et l'autre accrochée dans les cheveux ; la coiffure compliquée et rappelant quelque peu celle de **Matidia,** les cheveux relevés en épais bandeaux en haut des oreilles et formant par devant de hautes coques ondulées, séparées par des sillons profonds et que couronne une épaisse tresse horizontale, ramenée de l'occiput et enroulée comme un tortil ; une pendeloque tombant sur le front et composée de trois médaillons superposés, l'un ovale, l'autre losangiforme, le troisième ovale et entouré d'un grènetis, quatre chaînettes terminées par des boules y étant suspendues et servant de breloques.

BIBL. CLERMONT-GANNEAU, *Archives des missions,* 3ᵉ série, t. XI, 5ᵉ rapport, pl. 11, p. 236, 10.

On peut comparer pour la coiffure une tête de la collection Jacobsen (SIMONSEN, *Sculptures et inscr. de Palmyre,* G, I, pl. XI, p. 49 ; voir aussi G, II, pl. XII, p. 49). Le type est un peu différent, le visage est plus allongé et les cheveux bouffent moins sur les tempes, tandis que l'ordre des médaillons n'est pas le même et que sept pendeloques au lieu de quatre y sont suspendues, mais ce ne sont là que des variantes et les sculptures sont évidemment du même temps, sinon de la même main. Quant aux broderies des étoffes, on sait à quel point les affectionnaient les artistes de Palmyre ; il suffira de citer un bas-relief funéraire du Louvre, où les anaxyrides que porte le mort sont décorées d'une bande semblable à celle que nous avons relevée sur le haut relief de Clercq.

56 (30). — **Buste de femme.** — Haut., 0ᵐ,52 (de la tête, 0ᵐ,18). Relief max., 0ᵐ,15. Ép. du fond, 0ᵐ,085. — Pl. XXXI.

Conglomérat calcaire assez mal conservé, la surface revêtue d'une sorte de stuquage. Traces de rouge sur le fond et au centre des médaillons; traces de bleu (?) dans les creux à droite du visage, où il semble qu'une inscription était gravée.

Le buste cassé en bas, et provenant d'un haut relief funéraire, le fond très visible par derrière, le nez, les bords du voile, l'avant-bras droit, le contour de l'himation, la main gauche cassés ou non conservés.

Le costume se compose d'un chiton à manches et d'un himation rejeté sur l'épaule gauche et hors duquel paraissait la main gauche, un voile jeté sur le haut de la tête et descendant sur les épaules; la main droite relevée [1] et tenant l'un des pans tombants à la hauteur du cou, les poignets portant de lourds bracelets ajourés, bordés d'un grènetis et ornés d'un triple rang de feuilles, l'himation fixé sur l'épaule par une fibule étoilée, le centre rond, décoré de feuilles et entouré d'un grènetis; un premier collier formé de perles et garni de sept pendeloques, dont six ont l'aspect de feuilles terminées par des glands, le médaillon central rouge et entouré d'un grènetis, trois petites tiges suspendues au cercle, le second collier pareil au premier, mais sans pendeloques. Le cou est gras et plissé, la tête légèrement relevée et tournée vers la droite, le visage arrondi, les joues pleines et le menton fort, la bouche petite et entr'ouverte, les narines haut placées, les paupières très découpées, les commissures des yeux très prolongées et la base des orbites spiraliforme, le cercle de l'iris gravé, la prunelle peinte, les cheveux séparés par une raie et relevés aux tempes, deux tresses très abîmées tombant en spirales sur chaque épaule, un diadème posé sur le front et composé de cinq plaques métalliques séparées par des lignes de grènetis, une feuille de chêne disposée obliquement ou en forme de croix dans chacun des rectangles, une chaîne souple accrochée au milieu du diadème et faite de grosses boules réunies par des barrettes de petites perles, un turban enroulé trois fois au-dessus de la couronne et noué sur le front, les boucles d'oreilles ressemblant à des balances, des boules creuses surmontant les têtes des fléaux et des boules pleines pendant des deux tigettes.

Le costume, avec ses quatre pièces essentielles, le chiton, l'himation, le turban et le voile, est celui que portaient à Palmyre toutes les femmes de qualité et les nombreux bijoux qui parent la morte peuvent donner quelque idée de la riche orfèvrerie qui était en honneur dans cette ville d'Orient. Le

1. L'index devait être allongé et les trois derniers doigts repliés comme sur un buste du Louvre, CLERMONT-GANNEAU, *Études d'Archéol. orientale*, I, pl. I, C, p. 112-3.

diadème[1] est souvent composé des mêmes plaques ajourées, au nombre de trois ou de cinq[2] ; les lourds bracelets, dont le travail est analogue, ne sont pas moins fréquents, et ne paraissent pas avoir été moins recherchés[3]. Les colliers se superposent souvent au nombre de trois[4], mais il n'y en a souvent que deux[5], comme sur le buste de Clercq : le médaillon entouré d'un grènetis paraît le motif préféré de la pendeloque centrale[6] et il n'est pas rare que des breloques y soient suspendues[7]. Quant à la fibule qui retient l'himation sur l'épaule gauche, elle manque rarement sur les sculptures de Palmyre[8] et elle est même parfois en fort relief[9]. Si l'on ajoute que la main droite retient le voile presque aussi souvent que la gauche[10], on se persuadera que notre buste rentre dans une série déjà connue, où il ne se distingue que par la perfection, toute relative, du travail.

57 (9). — **Statuette d'enfant.** — Haut., $0^m,935$ (de la base, $0^m,062$, — de la tête, $0^m,135$). Long. de la base, $0^m,295$. Larg.—, $0^m,27$. — Pl. XXXII.

Conglomérat calcaire, assez grossier. Le dos mal épannelé, l'espace compris entre les jambes non creusé et comme recouvert par la draperie, si bien que la figurine est, en réalité, travaillée comme un haut relief. L'avant-bras droit cassé, le coin droit de la base et quelques saillies du vêtement éclatés.

La base sensiblement rectangulaire sur trois côtés, l'inscription gravée sur la tranche antérieure, la face postérieure irrégulière et arrondie.

Éphèbe debout sur la jambe droite, le pied légèrement oblique, la jambe gauche quelque peu fléchie au genou, le pied de côté et un peu en avant, mais ne reposant pas sur la pointe, les deux pieds chaussés de sandales, les doigts dégagés, une lanière passant entre le gros orteil et le second doigt ; le corps vêtu d'une tunique courte et à manches, qui arrive en bas des genoux, un himation en forme de toge posé sur l'épaule gauche, l'autre

---

1. Ce n'est pas un simple bandeau gaufré comme le croit FRŒHNER, *Catal. Hoffmann*, 15 mai 1899, 629, p. 150.
2. *Rev. Archéol.*, 1859, XVI, I, p. 65-9, pl. 356 (JUDAS, au Musée du Louvre). *Sitzungsberichte d. Akad. Wien*, 1884, t. 108, p. 973-7, pl. n° 3 (DAV. H. MÜLLER). *Arch. Anzeiger*, 1891, p. 164, 2 (HERRMANN, au Musée de Dresde).
3. SIMONSEN, *Sculptures et inscriptions de Palmyre* (Ny-Carlsberg, coll. Jacobsen), D. 2, pl. X, p. 28-9.
4. CLERMONT-GANNEAU, *Études d'Archéol. orientale*. I, pl. I, C, p. 112-3 ; pl. I, F, p. 116-7 (Musée du Louvre). *Arch. Anzeiger*, 1891, p. 164, 2 (Dresde).
5. *Sitzungsberichte d. Akad. Wien*, 1886, p. 975-6, 3.
6. SIMONSEN, *l. l.*, D. 1, pl. IX, p. 27-8.
7. CLERMONT-GANNEAU, *Études*, I, pl. I, C, p. 112-3 ; pl. I, F, p. 116-7. SIMONSEN, *l. l.*, D. 2, pl. X, p. 28-9. *Sitzungsberichte d. Akad. Wien*, 1884, p. 975-6, 3. *Arch. Anzeiger*, 1891, p. 164, 2 (Dresde).
8. CLERMONT-GANNEAU, *Études*, I, pl. I, C, p. 112-3 (Louvre). *Arch. Anzeiger*, 1891, p. 164, 2 (Dresde). Elle se rencontre même sur les bustes d'homme, *Catal. Leman*, 2 mars 1903, 156, pl. I, p. 22.
9. *Jahreshefte d. œst. Instit.*, III, 1900, p. 215-6, fig. 85, coll. Fischel à Vienne, ZINGERLE.
10. SIMONSEN, *l. l.*, D. 8, pl. XIII, p. 34-5 ; D. 15, pl. XIII, p. 38-9. CLERMONT-GANNEAU, *Études*, I, pl. I, C, p. 112-3. SACHAU, *Reise in Syrien u. Mesopotamien*, pl. V, p. 46.

bout revenant au-dessus du premier, le bras droit allongé, la main cassée et appliquée en haut du genou, le bras gauche plié au coude, l'avant-bras horizontal, la main fermée et tenant le pan droit de la draperie, une bague au petit doigt. Le cou est long et marqué de deux plis, le collier de Vénus grossièrement incisé, la tête sensiblement rectangulaire, le menton presque carré, la bouche petite et haut placée, les lèvres entr'ouvertes, le nez droit, les yeux losangiformes, le contour saillant, les sourcils horizontaux et figurés par des bourrelets striés ; le front très bas, les cheveux coiffés par mèches courtes et orientées parallèlement, une guirlande de laurier ceignant la tête, les oreilles fortes, longues et décollées.

L'inscription (visible sur la planche) paraît très suspecte à un connaisseur tel que M. Clermont-Ganneau. Une grande statue analogue est publiée par Simonsen, *Sculptures et inscr. de Palmyre*, pl. IV, B. I, p. 13-4 : en bas, à gauche, est un petit enfant. La bague se rencontre très souvent (voir *ibid.*, pl. VIII, C. 4, p. 41).

58 (36). — **Buste d'homme.** — Haut., o",56 (de la tête, o",3o). Larg., o",38 à o",4o. Relief max., o",18. Ép. de la plaque, o",o45. — Pl. XXXIII.

Conglomérat calcaire recouvert d'une couche de stuc jaunâtre.

La plaque quadrangulaire, mais arrondie haut et bas et cassée au coin inférieur de droite.

Le buste est sensiblement de face, le corps vêtu d'une tunique et d'une sorte de toge bordée d'une bande en zigzags, qui enveloppe entièrement les bras, les mains apparentes et ramenées sur la poitrine, les doigts de la main droite entièrement allongés, le quatrième et le cinquième doigts de la main gauche repliés à l'articulation, la main tenant un objet de forme allongée, assez large et épais, peut-être un parchemin distinctif, l'auriculaire portant une bague à chaton ovale. La tête est forte, large et presque rectangulaire, le menton et les joues couverts d'une barbe courte et frisée, la moustache tombante et ne couvrant pas les lèvres qui sont sinueuses et d'un contour très net, les poils de la barbe et de la moustache traités par petites mèches triangulaires et très conventionnelles, le nez droit et long, la pointe un peu basse et écornée, les sourcils presque horizontaux, striés et en léger relief, les yeux très enfoncés, amandiformes et allongés, les coins extérieurs se continuant assez loin, les prunelles gravées et ponctuées, le front court et barré par une calotte de cheveux touffus, dont les mèches forment des spirales rapprochées et symétriques.

A droite, en haut, est l'inscription, que M. Clermont-Ganneau lit :
« Mattana (ou Matné), petit-fils de Bônné, fils de Yarhibôla (fils de) Chal-
moï — Hélas ! »

On peut comparer pour la moustache un buste du Louvre, *Rev.
Archéol.*, 1859, XVI, 1, p. 65-9, pl. 356, A. JUDAS. L'index de la main gauche
y est seul allongé dans la direction de la main droite. La barbe est plus
fournie sur un buste qui a fait partie de la collection Leman (*Catal.*, vente
du 2 mars 1903, 153, pl. 1, p. 21-2).

Il est difficile de savoir au juste la nature de l'objet tenu par la main
gauche et qui est très souvent représenté sur les monuments palmyréniens.
On y a vu tour à tour une petite baguette, un style, un rouleau de manus-
crit, une tête de sceptre ou de thyrse, une poignée d'épée[1]. M. Clermont-
Ganneau y reconnaît une étiquette en forme de lanière, sorte de phylactère,
analogue au tephillim des Juifs[2].

59 (32). — **Buste d'homme et d'enfant.** — Haut., o^m,50 (de la tête, o^m,20,
— du petit buste, o^m,14). Larg., o^m,40. Ép., o^m,10. Relief max., o^m,15. — Pl.
XXXIV.

Conglomérat calcaire, la surface assez bien conservée, sauf quelques éraflures aux
doigts de la main droite.

Le buste en relief et le champ sensiblement rectangulaire, le bord supérieur un peu
cintré.

Le buste d'homme est de face, le corps vêtu d'une tunique agrafée aux
épaules et échancrée sur le cou, un pan de la toge jeté sur l'épaule gauche
et le second pan revenant par-dessus le premier ; les mains ramenées
sur la poitrine, toutes deux dirigées horizontalement et les doigts légèrement écartés, la droite placée un peu plus haut que la gauche, dont le petit
doigt porte une bague à chaton. La tête, dont le menton est carré et dont la
charpente est presque rectangulaire, est à la fois moustachue et barbue, les
frisons de la barbe gravés et recoquillés en d'étranges spirales, la moustache figurée par des accolades irrégulières et parallèles, la bouche, aux
lèvres coupantes, large et bien dégagée, le nez droit, long et très mince, les
narines à peine indiquées ; les sourcils, qui sont rapprochés et peu arqués,
incisés et devant être rehaussés de couleur, les yeux effilés et légèrement
obliques, les bords très nets, les prunelles figurées par deux cercles con-

1. SIMONSEN, *Sculptures et inscr. de Palmyre*, p. 7.
2. *Études d'Archéol. orientale*, V, p. 35.

centriques gravés, le front court et barré par les cheveux, qui forment trois
rangs de mèches enroulées en sens inverse, les oreilles larges, hautes et
mal dessinées.

Dans l'angle droit du champ est un buste d'enfant coupé à peu près de
même, avec cette seule différence que la ligne de base n'est pas tout à fait
horizontale et que les bras ne sont pas indiqués, le visage mal conservé, la
bouche figurée par une fente et les oreilles larges et décollées, les cheveux descendant également bas sur le front et coiffés par stries parallèles.

Deux inscriptions peintes en rouge sont gravées à gauche du personnage principal et sous le petit buste. La première se lit : « Yarhibôlâ, fils de
Malkou, hélas ! », la seconde « Bonnâ, son fils, hélas ! »[1] Il est à remarquer
que les noms se retrouvent dans l'inscription précédente. On doit donc
supposer, hypothèse qui m'est suggérée par M. Clermont-Ganneau, que
les stèles **58-9** proviennent d'un même sépulcre de famille.

L'un des bustes publiés par Clermont-Ganneau (*Rec. d'Archéol. orientale*, V, p. 284, C), a les cheveux disposés en spirales comme la barbe l'est
sur notre exemplaire : la seule différence est que les mèches sont plus en
saillie.

60 (3). — **Stèle funéraire.** — Anc. collection Péretié. — Haut., o",36.
Larg., o",265. Ép., o",108. — Pl. XXIX.

Conglomérat calcaire, assez grossier et qui paraît friable, la stèle cassée en bas et sur
tout le côté droit, le bord n'étant conservé que sur une petite partie du côté gauche, la
figure en relief, mais le champ creusé au milieu, de sorte que le personnage est dans le même
plan que les bords de la stèle, ce qui devait rendre plus facile la tâche du sculpteur. Traces
de rouge dans l'inscription ; restes de couleur noire sur les sourcils, sur les yeux et sur
le collier.

La stèle rectangulaire à la base, le haut demi-circulaire.

Sur le côté gauche de la stèle, qui est seul conservé, une palme, fixée
en terre et striée, suivait le bord de la stèle, et devait se croiser, au-dessus
de la tête du mort, avec une palme semblable et partie de la droite, deux
agrafes rondes, dont l'une est seule conservée, placées aux deux points où
commence la courbure de la stèle et retenant une draperie aux plis symétriques, dont les deux bouts tombent droit, en queue d'aronde.

---

1. Je dois cette double lecture à l'obligeance de M. Clermont-Ganneau.

Dans le champ, personnage debout et de face, la jambe droite légèrement fléchie au genou, le mollet gauche visible, les pieds cassés avec le
bas de la stèle ; le corps vêtu d'une tunique courte, par-dessus laquelle est
jeté un pallium ou une robe courte, couvrant les deux épaules, la main
droite sortant du sinus et ramenée devant la poitrine, un pan d'étoffe tombant du poignet gauche, la main faisant un geste symétrique à celui de la
droite, mais fermée et tenant le même objet que le buste **58.** Un collier
est peint sur le cou, la tête imberbe, ronde et juvénile, le nez emporté, les
yeux très ouverts et entourés d'un rebord saillant, les oreilles hautes et
écartées, les cheveux massés et grossièrement incisés.

L'inscription (v. la planche) est lue par M. Clermont-Ganneau : « Hélas !
Halà, fils de Halà, fils de Halà. »

La disposition de la draperie n'est pas la plus fréquente. Sur une stèle
de Constantinople, qui paraît avoir disparu, et qui ressemble en plus petit
à la nôtre[1], les fibules sont surmontées de palmes verticales, comme sur
une stèle du Louvre[2] et comme il arrive souvent sur les monuments palmyréniens[3]. Ici, de même que sur une stèle de Copenhague[4], les palmes sont
courbes au lieu d'être dressées et elles se continuent au-dessous des fibules
en suivant les deux bords de la draperie.

1. CLERMONT-GANNEAU, *Études d'Archéol. orientale*, V, p. 281-2, A.
2. CLERMONT-GANNEAU, *ibid.*, I, p. 113, pl. I, D.
3. CLERMONT-GANNEAU, *Recueil d'Archéol. orientale*, I, p. 123, 128.
4. SIMONSEN, *Sculptures et inscr. de Palmyre*, pl. V, B. 2, p. 13.

DEUXIÈME PARTIE

LES VASES

(61–148)

VASES MYCÉNIENS ET RHODIENS

(61-63)

Le vase **61** est surmonté de deux goulots. L'un est oblique et placé sur le pourtour. L'autre, qui se dresse au milieu, a l'ouverture bouchée[1] et sert de contrefort à une anse verticale en forme d'étrier, au moyen de laquelle il devient aisé de prendre l'amphore. La forme est si fréquente et les importateurs mycéniens l'ont rendue si populaire qu'il est à la fois inutile d'en donner des exemples[2] et malaisé d'en connaître le ou les lieux de fabrication. Je crois, sans en être sûr, que notre exemplaire a été trouvé dans l'île de Rhodes.

Les deux vases suivants, **62-3,** ont été à coup sûr découverts à Camiros, d'où proviennent nombre de poteries de même forme et d'un décor analogue. Bœhlau veut que cette céramique, très répandue dans le monde ancien, ait eu Milet pour centre et que les œnochoés rhodiennes soient des produits d'importation[3]. Il est possible, comme je l'ai dit ailleurs[4], mais les preuves alléguées ne sont pas décisives et il ne faut pas oublier qu'on a trouvé un grand nombre de ces vases à Camiros.

61 (23) [293.299]. — **Amphore à étrier.** — Haut., 0^m,155 (du goulot, 0^m,03). Diam. de la base, 0^m,052 (du cercle supérieur, 0^m,039, — de l'ouverture, 0^m,021). Circ. max., 0^m,44. — Pl. XXXV.

Terre fine, de teinte orangée, très claire. La surface lustrée et couverte d'un fin enduit blanchâtre. La peinture noire a tourné au rouge orangé.

A la base, large zone peinte, surmontée de quatre filets et d'une bande

---

1. Elle ne l'est pas toujours, témoin deux amphores trouvées en Crète, à Mouliana ('Εφημ. 'Αρχαιολ., 1904, p. 43-4, 3-4, fig. 10, Xanthoudidès).
2. Je citerai seulement l'amphore d'Arisa, 'Εφημ. 'Αρχαιολ., 1904, fig. 2, p. 17-8.
3. *Aus ionischen u. italischen Nekropolen*, p. 73-89.
4. *Catal. des Vases de la Bibliothèque nationale*, p. 27.

étroite ; à mi-hauteur, quatre filets entre deux bandes de même ; même motif
au départ de l'épaule, avec cinq filets au lieu de quatre. Dans le champ de
l'épaule, trois cercles rouges sous le goulot ; à droite et à gauche, demi-
spirale, faite de cinq lignes courbes parallèles et coupées net au départ de
la volute ; à l'opposé, un seul cercle et trois demi-spirales ou moitiés d'S.
Bande peinte haut et bas du goulot, l'étrier peint de même avec deux cercles concentriques sur la partie centrale, qui est de forme circulaire.

62 (34). — **Œnochoé de type rhodien, l'embouchure trilobée, l'anse
trifide et relevée, comprise entre deux dischetti.** — Camiros. — Haut.,
o^m,27 (en haut de l'anse, o^m,32, — à l'épaule, o^m,225, — du pied, o^m,o15).
Circ. max., o^m,725. Diam. de la base, o^m,o9 (intérieur, o^m,o6). Larg. de l'embouchure, o^m,128 (de l'anse, o^m,o35). Dist. entre les rondelles, o^m,10. —
Pl. XXXV.

Terre rouge orangé, assez pâle. Couverte crèmeuse. Peinture noire, qui a tourné
au rouge et rehauts d'un rouge vineux.

La tranche du pied oblique, la panse trapue, le col court et l'embouchure très large ;
deux rouelles se dressent à l'attache supérieure de l'anse.

Bande et filet noirs sur la tranche du pied. En bas du champ, des boutons de lotus
alternent cinq fois avec des fleurs épanouies et à cinq pétales, les trois pointes médianes
ornées d'un losange ponctué, les autres feuilles ayant un contour réservé. Au-dessous du
premier champ, filet rouge entre deux filets noirs et bande noire ornée d'un filet rouge
en bas de l'épaule. Bande noire à l'attache inférieure de l'anse ; la tranche de celle-ci est
peinte en noir et le plat, qui est réservé, est orné d'une bande de hachures obliques entre
deux bandes verticales ponctuées. En haut du champ de l'épaule, motifs d'échelons ; sur
le côté, grosse torsade entre filets ; l'embouchure est peinte en noir et les rouelles sont
ornées d'une croix cantonnée de triangles.

Dans le premier champ, six bouquetins paissant à droite, la patte droite
de l'arrière-train derrière la gauche et la gauche de l'avant-main derrière
la droite (la tête réservée, ainsi que le membre, le poitrail et une tache à
l'épaule ; quelques rehauts rouges). Nombreux motifs de remplissage :
cercle ponctué et entouré de points ; croix cantonnée de points ou de triangles ; la même dans un losange ; triangle divisé en deux triangles et un
losange, chacun des trois cadres rempli par une figure de même forme,
mais plus petite ; segment de cercle, limité par deux arcs concentriques
et qui sont réunis par des hachures, l'intérieur divisé en triangles,
comme plus haut ; rosette à six pétales arrondis et ponctués.

Dans le champ de l'épaule, quatre cygnes allant à droite, suivis de quatre cygnes allant à gauche (les pattes, une partie des ailes, l'œil et le bec réservés, taches rouges à la tête et à l'intérieur du corps). Nouveaux motifs de remplissage : rectangle divisé en quatre plus petits ; le même, arrondi et ponctué ; le même, dans un cadre plus grand, deux des petits champs contenant un rectangle plein, les deux autres ornés de quatre tirets et de quatre points ; deux queues d'aronde, coupées par des diagonales croisées ; svastika de forme compliquée ; rosette à sept pétales ponctués et séparés par des dards ; demi-cercles concentriques, le bord dentelé.

Les bouquetins de la panse sont d'ordinaire au nombre de quatre[1] ; pourtant l'on en compte sept[2] et même neuf[3] sur deux œnochoés du Louvre. Quant aux cygnes ou aux oies de l'épaule, il est rare qu'ils occupent seuls le champ[4] ; sur un vase du Louvre où on les rencontre également seuls, il n'y en a que quatre, dont deux tournés en chaque sens[5]. Les fleurs de lotus ont une forme analogue sur un exemplaire découvert par Salzmann et conservé au musée de Colmar[6].

63 (35). — **Même forme.** — Camiros. — Haut., $0^m,28$ (en haut de l'anse, $0^m,32$, — à l'épaule, $0^m,225$). Circ. max., $0^m,802$. Diam. de la base, $0^m,096$ (intérieur, $0^m,068$). Larg. de l'embouchure, $0^m,11$ (entre les rosettes, $0^m,09$, — de l'anse, $0^m,04$). — Pl. XXXV.

Même terre, même forme et même technique.

Bande noire sur la tranche du pied. En bas de la panse, bande de trois boutons de lotus alternant avec des fleurs à cinq pétales, le contour des pétales réservé, les boutons pansus, un triangle divisé en trois champs ponctués au point de départ des boutons et des fleurs. Deux bandes noires sous chacun des champs et bande d'oves rectangulaires, allongés comme des échelons en haut de l'épaule. Sur le col, grosse torsade entre filets et, sur chaque rouelle, croix cantonnée de triangles. L'embouchure peinte en noir et l'anse ornée de traits obliques.

Dans le premier champ, quatre bouquetins paissant à droite, la patte

---

1. *Vases Bibl. nationale*, 67-9, p. 27-8, De Ridder. *Vases antiques du Louvre*, A, 314-9, pl. 12, p. 13-4, Pottier. Voir notre n° **63**.

2. Pottier, *l. l.*, A, 312, p. 13.

3. *Ibid.*, A, 311, p. 13. Salzmann, *Nécr. de Camiros*, pl. 37.

4. Cygne et deux bouquetins, *Vases Bibl. nation.*, 69, p. 28. Cygnes et sphinx, Furtwængler, *Beschr. d. Vasens. i. Berlin*, I, 296, p. 36 ; Pottier, *l. l.*, A, 311-2, p. 13. Cygnes et cerf, *ibid.*, A, 315, pl. 12, p. 13. Cygnes et griffon, *ibid.*, A, 318, p. 13.

5. *Ibid.*, A, 314, pl. 12, p. 13.

6. *Arch. Anzeiger*, XIX, 1904, p. 49-50, 11, fig. 2.

droite de l'arrière-train derrière la gauche et la gauche de l'avant-train derrière la droite, la tête, le membre, le poitrail et l'épaule réservés, des taches
rouges à la croupe et à l'épaule. Plusieurs motifs de remplissage : svastika ;
le même, enroulé ; double ou triple cercle concentrique, l'un d'eux ponctué
et entouré d'un cercle de grènetis ; croix cantonnée de points ; carré divisé
en quatre champs ponctués ; triangle, que deux lignes parallèles aux côtés
divisent en un losange et en deux champs triangulaires, chacun de ces trois
cadres étant rempli à son tour d'un triangle ou d'un cercle ; segment de
cercle, bordé par une torsade et divisé à l'intérieur en champs triangulaires.

A l'épaule, deux bouquetins allant à droite et un troisième dirigé vers
la gauche. Mêmes motifs de remplissage, auxquels s'ajoute la croix cantonnée
de points et inscrite dans un cercle.

On trouve, à l'épaule, deux bouquetins et un cerf sur un vase du
Cabinet des Médailles[1], deux bouquetins et une biche sur une œnochoé du
Louvre[2].

1. *Vases Bibl. nat.*, 68, p. 28, DE RIDDER.
2. *Vases antiques du Louvre*, A, 317, pl. 12, p. 13, POTTIER.

VASES PROTO-CORINTHIENS
ET CORINTHIENS

(64-77)

L'épithète de « proto-corinthien » ne doit pas faire illusion. Si je la conserve ici, c'est pour me conformer à un usage courant et parce que certains vases de cette classe précèdent en effet les poteries corinthiennes. Mais il est loin d'en être toujours ainsi et l'on confond d'ordinaire sous ce nom des produits de toute espèce et dont beaucoup n'ont rien à voir avec la céramique de Corinthe.

Cette réserve faite, trois de nos pyxis peuvent être rangées dans cette catégorie mal définie de vases géométriques.

La première, **64**, qui est petite et légèrement bombée, ressemble à une bonbonnière, mais le vase **65** est d'un peu plus grande dimension et peut être posé à plat. Si l'assemblage en est, à vrai dire, composite, la forme est bien grecque et il suffit de lui donner deux anses verticales pour obtenir les pyxis **66-7**, qui ressemblent quelque peu à des cratères. Le décor de ces vases est géométrique, mais, sur les deux derniers, des oiseaux de même forme et simplement silhouettés se succèdent ou s'opposent deux à deux.

La pyxis **68**, qui est dépourvue d'anses, fait partie des séries corinthiennes. Celles-ci comprennent uniquement des aryballes (**69-75**) et un alabastron, **76**, sur lesquels il n'y a pas lieu d'insister davantage. Le vase d'albâtre, **77**, n'a que la forme de commune avec les poteries qui précèdent : comme ces récipients de luxe paraissent avoir été adoptés pour les parfums à toutes les époques, je crois impossible de dater notre exemplaire, fût-ce même d'une manière approximative.

64 (41) [142]. — **Pyxis proto-corinthienne.** — Haut., o^m,13. Diam. de la base, o^m,08 (du couvercle, o^m,077).

Terre d'un jaune tirant sur le vert. Peinture noire bistrée, très effacée et rouge pâle.

La base est légèrement convexe et entourée d'une rainure circulaire, la tranche oblique et en retrait, le couvercle également convexe et entouré d'un rebord à triple cannelure.

Sur la tranche du couvercle, haut et bas, filet noir ; entre ces deux filets, sept à huit lignes verticales en zigzags alternent sept fois avec quatre zigzags horizontaux. Sur le couvercle, cercles noirs et rouges concentriques.

La forme et le principe du décor se retrouvent à Syracuse, dans la nécropole du Fusco (*Annali*, 1877, pl. *C D*, 9) et à Tanagra (*Jahrbuch*, II, 1887, pl. 2, 1, p. 18, DÜMMLER). Comparer *Vas. Bibl. Nation.*, 47, p. 21-2.

65 (85). — **Pyxis « proto-corinthienne »**. — Haut., 0^m,042 (du couvercle, 0^m,016). Diam. max., 0^m,093 (de la base, 0^m,075, — de la partie supérieure, 0^m,073, — de l'ouverture, 0^m,052, — du couvercle, 0^m,064, — du bouton, 0^m,023).

Terre jaune orangé, assez fine. Celle du couvercle est jaune safrané. Sur la panse, peinture noire, d'un ton franc et rehauts d'un jaune blanchâtre. Peinture noire et rouge sur le couvercle.

La tranche de la pyxis est fortement convexe. Le décor se compose, depuis le bas, d'une bande noire, de quatre filets parallèles et d'une zone principale que surmontent trois filets noirs ; dans le champ, revêtu d'un engobe blanchâtre, se succèdent trois lignes de zigzags horizontaux. Sur le rebord supérieur, sont percés, pour l'attache du couvercle, deux trous distants de 0^m,015.

Le couvercle est oblique et surmonté d'un bouton horizontal. Sur la tranche du couvercle, cercles noirs et rouges, deux lignes de points entre filets et large cercle noir. La tranche du bouton noire, le plat orné d'un cercle de même couleur.

Le couvercle et la pyxis ne sont pas appartenants. Si le premier est du type proto-corinthien, le vase lui-même peut être postérieur et faire partie des séries géométriques italiennes. Il ne rappelle que par la forme les pyxis attiques du type géométrique, telles que *Vas. Bibl. Nation.*, 45, p. 21 (MILLIET-GIRAUDON, I, pl. 3, A).

66 (81). — **Pyxis « proto-corinthienne » en forme de cratère avec anses verticales**[1]. — Haut., 0^m,056 (en haut des anses, 0^m,072, — du pied,

---

1. *Vas. Bibl. Nation.*, 50, p. 22, DE RIDDER. La seule différence consiste dans l'absence d'apophyses.

o^m,007). Diam. de la base, o^m,o44 (de l'ouverture, o^m,o34, — max., o^m,o75). Larg. des anses, o^m,o28 (intérieure, o^m,o17).

Terre d'un jaune très pâle, tirant sur les tons orangés. Peinture noire qui a tourné au brun.

La tranche du pied oblique, la panse convexe, l'épaule plate et l'embouchure formant un rebord vertical, les anses dressées sur l'épaule.

Filet sur la tranche du pied. Traits verticaux parallèles en bas de la panse ; le champ compris, haut et bas, entre deux filets parallèles ; sur l'épaule, sept languettes inscrites dans des oves, de part et d'autre des anses ; filet sur la tranche de l'embouchure et traits tranversaux sur les anses.

Dans le champ, huit canards ou cygnes, allant vers la gauche, le corps barré d'une bande verticale ; haut et bas, taches et rosettes incisées.

67 (78). — **Pyxis convexe, les anses verticales.** — Haut., o^m,o75 (en haut du pied, o^m,oo5, — en haut des anses, o^m,o9, — en bas du col, o^m,o7). Circ. max., o^m,3o. Diam. de la base, o^m,o37 (de l'embouchure, o^m,o57). Larg. des anses, o^m,o3 (intérieure, o^m,o17).

Terre jaune orangé, assez friable. Peinture noire, qui a tourné au brun et au rouge.

La tranche du pied oblique, la panse basse et fortement convexe, le col court et cylindrique, les anses verticales et dressées sur l'épaule.

Sous le pied, l'inscription NAI, gravée après coup et très suspecte.

Sur la panse, trois filets horizontaux et bande réservée, ornée d'une guirlande ondulée qui s'abaisse et remonte sept fois consécutives ; plus haut, filet horizontal et nouvelle bande où se reproduit neuf fois le motif de deux oiseaux affrontés ; au-dessus, deux filets parallèles et même motif au départ des anses ; sur l'épaule, deux doubles traits transversaux à droite et à gauche de chaque anse et, dans le champ, d'un côté trois, de l'autre quatre cercles simples entourés d'un cercle de points. Filet et bande sur la tranche de l'embouchure, les anses entièrement peintes en noir.

68 (87). — **Pyxis corinthienne.** — Haut., o^m,o64 (de la panse, o^m,o48, — du champ, o^m,o31, — du couvercle, o^m,o22). Diam. max., o^m,o78 (de la base, o^m,o48, — du sommet, o^m,o59, — de l'ouverture, o^m,o42, — du couvercle, o^m,o7, — du bouton, o^m,o24).

Terre jaune safrané, tirant sur le vert. Peinture noire tournée au brun et non lustrée. Traces de rouge.

La base courte, la tranche oblique et rentrante, tandis que celle de l'embouchure est évasée et celle de la panse convexe. Le couvercle plat, le bouton haut et tronconique.

Sous le fond, trois cercles concentriques et deux autres sous le cercle de base avec un filet sur la tranche. En bas du champ, filet horizontal et décor d'arêtes rayonnantes, assez fines et dont les bases ne sont pas réunies, puis trois filets au-dessous de la zone figurée. En haut du champ, deux filets, large bande et une seconde sur le plat.

Dans le champ, bouquetin paissant à gauche, suivi de deux panthères de même sens, la tête de face, la queue relevée (tache rouge sur le front). Des cercles noirs, incisés ou non, sont parsemés dans les parties vides du champ.

Sur le plat du couvercle, cercles noirs et rouges, alternant deux fois à l'intérieur et à l'extérieur du champ. Celui-ci est divisé en six champs par trois rayons parallèles répétés sept fois ; rosettes de points dans cinq de ces compartiments et cygne ou canard à droite dans le sixième. La tranche du bouton noire ; sur le plat, cercles rouge et noir.

La forme est celle de la pyxis de Charès, *Vas. Antiques du Louvre*, E, 609, pl. 43, p. 51-2, Pottier. Pour le décor du couvercle, on peut rapprocher Collignon-Couve, *Catal. Vases Musée National d'Athènes*, 563, p. 148.

69 (69) [418]. — **Aryballe corinthien.** — Anc. collection Péretié. — Haut., 0ᵐ,06 (de l'épaule, 0ᵐ,04, — de la tranche, 0ᵐ,009). Circ. max., 0ᵐ,215. Larg. de l'anse, 0ᵐ,022. Diam. de l'embouchure, 0ᵐ,047 (intérieur, 0ᵐ,011).

Terre d'un jaune orangé. Peinture d'un noir peu lustré. Rehauts d'un rouge terne et violacé et quelques rehauts blancs.

Sur le plat de l'embouchure, décor de languettes rayonnantes, fines et très rapprochées, comprises entre trois cercles intérieurs et deux cercles vers le pourtour, une ligne de points sur la tranche et deux larges bandes verticales sur les côtés de l'anse ; languettes rayonnantes en haut de la panse et deux filets concentriques à la base, enfermant des arcs de cercle divergents et tournant autour d'un point central.

Dans le champ, deux boutons de lotus, opposés verticalement et se croisant avec deux fleurs ou palmettes horizontales, le calice et le cœur des pétales rouges dans les boutons, les pétales alternativement rouges et noirs, des bandes et des arcs de cercle de points blancs soulignant les divisions du motif, les palmettes ornées de même et portées par des volutes recroquevillées, une sorte de cadre noir reliant vers le centre les boutons et les fleurs et chaque élément étant comme noué au départ.

70 (68). — **Même forme.** — Haut., o^m,o6 (de l'épaule, o^m,o43, — de la tranche de l'embouchure, o^m,oo5). Circ. max., o^m,174. Larg. de l'anse, o^m,o18. Diam. de l'embouchure, o^m,o36 (intérieur, o^m,o1).

Terre jaune orangé. Peinture d'un noir terne, qui a tourné généralement au brun.

Décor de languettes rayonnantes sur le plat de l'embouchure, qui est légèrement concave. Mêmes languettes en haut du champ et suite de gros points ou d'épais tirets verticaux sur la tranche, avec trois tirets semblables sur l'anse et une rosette de sept pétales à la base. Dans le champ, tache simple et quatre taches circulaires, incisées et découpées en forme de rosettes.

Dans le champ, aigle allant à gauche, les ailes éployées à droite et à gauche, les pennes non bigarrées et simplement incisées. Il ne semble pas que des cornes se dressent en haut du front et que l'oiseau soit un grypaète. Incisions sobres et rapides.

71 (75). — **Même forme.** — Haut., o^m,o62 (de l'épaule, o^m,o47, — de la tranche, o^m,oo5). Circ. max., o^m,21. Larg. de l'anse, o^m,o18. Diam. de l'embouchure, o^m,o41 (intérieur, o^m,o1).

Terre jaune orangé. Le noir terne. Pas de rehauts rouges.

Sur le plat de l'embouchure, qui est tout à fait horizontal, dix-huit languettes rayonnantes, une ligne de points sur la tranche, des zigzags entre filets verticaux sur l'anse, des languettes rayonnantes en haut du champ et un cercle de dix pétales à la base. Dans le champ, taches et rosettes à sept ou huit pétales.

Dans le champ, cygne à droite, le corps pansu, les ailes repliées (peu de détails intérieurs).

72 (103). — **Même forme.** — Haut., o^m,o6 (de l'épaule, o^m,o4, — de la tranche, o^m,o1). Circ. max., o^m,2o8. Larg. de l'anse, o^m,o24. Diam. de l'embouchure, o^m,o44 (intérieur, o^m,oo8).

Terre d'un jaune orangé. Peinture noire, qui, presque partout, a tourné au rouge par l'effet de la cuisson.

Sur le plat de l'embouchure, cercle épais compris entre trois filets concentriques, deux filets horizontaux sur la tranche, deux traits parallèles sur l'anse et un cercle entouré de deux séries de trois filets concentriques à la base. Dans le champ, taches irrégulières incisées, dont quelques-unes sont transformées en rosettes.

Dans le champ, sirène à droite, l'aile recroquevillée au-dessus de la queue d'oiseau, le visage à peine indiqué: Pas de rehauts visibles et peu d'incisions.

73 (76). — **Même forme.** — Haut., o^m,o62 (de l'épaule, o^m,o47, — de la tranche de l'embouchure, o^m,o1). Circ. max., o^m,24. Larg. de l'anse, o^m,o28. Diam. de l'embouchure, o^m,o47 (intérieur, o^m,o13).

Terre jaune orangé. Peinture noire et lustrée, qui s'est ternie par endroits et qui, à d'autres, est passée au rouge.

Sur le plat de l'embouchure, qui est légèrement oblique, cinq cercles concentriques, le troisième plus large que les quatre autres, deux filets horizontaux sur la tranche et sur l'anse, trois cercles concentriques en bas de la panse, un filet mince, un cercle et deux filets parallèles sous le champ. Nombreuses taches de remplissage, dont quelques-unes en forme de rosettes, mais sans rehauts rouges.

Dans le champ, bouquetin paissant à gauche, la barbiche ne touchant pas le sol, le corps incisé.

74 (77) [422]. — **Même forme.** — Anc. collection Péretié. — Haut., o^m,o62 (à l'épaule, o^m,o46, — de la tranche de l'embouchure, o^m,oo7). Circ. max., o^m,217. Larg. de l'anse, o^m,o2. Diam. de l'embouchure, o^m,o41 (intérieur, o^m,o11).

Terre jaune orangé. Peinture noire lustrée. Rehauts rouges et blancs.

Sur le plat de l'embouchure, qui est sensiblement oblique, zone de languettes rayonnantes, très déliées, comprises entre deux séries de cercles concentriques, ligne de points sur la tranche, traits verticaux sur les bords de l'anse et deux cercles concentriques en bas du champ, enfermant une rosette formée d'arcs de cercle rayonnants et divergents.

Dans le champ, lion assis à droite sur son train de derrière, la queue dressée, la patte gauche de l'avant-main légèrement relevée, la gueule ouverte, la langue rouge et pendante (tache rouge et bande de points blancs à l'épaule, la crinière gravée, quatre lignes de points blancs sur le corps, le poitrail rouge). Bouton dressé, qui surmonte une fleur tournée vers le bas, les pétales alternativement rouges et noirs, des bandes ou des nœuds de points blancs réunissant le bouton et la fleur. Lion à gauche, symétrique au précédent, les deux gueules s'ouvrant au-dessus et de part et d'autre du motif floral.

75 (70). — **Même forme.** — Haut., o^m,o6 (à l'épaule, o^m, o42, — de la tranche, o{^{m}},o1). Circ. max., o{^{m}},194. Larg. de l'anse, o{^{m}},027. Diam. de l'embouchure, o{^{m}},042 (de l'ouverture, o{^{m}},008).

Terre jaune orangé. Peinture d'un noir inégalement lustré, qui a disparu par endroits et tourné au jaune sur d'autres points.

Sur le plat concave de l'embouchure, depuis l'ouverture : cercle épais, zone de languettes rayonnantes fines et rapprochées, double cercle ponctué, compris entre des filets concentriques et dernier filet sur le pourtour ; échelons parallèles et en zigzags sur la tranche; zigzags entre deux tirets verticaux sur l'anse; ligne de points en haut de la panse et deux filets concentriques en bas, enfermant des ménisques divergents, rayonnant autour d'un point central. Dans le champ, trois rosettes formées d'une grosse tache entourée d'un cercle de points; une quatrième est faite de lignes de tout sens, se coupant en leur milieu.

Dans le champ, guerrier courant à droite, la jambe gauche pliée au genou et portée en avant, le pied en arrière et sur la pointe, la main droite levée à gauche à hauteur de l'épaule et brandissant horizontalement la lance, le pouce dressé hors de l'amentum, le bras gauche passé à l'intérieur d'un bouclier, dont la main tient l'anse, la tête coiffée d'un casque à couvre-joues droits, le panache bas et flottant sur le dos, le corps paraissant nu, les jambes portant peut-être des cnémides. Second guerrier symétrique au précédent, la main droite levée un peu plus haut et la tête légèrement baissée, le bouclier en partie masqué par le précédent et portant comme épisème un serpent enroulé à gauche, la gueule ouverte (justaucorps court brodé et quadrillé en haut des cuisses; il est possible, mais il n'est pas certain que, par-dessus ce vêtement, le guerrier ait porté une cuirasse courte, s'arrêtant à la taille). Le corps des guerriers est très élancé et s'éloigne des formes trapues habituelles au style corinthien.

76 (82). — **Alabastron corinthien.** — Haut., o{^{m}},15 (de la tranche, o{^{m}},01). Circ. max., o{^{m}},23. Diam. de l'embouchure, o{^{m}},41. Larg. de l'anse, o{^{m}},01.

Terre jaune orangé. Peinture rouge terne et noire, ce dernier ton assez brillant.

Sous le vase, trois filets concentriques suivis d'une bande plus large, d'un filet mince, d'une seconde bande large et de deux filets ; en haut du champ, six filets horizontaux et zone de languettes verticales ; trait vertical sur l'anse et deux filets horizontaux sur la tranche de l'embouchure, avec cinq cercles noirs sur le plat. Comme motifs de remplissage, rosette à centre rouge, les pétales alternativement rouges et noirs, taches noires avec croix gravée, d'autres ponctuées de rouge, ou comprises dans une couronne alternativement rouge et noire.

Dans le champ, aigle (?) à droite, la tête retournée vers la gauche (le cou rouge, le corps rayé d'une bande rouge, les ailes alternativement rouges et noires). Tête de bœuf de face, le haut du front bordé de rouge, les yeux obliques, les prunelles et le bord de l'orbite rouges, le bas de la tête et le mufle rayés de rouge et comme muselés. Aigle à gauche, la tête retournée vers la droite, semblable au précédent.

Même motif sur un aryballe du Louvre, POTTIER, *Vas. Antiques,* A 445, pl. 15, p. 18 (Camiros?).

77 (48) [123]. — **Alabastron en albâtre.** — Anc. collection Tyskiewicz. — Haut., o^m,188 (du col, o^m,032, — de l'embouchure, o^m,004). Circ. max., o^m,125. Diam. de la base, o^m,027 (de l'embouchure, o^m,035, — de l'ouverture, o^m,01).

Le col fait d'une seconde pièce et rajusté. Un trou horizontal y est percé à mi-hauteur, mais il n'est pas continu et s'arrête à l'ouverture intérieure.

La base est plate et le corps sensiblement cylindrique, quoique très légèrement bombé. L'embouchure est débordante et les lèvres sont convexes.

On a découvert beaucoup de ces vases en Syrie. L'un d'eux est au Musée du Louvre et vient de Saïda, RENAN, *Mission de Phénicie,* p. 432 (PERROT, *H. de l'Art,* III, fig. 139, p. 198).

VASES ATTIQUES

(78-104)

L'hydrie **78**, l'œnochoé **79** et le skyphos à figures noires **80** ne méritent, ni par le sujet, ni par la forme, de retenir l'attention. Les lécythes se présentent en séries plus nombreuses. Le premier, **81**, n'a pas l'épaule séparée de la panse : celle-ci est ovoïde et l'embouchure est convexe au lieu d'être formée par un simple quart de rond ; on ne peut guère, malheureusement, parler du sujet, qui a souffert de nombreux repeints. Les lécythes **82-88** ont le pied plus ou moins plat et le corps plus ou moins élancé, mais la tranche de l'embouchure s'y évase régulièrement et l'épaule, qui est concave, se relie à la panse par un angle droit. D'ordinaire deux sujets sont représentés dans les champs du vase : quand la scène supérieure fait défaut, elle n'est pas remplacée par des languettes et le champ reste nu, à la différence des exemplaires **86-7**, qui ont le pied plat et la panse à peu près cylindrique. La forme est la même dans le numéro **88** et le décor y est purement géométrique, mais une couverte blanche recouvre tout le bas du vase jusqu'à l'épaule.

Les lécythes **89-91** sont de très petites dimensions et ne ressemblent guère que par l'embouchure aux précédents. L'épaule y est convexe et la panse, au lieu de s'y rétrécir jusqu'au pied, se termine presque droit à la base, qui est réduite à l'état de simple bourrelet. Les figures sont réservées et l'une d'elles, la tête de cheval **89**, est de beau style libre.

Les cratères **93-5** ressemblent à la fois par la forme, par la technique et par le style à une certaine catégorie de vases à figures rouges que l'on a surtout trouvés en Béotie et dont le musée d'Athènes renferme de précieux exemplaires[1]. Les sujets qui y sont représentés sont traités largement, mais, si le style ne laisse pas d'en être décoratif, aucun d'eux n'a rien d'inédit :

1. Collignon-Couve, *Vases Mus. Nat.*, 1887-1920, p. 605-623. Cf. l'*album*, pl. LI, n°s 1888 et 1922 ; ce dernier vase est inscrit à tort, p. 624 du catalogue, dans la catégorie des cratères à cloche.

l'**Artemis** à la biche fait songer à l'**Amazone** combattant les griffons figurée sur un vase d'Athènes[1]; la **Ménade** dansant devant le dieu[2] et le **Dionysos** chevauchant la panthère[3] ne sont pas des motifs moins fréquents et, quant à l'association de l'**Eros** et de **Bacchus,** elle paraît de règle sur les cratères béotiens[4].

Les vases **96-104** ne portent pas de représentation figurée. A la différence des poteries étrusques en *bucchero nero,* qui sont toujours plus ou moins fumigées et dont la terre est différente, l'argile, ici, reste rouge et la surface est seulement revêtue d'un vernis noir. Il est certain qu'on a fabriqué de ces vases à Athènes, mais, comme l'on en a fait aussi en Campanie et sans doute en d'autres lieux, je doute fort que nos exemplaires, qui sont assez grossiers et peu ou mal lustrés, proviennent du Céramique. C'est le cas, en particulier, du skyphos **104** : ses anses, qui sont verticales et à éperons, annoncent une époque assez basse et on les retrouve sur des tasses de Pompei.

78 (83). — **Hydrie.** — Haut., o^m,106 (de l'épaule, o^m,086, — du pied, o^m,006). Circ. max., o^m,278. Diam. de la base, o^m,051 (de l'embouchure, o^m,047, — intérieur, o^m,024). Larg. de l'anse verticale, o^m,015.

Terre jaune orangé, un peu rosée. Peinture d'un noir lustré, éclatée par endroits.

La tranche du pied oblique, la panse convexe, les anses horizontales de forme simple, le col assez large, l'embouchure circulaire et l'anse verticale rubanée.

A mi-hauteur de la panse, filet réservé, bande noire et zone réservée, comprise entre les deux anses horizontales; dans la zone, palmette tournée vers la droite, une seconde dressée et une troisième tournée vers la gauche; au-dessus, petite bande d'échelons verticaux, comprise entre deux filets.

La terre ne paraît pas attique. Je croirais volontiers le vase postérieur et de travail alexandrin.

79 (90). — **Œnochoé à figures noires, l'anse relevée et l'embouchure trilobée.** — Haut., o^m,096 (en haut de l'anse, o^m,105, — de la base, o^m,009).

1. COLLIGNON-COUVE, *l. l.,* 1916, p. 621-2.
2. COLLIGNON-COUVE, *l. l.,* 1892, p. 610; 1922, p. 624.
3. COLLIGNON-COUVE, *l. l.,* 1889, p. 607-8.
4. COLLIGNON-COUVE, *l. l.,* 1888, p. 606-7; 1890, p. 608-9; 1895, p. 611-2; 1898, p. 614-5; 1907, p. 619; 1922, p. 624.

Circ. max., 0ᵐ,20. Long. du bec, 0ᵐ,035. Diam. de l'anse, 0ᵐ,008. Haut. du tableau, 0ᵐ,055.

Terre jaune orangé. Couverte noire, le champ du tableau réservé. Rehauts blancs et rouges.

La base courte, la tranche oblique, l'anse ronde ; le bec de l'embouchure pointu.

Le cadre du champ formé par deux filets à droite et à gauche. Cinq languettes obliques au-dessus du personnage.

Dans le champ, **Nike** (?) ou **Gorgone** allant à droite, l'un des pieds en arrière et sur la pointe, le corps drapé, l'un des bras en arrière et à gauche, l'autre main levée à droite, les épaules paraissant ailées, la tête très forte et de face (le visage, les ailes, les bras et les pieds blancs ; traces de rouge dans l'aile droite).

Silhouette rapide et mal tracée.

Rapprocher pour le sujet *Vas. Bibl. Nation.*, 266, p. 176-7.

80 (98). — **Skyphos à figures noires.** — Haut., 0ᵐ,155 (du pied, 0ᵐ,022, — du champ, 0ᵐ,093). Diam. max., 0ᵐ,224 (aux anses, 0ᵐ,297, — de la base, 0ᵐ,126, — intérieur, 0ᵐ,106).

Terre jaune orangé. Peinture noire lustrée. Rehauts rouges et blancs. Nombreux repeints.

Sous la base, sorte de tiret entre deux cercles concentriques, de largeur variable. La tranche du pied est oblique et peinte en noire, un bourrelet rouge à l'attache de la panse qui est légèrement convexe ; sous le sujet, bande de ménisques tournés vers la gauche, trois filets horizontaux et bande noire, suivie de deux filets ; en haut du champ, filet et bandeau noirs sur la bordure qui est rentrante et concave ; les anses horizontales, l'intérieur peint en noir, un filet réservé près du bord et un cercle de même au fond.

Dans le champ, **Ménade** dansant à droite, le pied droit en arrière et sur la pointe, le haut du corps penché en avant, la main droite à la hanche, le bras gauche ayant disparu, les cheveux tombant sur le dos, l'œil marqué par une tache rouge dans un ovale gravé, le corps vêtu d'un long chiton serré à la ceinture et tacheté de rouge (nébride ?), les chairs blanches. **Silène** nu, dansant à droite, le pied gauche en arrière et sur la pointe, la main droite baissée à la hauteur de la hanche, la tête inclinée et barbue, une tache rouge en haut du front. **Ménade** comme la première, mais au repos, le chiton serré à la taille, la main droite cachée (?) derrière le corps, la gauche levée à droite à hauteur de l'épaule. **Dionysos** à droite, les deux pieds sur la même ligne, le corps drapé dans un himation taché de rouge, la main droite élevant un grand kéras, la tête barbue et couronnée de lierre. **Ménade** à gauche, la main gauche baissée à la hauteur de la taille, la droite, qui est baissée de même, relevant l'himation qui est drapé sur le chiton, les cheveux retenus par un bandeau rouge, l'œil comme plus haut. **Silène** allant à droite, les pieds sur la pointe et le gauche en arrière, la tête retournée en arrière, le coude droit(?) relevé, la main revenant vers le corps, la main gauche portée au-dessus de la taille, la barbe rouge et les cheveux retenus par un bandeau de même (repeints). **Ménade** allant à droite, les pieds sur la pointe, la tête retournée vers la gauche, les bras pliés au coude et les mains baissées à la hauteur des hanches, le corps vêtu d'un chiton serré à la ceinture et d'une nébride tachetée de blanc. — Sous l'anse, **sirène** à droite, les pattes réunies et les ailes repliées, la tête tournée vers la gauche, les chairs blanches, les cheveux flottant en masse sur le dos.

Sur l'autre face, éphèbe nu, à droite, le pied gauche en arrière et sur la pointe, la main droite baissée à la hanche, les cheveux courts et ceints d'un bandeau rouge. Homme barbu, assis à droite sur un siège pliant, le corps vêtu du chiton et de l'himation passé sur l'épaule gauche, la main droite tenant à droite un sceptre rouge (taches rouges et blanches dans les draperies), la tête ceinte d'un bandeau rouge, des tresses tombant sur le dos. **Ménade** (?) allant à gauche, la tête retournée vers la droite, une nébride passée sur le long chiton qui est serré à la ceinture (la figure refaite). Homme nu et barbu, allant à droite, le pied gauche en arrière, les mains baissées à hauteur de la taille, la gauche tenant peut-être l'une des pattes du félin. Ephèbe nu, à gauche, tenant dans ses bras un guépard(?), peint en blanc, qu'il vient de recevoir du personnage précédent. **Ménade,** allant à droite, l'un des pieds en arrière et sur la pointe, la tête retournée vers la gauche, la main droite baissée à la taille (chiton long et nébride). Homme barbu, assis à gauche sur un siège pliant, la main droite tenant un sceptre vertical (chiton et himation, les cheveux serrés par un bandeau rouge). Ephèbe nu, allant à droite, le pied gauche en arrière et sur la pointe, la tête tournée vers la gauche, les bras pliés au coude, les mains baissées à hauteur de la taille. — Sous l'anse, **sirène,** comme la précédente.

Comparer, pour les animaux peints en blanc et offerts en don d'amour, *Vas. Bibl. Nation.*, 340, fig. 42, p. 234, et pour les **sirènes** sous les anses, Collignon-Couve, *Vas. Mus. National,* 805, p. 255 (Tanagra). Il est à remarquer que beaucoup de ces skyphoi à figures noires d'exécution rapide ont été découverts en Béotie : il n'est pas impossible qu'ils y aient été fabriqués.

81 (93). — **Lécythe à figures noires, la panse ovoïde.** — Haut., o^m,174 (du pied, o^m,01, — de l'épaule, o^m,141). Circ. max., o^m,254. Diam. du pied, o^m,059 (de l'embouchure, o^m,04). Largeur de l'anse, o^m,014. — Pl. XXXV.

Terre jaune orangé. Peinture noire, terne et passée au brun.

La tranche du pied oblique. Tableau réservé, bordé en bas par deux filets rouges faisant le tour du vase et en haut par une bande ponctuée de trois points. Au-dessus de l'épaule, bourrelet, l'embouchure haute et la tranche convexe. Nombreux repeints.

Dans le champ, personnage barbu, à droite, le corps vêtu d'un long chiton rouge, par-dessus lequel est passé un himation noir, dont l'agencement est aujourd'hui peu clair à cause des restaurations, la main droite tenant verticalement la lance, les cheveux retenus par un bandeau et pendant sur la nuque.

La forme, qui fait le principal intérêt du vase, est à peu près la même dans un beau lécythe du Cabinet des Médailles, *Vas. Bibl.-Nation.*, 277, p. 185-6 (*Annali*, 1851, pl. P), mais l'épaule y est coudée avec la panse et décorée d'une seconde bande figurée. Comparer FURTWÆNGLER, *Beschr. d. Vasens.*, I, 1738, p. 282.

82 (94). — **Lécythe à figures noires.** — Haut., o^m,142 (de la base, o^m,007, — de l'épaule, o^m,10, — de l'embouchure, o^m,01). Circ. max., o^m,196. Diam. de la base, o^m,036 (de l'embouchure, o^m,031, — intérieur, o^m,024). Larg. de l'anse, o^m,009.

Terre fine et d'un beau rouge orangé. Peinture d'un noir lustré et rehauts rouges.

Le pied bas, la tranche convexe et peinte en noir. La panse s'évasant régulièrement jusqu'à l'épaule sans que la partie supérieure soit cylindrique ; large bandeau et filet noir au-dessous du champ ; deux filets à l'épaule ; l'embouchure convexe et peinte en noir, l'anse rectangulaire et peinte de même.

Dans le champ de l'épaule, entre deux feuilles dressées, coq à droite, la crête et la caroncule rouges.

Dans le champ principal, guerrier allant à droite, l'un des pieds en arrière et sur la pointe, la main droite baissée à la taille et tenant obliquement la lance, le bras gauche caché sous le bouclier rouge, la tête coiffée du casque corinthien à panache rouge et retombant, une cuirasse couvrant le buste et le chiton court ou un pagne rouge passé autour des reins. A droite de la tête, aigle volant à droite. Jeune cavalier passant à droite, la main droite tenant les rênes et la gauche portant la lance, la tête coiffée du pétase, le corps drapé dans un manteau rouge, le cheval marchant la tête relevée, la crinière rouge. Guerrier à droite, comme le premier, mais le haut du corps plus rejeté en arrière et un glaive (?) paraissant porté en bandoulière (il ne semble pas qu'on puisse y voir l'amentum de la lance).

Travail rapide.

Même sujet *Vas. Bibl. Nation.*, 278, p. 187-8 (vase brisé).

83 (95) [421]. — **Lécythe à figures noires.** — Anc. collection Péretić. — Haut., o^m,155 (du pied, o^m,009, — à l'épaule, o^m,11). Circ. max., o^m,238. Diam. de la base, o^m,041 (de l'embouchure, o^m,041, — intérieur, o^m,031).

Terre jaune orangé. Peinture noire avec rehauts rouges.

Le pied bas et presque plat, la tranche réservée, le plat peint en noir. La panse s'évasant jusqu'à l'épaule ; en bas du champ, bandeau et filet noirs avec un filet à l'épaule ; le haut du col et la tranche de l'embouchure noirs, l'intérieur peint de même.

Dans le champ de l'épaule, coq, à droite, entre deux feuilles dressées (le corps traversé de trois bandes rouges).

Dans le champ, homme debout à droite, le corps drapé dans un himation dont un pan est rejeté au-dessus de l'épaule, la main tenant à droite une lance ou un bâton (bandes rouges sur l'himation). Éphèbe à droite, assis sur un siège pliant, la main tenant une lance et le panache d'un casque (?), le corps vêtu d'un long chiton et de l'himation drapé comme plus haut (bandeau rouge dans les cheveux, traces de rouge sur l'himation). Guerrier allant à droite, la tête retournée vers la gauche, le bras gauche portant à gauche un bouclier rouge, la main droite (?) baissée à la taille et tenant la lance, la tête coiffée du casque corinthien à panache rouge, les jambes portant des cnémides (?), le corps couvert d'une cuirasse courte, par-dessus laquelle est drapée une chlamyde. Éphèbe à gauche, drapé et tenant la lance (traces de rouge sur l'himation).

Travail rapide.

84 (96) [20]. — **Lécythe à figures noires.** — Haut., o^m,15 (de la base, o^m,008, — à l'épaule, o^m,105, — de l'embouchure, o^m,013). Circ. max., o^m,224. Diam. de la base, o^m,043 (de l'embouchure, o^m,036, — intérieur, o^m,025). Larg. de l'anse, o^m,012.

Terre jaune orangé. Peinture noire, tournée au rouge.

La base presque plate, un filet réservé à la tranche. Bandeau noir et deux filets sous le champ et un filet au-dessus, la panse s'évasant encore jusqu'à l'épaule. L'embouchure convexe et peinte en noir, le plat réservé.

Dans le champ de l'épaule, entre deux feuilles dressées, coq à droite, le corps traversé de trois bandes rouges.

Dans le champ principal, **Silène** nu, allant à droite, le pied droit en arrière et sur la pointe, la main droite baissée à gauche devant le corps, la main gauche levée à droite et présentant la paume, la queue longue et la tête barbue. **Dionysos,** assis à droite sur un coussin (?), le bas du corps enveloppé d'une draperie, la main gauche appuyée en arrière, la main droite baissée et tenant à droite un canthare, la tête barbue et couronnée de lierre. Derrière le dieu, cep dressé. **Silène** allant à gauche, la jambe gauche en avant et levée, le haut du corps penché à gauche, la main droite levée à gauche et la gauche baissée.

Travail très rapide.

85 (97). — **Lécythe à figures noires.** — Haut., o{m},135 (du pied, o{m},009, — de l'épaule, o{m},093). Circ. max., o{m},25. Diam. de la base, o{m},041 (de l'embouchure, o{m},035, — intérieur, o{m},03).

Terre jaune orangé. Peinture noire et rehauts rouges.

La tranche du pied oblique et noire, sauf un filet réservé. La panse, qui est large, ornée, au-dessous du champ, d'un bandeau noir bordé par une ligne rouge et d'un filet noir; filet noir à l'épaule. La tranche de l'embouchure convexe et peinte en noir, un filet rouge à l'extérieur.

Dans le champ, chasseur allant à droite, le pied droit (?) en arrière et sur la pointe, la main droite baissée à gauche à hauteur de la taille et brandissant une lance horizontale, le bras gauche enveloppé à droite d'un himation rouge qui lui sert de bouclier. Sanglier à gauche, la hure petite, le corps taché de rouge, les pattes gauches en arrière et la queue tirebouchonnée. Chasseur allant à gauche, les cheveux peints en rouge, la jambe gauche en avant, le bras gauche tendant à gauche l'himation, la main droite levée au-dessus de l'épaule et brandissant obliquement la lance, qui touche le sanglier à la croupe.

Il est peu probable qu'il faille voir dans la scène un souvenir de la chasse de Calydon.

86 (49) [352]. — **Lécythe à figures noires.** — Haut., o{m},153 (du pied,

0^m,005, — de l'épaule, 0^m,108). Circ. max., 0^m,25. Diam. de l'embouchure,
0^m,035 (intérieur, 0^m,021, — du pied, 0^m,041). Larg. de l'anse, 0^m,01.

Terre rosée. Peinture noire. Rehauts blancs et rouges.

Le pied est en forme de disque plat. La panse est convexe et l'épaule très large, le col
fort rétréci et l'embouchure oblique.

La tranche du pied réservée, le plat peint en noir. En bas de la panse, grande zone
noire, suivie d'une bande de même au-dessous du champ; filet noir au coude de l'épaule;
sur l'épaule, deux rangs de languettes noires superposées, celles du second rang plus
longues et tachetées de blanc; la tranche de l'embouchure et l'intérieur noirs, le plat
réservé; l'anse peinte en noir.

Dans le champ, guerrier allant à droite, le pied gauche en arrière et
sur la pointe, les jambes chaussées de cnémides, la main droite baissée à
la taille et tenant le glaive, le corps couvert d'une tunique courte, un baudrier blanc passé sur l'épaule gauche, le bras gauche baissé à gauche et
tenant un bouclier (épisème : deux boules blanches), la tête barbue, tournée
vers la gauche et coiffée d'un casque corinthien, un bandeau rouge ceignant
le timbre, trois points blancs parsemés dans le panache retombant. Derrière
le guerrier, cep, portant deux grappes blanches. Cavalier nu, allant à droite
sur un grand cheval piaffant et à crinière rouge, la main droite baissée à
la taille et tenant les rênes, les cheveux peints en rouge. Mêmes rinceaux et
mêmes grappes derrière le cavalier. Guerrier comme le premier, l'épisème
du bouclier formé par une guirlande blanche; au second plan, nouveaux
ceps, chargés de quatre grappes.

Travail rapide.

87 (91). — **Lécythe à figures noires.** — Haut., 0^m,124 (du pied, 0^m,007,
— de l'épaule, 0^m,076, — de l'embouchure, 0^m,012). Circ. max., 0^m,147. Diam.
de la base, 0^m,04 (de l'embouchure, 0^m,035, — intérieur, 0^m,024). Larg. de
l'anse, 0^m,01.

Terre jaune orangé. Peinture noire.

La base en forme de disque, dont la tranche est réservée, le plat peint en noir. Large
bande noire en bas de la panse, suivie d'un large filet sous le champ; le corps du vase
sensiblement cylindrique, l'épaule presque horizontale; l'anse noire et légèrement convexe, la tranche de l'embouchure oblique et peinte également en noir.

Dans le champ, trois palmettes dressées, les volutes de la base arrondies et des feuilles droites séparant chaque motif. Sur l'épaule, deux rangs
de languettes rayonnantes.

88 (92). — **Lécythe à figures noires et à fond blanc.** — Haut., o{{m}},155 (de la base, o{{m}},012, — à l'épaule, o{{m}},10, — de l'embouchure, o{{m}},011). Circ. max., o{{m}},168. Diam. de la base, o{{m}},039 (de l'embouchure, o{{m}},032, — intérieur, o{{m}},015). Larg. de l'anse, o{{m}},012.

Terre jaune orangé. Peinture noire. Engobe d'un blanc crémeux.

La base en forme de disque, la tranche réservée et ornée d'un filet, le plat peint en noir. La panse évasée à la base et, plus haut, sensiblement cylindrique ; large bandeau noir, suivi de trois filets dans la partie inférieure ; à partir de là, couverte blanche sur tout le champ jusqu'à l'épaule. L'épaule et le col réservés, la tranche de l'embouchure noire, le dos de l'anse de même ; deux rangs de languettes rayonnantes sur l'épaule.

Quatre motifs se succèdent sur le champ, d'abord une bande d'échelons verticaux très rapprochés et coupés par une bande horizontale, puis une zone de feuilles de lierre alternant avec des baies et disposées haut et bas d'une ligne médiane ; après un nouveau motif d'échelons coupés par deux barres horizontales, deux filets simples surmontent le champ au départ de l'épaule.

Rapprocher des lécythes comme *Vas. Bibl. Nation.*, 289-290, p. 193.

89 (86) [15]. — **Lécythe aryballisque à figures rouges.** — Haut., o{{m}},07 (de la base, o{{m}},005, — de la panse, o{{m}},036, — du goulot, o{{m}},016). Diam. de la base, o{{m}},057 (de l'embouchure, o{{m}},028, — intérieur, o{{m}},016). Larg. de l'anse, o{{m}},012. — Pl. XXXV.

Terre jaune orangé, fine et bien cuite.

La base courte, la tranche oblique et réservée. La panse convexe, avec un filet réservé sous le champ, le goulot vertical et l'embouchure oblique, légèrement convexe.

Dans le champ, tête de cheval à gauche, les oreilles dressées, la bouche entr'ouverte, la crinière rejetée sur le front, des traits de pinceau rapidement jetés marquant les détails intérieurs.

Style libre. Assez bon travail.

Pour la forme et le style, voir *Vas. Bibl. Nat.*, 479, pl. XX, p. 359.

90 (88). — **Même forme.** — Haut., o{{m}},082 (de la base, o{{m}},009, — de l'épaule, o{{m}},049, — de l'embouchure, o{{m}},015). Circ. max., o{{m}},164. Diam. de la base, o{{m}},045 (de l'embouchure, o{{m}},028, — intérieur, o{{m}},019). Larg. de l'anse, o{{m}},011.

Terre jaune orangé, un peu rosée. Peinture noire, mal lustrée.

Filet réservé à la base, dont la tranche est oblique. Un autre filet au-dessous du champ, sur la panse, qui est cylindrique et très légèrement convexe. Le col réservé ainsi que le plat de l'embouchure, dont la tranche est oblique.

Dans le champ, autel rectangulaire. **Femme** allant à gauche, le bras gauche caché sous l'himation, le droit tendu vers la gauche, la main ouverte et tendue au-dessus de l'autel, le corps vêtu d'un long chiton et d'un himation passé sur l'épaule gauche, les cheveux relevés en chignon à la nuque.

Style libre. Travail rapide.

91 (89).— **Même forme.** — Haut., o^m,105 (de la base, o^m,005, — de l'é-paule, o^m,06, — de l'embouchure, o^m,025). Circ. max., o^m,18. Diam. de la base, o^m,046 (de l'embouchure, o^m,033, — intérieur, o^m,018). Larg. de l'anse, o^m,011.

Terre jaune orangé. Peinture noire, vitréfiée par endroits.

La tranche de la base oblique, la panse convexe, le col droit et l'embouchure oblique.

Tout le vase peint en noir, sauf une palmette réservée. Les pétales larges et grossièrement tracés, des feuilles jetées dans le champ l'entou-rant comme les côtés d'un triangle, la base horizontale.

Mauvais style.

92 (99). — **Skyphos à figures rouges.** — Haut., o^m,105 (du pied, o^m,005). Diam. max., o^m,12 (intérieur, o^m,115, — aux anses, o^m,19, — de la base, o^m,059, — intérieur, o^m,042).

Terre jaune orangé. La surface d'un ton rouge.

Le pied en forme de bourrelet noir. Sous le fond, point entre deux cercles concen-triques. Bande noire et filet au-dessous du champ. Entre les deux faces, palmettes dressées entre volutes verticales.

Dans le champ, éphèbe à droite, le pied gauche en avant, l'himation rejeté sur l'épauche gauche, la main droite tenant un strigile à la hauteur du visage, une guirlande entourant les cheveux.

Au revers, femme à droite, vêtue d'un long chiton et d'un himation passé sur l'épaule gauche, le bras gauche caché sous l'étoffe, la main droite ouverte et tendue à gauche, les cheveux coiffés d'un kékryphale et la tête retournée vers la gauche.

Style rapide.

93 (66). — **Cratère à figures rouges en forme de calice.** — Haut.,
0^m,40 (au bourrelet du pied, 0^m,065). Diam. de la base, 0^m,148 (de l'embouchure, 0^m,35). Haut. des anses, 0^m,10. Larg. —, 0^m,075 et 0^m,04. — Pl.
XXXVI.

Terre jaune orangé. Peinture noire assez terne. Rehauts blancs.

Plusieurs rapiéçures (il manque un morceau à la nuque du premier éphèbe et plusieurs
fragments çà et là).

Le pied est élevé et dégagé, la base large et la tranche oblique, un bourrelet courant
à mi-hauteur de l'étranglement. La panse s'élargit d'abord comme un calice, puis se creuse
et s'évase comme ferait une fleur : la tranche de l'embouchure est oblique et les anses,
qui s'attachent en bas de la panse, sont verticales et recourbées vers l'intérieur.

Le pied noir, sauf une rainure réservée après la tranche et un filet de même au-dessus
du bourrelet. En bas de la panse, au-dessus du champ dont elle est séparée par deux filets,
bande réservée, ornée de triangles opposés et séparés les uns des autres par deux traits
parallèles, les angles coupant les figures en leurs milieux : dans chacun de ces cadres, motif
de pétales disposés en éventail autour de demi-cercles ponctués. Sous le champ secondaire,
au lieu des triangles, guirlande de laurier, entre filets. Au-dessus des champs, de part et
d'autre, guirlande de laurier entre filets. Le haut de la tranche de l'embouchure réservé,
tout le reste et l'intérieur du vase peints en noir.

Dans le champ, jeune **Satyre** allant à droite, le pied gauche en arrière
et sur la pointe, le pied droit en avant et caché par la figure suivante, le
corps nu, la main droite levée à gauche à hauteur de l'épaule et tenant une
massue horizontale qui passe *derrière* la tête, le bras gauche enveloppé
à droite dans une ample pardalide qui flotte derrière le corps, le nez camus,
l'oreille dressée, les cheveux coiffés court. **Artémis** (?), allant à droite, le
pied droit (?) en arrière et de face, le corps vêtu d'un long diploïdion serré
à la ceinture, et bordé d'un trait épais, les chairs blanches ; la main droite
levée à gauche à hauteur de la tête, les doigts passés dans l'ἀγκύλη, et diri-
geant vers la biche un javelot oblique, la tête baissée à droite et les cheveux
bouffants ; le bras gauche non fléchi au coude, la main passée derrière le
cou de la biche et paraissant tenir l'animal ; celui-ci s'affaisse sur l'arrière-
train, la patte gauche allongée en arrière, le cou et la tête relevés, les pattes
de l'avant-train fléchies au genou et battant l'air, le corps tacheté et rayé :
sous le poitrail, masse blanche (rocher). Un peu plus haut et plus à droite,
Eros, nu et ailé, les chairs blanches ; les ailes éployées à droite et à
gauche, le pied droit sur la pointe et de trois quarts à droite, il a le pied
gauche posé d'aplomb sur le cou de la biche et son bras gauche, qui est

couvert d'une draperie est baissé vers la gauche, la tête tournée vers la gauche, le bras droit ne paraissant pas conservé, mais la main devant sans doute être levée et brandir un javelot oblique. **Dionysos,** debout à droite, le pied gauche d'aplomb, la jambe droite fléchie au genou, le pied sur la pointe et de profil à droite, le coude droit relevé et comme appuyé sur un support imaginaire qui serait recouvert d'une draperie, l'étoffe flottant derrière le corps et revenant entre les jambes, la tête couronnée de lierre, légèrement baissée et tournée vers la gauche, la main gauche levée à droite et tenant un thyrse dressé. Au-dessus de l'anse, haut de colonne à droite, le profil du chapiteau oblique et mouluré.

Dans le champ secondaire, éphèbe à droite, les pieds chaussés, le droit derrière le gauche, le corps entièrement drapé, les cheveux massés. Au-dessus du champ, rectangle (diptychon?). Éphèbe allant vivement à droite, le pied droit en arrière et de face, le pied gauche en avant et de profil à droite, le bras droit baissé à gauche, la main gauche se portant à droite comme pour recevoir un objet, l'himation jeté sur l'épaule gauche. Pilier à droite et rectangle au-dessus du champ. Éphèbe debout à gauche, le pied droit de profil, le pied gauche en arrière et de trois quarts à droite, le bras droit tendu vers la gauche, la main paraissant remettre un objet au second éphèbe, le bras gauche enveloppé dans l'himation qui couvre l'épaule. Au-dessus de l'anse, haut de colonne, le chapiteau plus simple et plus carré que le précédent.

94 (84). — **Même forme.** — Haut., o^m,378 (en bas du champ, o^m,15, — au bourrelet du pied, o^m,o55). Diam. de la base, o^m,124 (de l'embouchure, o^m,295). Haut. des anses, o^m,15. Larg. —, o^m,o65 et o^m,o35. — Pl. XXXVI.

Même technique et même forme que le vase qui précède.

La tranche de la base oblique, une rainure réservée en bas de la tranche et un filet de même vers le haut; haut et bas du bourrelet qui se trouve à mi-hauteur de l'étranglement, deux nouveaux filets réservés. En bas de la panse, sous le champ principal, bande d'oves, chaque élément inscrit dans un ove de même forme et placé, entre deux points à la base, dans un cadre rectangulaire; sous la face secondaire, à gauche, trois méandres séparés respectivement par trois tirets, au milieu, case rectangulaire divisée en neuf champs égaux, dont quatre réservés, à droite, deux méandres semblables aux premiers. En haut du champ, guirlande de laurier dirigée vers la gauche, les feuilles alternant avec des baies. Sur la tranche de l'embouchure, qui est oblique et légèrement convexe, postes enroulées vers la gauche.

Dans le champ principal, à gauche, tronc d'arbre fourchu. Jeune **Satyre,** nu et dansant à droite, le pied gauche en arrière et sur la pointe, une queue courte attachée en bas du dos, l'avant-bras droit levé à gauche, la main tenant une guirlande de points blancs, la tête baissée à droite et ceinte d'une guirlande ou d'une bandelette semblable, le bras gauche tendu à droite, la main relevée, une pardalide blanche suspendue au bras, les pieds du **Faune** ne touchant pas le sol ; un demi-cercle de points blancs est tracé au-dessus du bras gauche. Panthère femelle (le corps blanc), allant à droite sur un exhaussement du sol ponctué de points noirs, la patte droite de l'arrière-train derrière la gauche, l'avant-main relevée et la tête dressée, le corps tacheté ; sous le poitrail, corne à boire. Chevauchant la panthère, **Dionysos,** le corps nu, une draperie suspendue au coude droit, flottant derrière le dos et revenant sur l'avant-bras gauche, la main droite levée à gauche et tenant un thyrse à pommeau blanc, deux bandelettes de même attachées en haut du manche, la tête baissée à droite, deux tresses flottant sur l'épaule droite et une troisième sur l'épaule gauche, une guirlande blanche passée deux fois dans les cheveux, le bras gauche baissé à droite, la main ouverte et paraissant à droite du cou de l'animal. A moitié coupé par l'avant-train de la panthère, pilier blanc qui paraît reposer sur une base carrée et porter un abaque de même forme : sur le pilier, trépied blanc sur un support de même, les trois oreilles dressées, les trois pieds réunis par deux cercles horizontaux superposés. A droite, base rocheuse, sur laquelle une **Ménade** danse vers la gauche (les chairs blanches ?), les pieds sur la pointe et le gauche en avant du droit ; le corps vêtu d'un chiton serré à la ceinture et fixé par une fibule sur l'épaule gauche, l'étoffe ayant glissé à droite et les seins découverts, une bande de postes courant en bas de la robe, la main droite levée à gauche à hauteur de la tête, le visage penché à gauche et une guirlande blanche (diadème à hautes arêtes ?) passée dans les cheveux, la main gauche baissée à droite et tenant un tambourin blanc, d'où pend une guirlande de même. Au-dessus de la femme, à gauche, demi-cercle de points blancs, à droite, guirlande blanche.

Au revers, colonne arrivant à mi-hauteur du champ, la base courte, la tranche du chapiteau oblique. Éphèbe à droite, entièrement drapé. En haut, demi-cercle suspendu, orné d'une croix cantonnée de points. Éphèbe à droite, l'himation passé sur l'épaule gauche, la main droite baissée et tenant un tambourin orné d'une croix cantonnée de chevrons. Éphèbe marchant à gauche, drapé comme le précédent, la main droite baissée à gauche.

De Ridder.   14

95 (72). — **Même forme.** — Haut., o^m^,283 (en bas du champ, o^m^,10, — au bourrelet du pied, o^m^,07). Diam. de la base, o^m^,094 (de l'embouchure, o^m^,235). Haut. des anses, o^m^,07. Larg. —, o^m^,034 (intérieure, o^m^,02).

Même technique et même forme que le vase précédent.

L'une des anses cassée.

Moulure mince haut et bas de la tranche du pied ; filet réservé haut et bas du bourrelet qui court à mi-hauteur de l'étranglement. En bas de la panse, bande réservée, ornée de postes enroulées vers la droite ; au revers, guirlande de laurier, entre filets. La tranche de l'embouchure réservée ; ligne de gros points noirs à la partie inférieure.

Dans le champ, à gauche, pilier court, à base large, deux tablettes en saillie progressive servant de chapiteau, trois filets tracés sur le fût. **Dionysos,** assis à droite, la jambe droite allongée, la gauche pliée au genou et le pied sur la pointe, le coude droit comme appuyé sur un support absent, la main tenant un grand thyrse, le bras gauche allongé et baissé, la main posée sur le genou gauche, le corps nu, une draperie servant de fond et retenue (?) par le coude droit, la tête à droite, les cheveux entourés d'une double bandelette et ceints d'une guirlande de laurier. Sur le genou droit du dieu est un **Eros,** nu et ailé, marchant à gauche, les chairs blanches, le pied droit en arrière et sur la pointe, la main droite baissée à gauche et la main gauche levée à droite, tenant, l'une et l'autre, les extrémités d'une draperie qui est tendue derrière le corps, la tête retournée et de profil à droite, les cheveux relevés en chignon. **Ménade** drapée, dansant à gauche, le pied gauche, qui est en avant et sur la pointe, masquant le pied droit de **Dionysos,** la main droite baissée à gauche et le bras gauche enveloppé dans l'himation, la tête légèrement inclinée, les cheveux relevés en chignon. Pilier comme plus haut, au-dessous duquel est placé un tambourin oblique.

Au revers, éphèbe à droite, le corps entièrement drapé, le pied gauche en avant du droit. Partie droite et supérieure d'une colonne qui paraît surmontée d'un chapiteau dorique. Éphèbe à gauche, le bras baissé, l'himation rejeté sur l'épaule gauche et laissant libre la droite.

96 (104) [425]. — **Péliké à couverte noire.** — Anc. collection Péretié. Haut., o^m^,196 (du pied, o^m^,009). Circ. max., o^m^,40. Diam. de base, o^m^,076 (de l'embouchure, o^m^,125). Larg. des anses, o^m^,018.

Terre rougeâtre assez grossière. Couverte noire, non lustrée.

Le pied est en forme de disque, la tranche réservée et comprenant trois bourrelets superposés, celui du milieu plus en saillie. La panse est ovoïde et non séparée du col, la tranche de l'embouchure oblique, les anses verticales plates et s'attachant aux lèvres de l'embouchure.

Décor de godrons en saillie sur la panse, et d'arêtes dressées sous les anses.

Même motif sur de grands vases découverts en Cyrénaïque, DE RIDDER, *Vas. Bibl. Nation.*, 380-2, pl. XIII, p. 278-9.

97 (71). — **Petit cratère à couverte noire, les anses relevées et attachées très haut.** — Haut., o^m,114 (du pied, o^m,029, — des anses, o^m,02). Diam. de la base, o^m,049 (de l'embouchure, o^m,115). Larg. des anses, o^m,037 (intérieure, o^m,022).

Terre rougeâtre. Peinture noire, d'un ton terne.

Le pied est élevé et la tranche de la base oblique ; les anses, qui sont relevées, sont collées sur la panse.

Rainure réservée en haut de la tranche du pied.

98 (73). — **Même forme.** — Haut., o^m,116 (du pied, o^m,029, — des anses, o^m,02). Diam. de la base, o^m,046 (de l'embouchure, o^m,116). Larg. des anses, o^m,035 (intérieure, o^m,021).

Même technique et même décor, sauf l'absence d'un filet réservé en haut du pied.

99 (67) [420]. — **Vase à couverte noire en forme de bouteille à panse basse et renflée, le col conique, l'anse unique et verticale.** — Anc. collection Péretié. — Haut., o^m,078 (de l'épaule, o^m,04, — de la base, o^m,006). Diam. de la base, o^m,072 (à l'épaule, o^m,045, — de l'embouchure, o^m,032, — de l'anse, o^m,03). Larg. de l'anse, o^m,015.

Terre rosée. Couverte noire, peu et mal lustrée.

Bourrelet, suivi d'une moulure concave au-dessous de la panse qui est fortement convexe ; rainure à l'épaule, où commence le goulot conique, l'embouchure horizontale et débordante. L'anse est plate et trifide, les divisions simplement gravées.

Comparer, pour la forme, CAYLUS, *Rec. d'antiquités,* II, pl. 38, 3, p. 102 et FURTWÆNGLER, *Beschr. d. Vasens.*, II, 2867-8, p. 794 (forme 268).

100 (79) [420]. — **Même forme.** — Anc. collection Péretié. — Haut., o^m,087 (de l'épaule, o^m,039, — de la base, o^m,011). Circ. max., o^m,267. Diam.

de la base, o^m,o62 (de l'embouchure, o^m,o4, — intérieur, o^m,o15, — de l'anse, o^m,o27). Larg. de l'anse, o^m,o17.

Même technique et même décor.

101 (74). — **Skyphos à couverte noire.** — Anc. collection Péretié. — Haut., o^m,o4. Diam. de la base, o^m,o63 (du bord, o^m,o9, — aux anses, o^m,158). Larg. des anses, o^m,o37.

Terre jaune orangé. Couverte noire, peu lustrée.

Sous la panse, qui est verticale, base en forme de bourrelet, les anses horizontales.

Le fond réservé et orné d'un cercle ponctué, entouré de deux cercles concentriques.

102 (80) [419]. — **Même forme.** — Anc. collection Péretié. — Haut., o^m,o48. Diam. de la base, o^m,o67 (de l'embouchure, o^m,o96, — aux anses, o^m,173). Larg. des anses, o^m,o67.

Même technique et même décor.

103 (65). — **Même forme.** — Haut., o^m,o37. Diam. de la base, o^m,o62 (du bord supérieur, o^m,o96, — aux anses, o^m,15). Larg. des anses, o^m,o3 (intérieure, o^m,o2).

Terre rosée. Le noir a tourné au brun.

Le pied est en retrait, la panse oblique et les anses horizontales. Sous la base, qui est réservée, cercles concentriques noirs, irrégulièrement tracés.

104 (64). — **Forme semblable, les deux anses verticales.** — Haut., o^m,o65 (du pied, o^m,oo6). Diam. de la base, o^m,o4 (du bord, o^m,o8, — aux anses, o^m,145). Haut. des anses, o^m,o3 (intérieure, o^m,o18).

Terre rosée. Couverte noire, tournée au brun.

Le pied est en forme de bourrelet et la panse est convexe, le bord en retrait ; les anses, qui sont verticales et munies, haut et bas, d'un éperon, s'attachent un peu au-dessous du bord.

Sous le pied, cercle noir autour d'un point central, la tranche du pied réservée. Deux rainures réservées vers le tiers de la hauteur ; deux autres un peu au-dessus, près du bord.

VASES ALEXANDRINS ET DIVERS

(105-107)

L'hydrie **105** est du type des vases découverts à Hadra et dont beaucoup portent des inscriptions. Les exemplaires du Musée du Caire ont été récemment étudiés par Watzinger, dans l'*Arch. Anzeiger* (XVII, 1902, p. 158-160, 1-15).

La forme du vase **106** est grecque et d'origine métallique[1], mais les potiers de l'Italie méridionale[2] paraissent en avoir plus fait usage que les ateliers de Céramique. Les cratères à volutes de luxe et de très grandes dimensions furent sans doute fabriqués à Tarente, mais, comme l'ont montré Patroni[3] et Watzinger[4], on retrouve dans les petits exemplaires des techniques diverses[5], et il y en a d'apuliens, comme de lucaniens et de campaniens.

Le sujet figuré dans l'édicule n'a rien d'inédit, ni d'insolite à cette place[6] et le pilos est souvent suspendu en haut de l'heroon[7]. Il est plus rare, mais il n'est pas sans exemple, que la stèle du revers soit ornée, au lieu des bandelettes consacrées, d'une plante grimpante et spiraliforme[8]. Quant aux

---

1. *Coll. de Clercq. Tome III*, p. 267.

2. Il y a de ces exemplaires dans tous les musées, particulièrement à l'Ermitage, à Naples et dans la collection Jatta, à Ruvo. Pour la forme, voir, entre beaucoup de représentations, PELLEGRINI, *Vasi antichi d. Museo Civico di Bologna*, fig. 79-80, p. 96-7 et *Vas. Bibl. Nat.*, 919, pl. XXVII, p. 548-9.

3. *La Ceramica antica nell' Italia Meridionale (Atti d. Reale Accad. di Napoli*, XIX, 1897-8).

4. *De vasculis pictis tarentinis*, 1899.

5. Il suffit de comparer à ce point de vue notre exemplaire et le vase reproduit dans PATRONI, *l. l.*, fig. 81, p. 121.

6. On peut comparer une amphore de Berlin (FURTWÆNGLER, *Beschr. d. Vasens.*, II, 3259, p. 912-3), un vase de Naples (HEYDEMANN, *Vasens.*, 2197, p. 218-9) et trois exemplaires de l'Ermitage, dont l'un, le dernier, est d'une forme un peu différente (STEPHANI, *Vasens.*, I, 426, p. 223-231 (*Arch. Zeit.*, 1844, pl. 13); I, 426, p. 233-9 (INGHIRAMI, *Vasi fittili*, I, pl. 1-3); I, 810, p. 328-9).

7. INGHIRAMI, *Vasi fittili*, IV, pl. 322, p. 37. *Annali*, 1871, pl. NO. WALTERS, *Vas. Brit. Mus.*, IV, p. 138-9, F. 280. HEYDEMANN, *l. l.*, 2028, p. 174-5; 2051, p. 181-2; *Santangelo*, 14, p. 632-3. STEPHANI, *l. l.*, I, 353, p. 169-172; I, 420, p. 206-212 (*Monumenti*, VI-VII, pl. 66); I, 426, p. 233-9; I, 778, p. 305-7. L'éphèbe d'ailleurs est souvent coiffé du pilos ou le tient dans sa main.

8. WALTERS, *Vas. Brit. Mus.*, IV, p. 139-140, F. 281. HEYDEMANN, *l. l.*, 2203, p. 227-8 (amphore); *Santangelo*, 14, p. 632-3 (même forme). STEPHANI, *l. l.*, I, 371, p. 184-6; II, 1360, p. 143 (amphore). MILLINGEN, *Vases de Coghill*, 49-50 (= S. REINACH, *Répertoire*, II, p. 17).

Hespérides, peu de scènes mythologiques sont aussi souvent figurées sur les vases apuliens [1], voire sur les cratères à mascarons [2], et elles le sont de la même manière que sur l'exemplaire de Clercq [3], comme **Héraklès** est montré faisant les mêmes gestes et avec le même type juvénile [4]. Il n'est pas jusqu'aux figures groupées autour de la stèle et de l'heroon que nous ne retrouvions à la même place sur d'autres peintures italiotes. Il suffira de citer, dans le champ principal la femme penchée à droite [5], l'éphèbe assis [6] et la cistophore debout [7], au revers l'éphèbe retourné vers la gauche [8], la femme accourant vers la stèle [9] et la cistophore assise [10]. Comme on le voit, la concordance est parfaite et elle s'étend aux moindres détails. Cette uniformité dans l'exécution prouve avec quelle servilité les potiers italiotes ont copié les stèles attiques des ve et ive siècles.

105 (61). — **Hydrie funéraire alexandrine.** — Haut., o[m],3g5 (du pied, o[m],o45, — en bas du col, o[m],31). Circ. max., o[m],63. Diam. de la base, o[m],1o3 (de l'embouchure, o[m],123, — intérieur, o[m],og). Larg. des anses horizontales, o[m],o6. — Pl. XXXVI.

Terre rougeâtre, assez inégale. Engobe d'un blanc jaunâtre. Peinture noire.

A l'intérieur du vase, ossements.

Le pied est élevé, la tranche concave. Sur la panse, qui est ovoïde, se détachent deux anses horizontales, écartées et relevées. L'épaule est oblique, le col vertical et les lèvres plates ; l'anse verticale est cannelée et comprise entre deux rondelles à l'attache supérieure.

Le pied noir. Bande noire comprise entre deux filets au-dessous des anses, qui sont rayées de traits noirs. Sur la panse, à droite et à gauche, bande verticale, treillissée de losanges obliques : entre les deux motifs, d'un côté, spirales et vibrions fantaisistes, les motifs paraissant empruntés aux plantes d'eau ; sur l'autre face, volutes plus simples et coupées par l'anse

---

1. Furtwængler, *Beschr. d. Vasens.*, II, 3245, p. go2. *Bull. Nap., Nouv. sér.*, V, pl. 13 (coll. Jatta). Heydemann, *l. l.*, 2852, 2873, 2885, 2893.

2. Heydemann, *l. l.*, 3255, p. 584-591.

3. Les deux **Hespérides** de droite se retrouvent, entre autres, sur une amphore à volutes de la collection Jatta (*Bull. Nap., Nouv. sér.*, V, pl. 13).

4. Voir par exemple le lécythe Heydemann, *l. l.*, 2893.

5. Inghirami, *Vasi fittili*, I, pl. 20.

6. *Ibid.*, pl. 21.

7. *Ibid.*, IV, pl. 3g3, p. 121.

8. Tischbein, *Vas. d'Hamilton.* V, 1o6 (S. Reinach, *Répertoire*, II, p. 362).

9. Inghirami, *l. l.*, I, pl. 21.

10. Inghirami, I, pl. 12.

verticale. Sur la panse, bande noire entre deux filets et roue de gros points noirs à la naissance du col. Sur le col, deux branches de laurier horizontales, se croisant sous l'anse verticale, qui est rayée de traits noirs horizontaux. Sur le plat de l'embouchure, cercle noir entre filets et bande noire à l'intérieur.

106 (133). — **Grand cratère apulien, les anses relevées et ornées de doubles médaillons.** — Haut., o^m,69 (en haut des anses, o^m,83, — à l'épaule, o^m,51, — du pied, o^m,06). Circ. max., 1^m,32. Diam. de la base, o^m,295 (de l'embouchure, o^m,395, — intérieur, o^m,348). Larg. des anses, o^m,075 (à la base, o^m,23).

Terre rosée. Peinture noire. Rehauts blancs et jaunes.

Le pied est mouluré en forme de cloche, un redan suivant la tranche de la base, un bourrelet séparant le support de la panse. En haut de l'épaule, bandeau légèrement saillant, filet horizontal et quart de rond, la tranche verticale et légèrement concave. Les anses sont formées de deux tiges cylindriques, réunies par un contrefort à mi-hauteur ; à l'attache inférieure, deux cols de cygne ondulent sur l'épaule ; des deux côtés de l'attache supérieure, deux rondelles, décorées de mascarons en relief, s'élèvent au-dessus de l'embouchure.

Au-dessous des champs, bande composée de méandres enroulés vers la gauche, alternant quatre ou sept fois avec huit rectangles divisés chacun en quatre rectangles plus petits et ponctués en leur milieu. Entre les champs, grande palmette inscrite, comprise entre des volutes dressées et surmontée de trois autres palmettes, dont les deux latérales sont obliques et dont la médiane est renversée. A l'épaule, filet réservé, bande d'oves inscrits et séparés par des points, nouveau filet, et zone de rectangles allongés où sont peintes des languettes. Sur le col, filet réservé au-dessous du champ ; au-dessus, filet réservé, bande de dix rosettes à huit pétales (rehauts jaunes), filet réservé, ligne de points jaunes, nouveau filet, et guirlande de laurier (points jaunes), remplacée sur la face secondaire par une guirlande de feuilles d'olivier (?) ; sur la tranche de l'embouchure, bande d'oves surmontée d'un filet noir, le plat réservé. Les anses sont peintes en noir, les médaillons représentant des têtes de **Gorgone** de style libre, les cheveux hérissés, les sourcils quelque peu rapprochés, les traits forts, la bouche entr'ouverte, mais la langue non tirée ; la tête est peinte en blanc et les cheveux en jaune.

Dans le champ de l'épaule, palmette médiane reliée par des spirales à deux palmettes renversées ; en haut, rosettes ; dans les volutes, points blancs et jaunes.

Au revers, scène figurée. Jeune **Satyre**, allant à gauche, les jambes pliées aux genoux, le pied gauche de trois quarts à droite et sur la pointe,

le pied droit de profil à gauche et d'aplomb, la main droite baissée à gauche
et tenant une férule blanche, la tête baissée à droite, les oreilles dressées
et les cheveux ceints d'une guirlande jaune, la main gauche levée à droite
et tenant une flûte de Pan à rehauts jaunes. **Héraklès,** jeune et imberbe, de
profil à droite, debout sur la jambe droite, la jambe gauche croisée derrière
la précédente, et le pied sur la pointe, le bras droit baissé à gauche, le bras
gauche appuyé sur une massue jaune, une bandelette à rehauts jaunes
nouée dans les cheveux, une peau de lion blanche rejetée sur l'épaule
gauche, le mufle apparent, la queue traînant jusqu'à terre. Dans l'arbre
des **Hespérides** (rehauts comme plus haut) s'enroule un serpent blanc
à points jaunes, tourné vers la droite, et qui paraît vouloir boire dans
la phiale que tient la figure suivante. **Hespéride** allant vers la gauche, le
pied gauche(?) de trois quarts à droite et le droit de profil à gauche, la
main droite baissée à gauche et présentant une phiale oblique à godrons,
la main gauche baissée à droite et tenant une œnochoé (long chiton plissé,
un himation enroulé autour du bras gauche et repassant sur la taille, bracelet, boucle d'oreille et collier jaunes, un kékryphale ponctué enserrant
les cheveux qui bouffent en chignon à l'occiput). **Hespéride,** assise à gauche
sur un siège rocheux à rehauts jaunes, le corps vêtu d'un chiton serré à la
ceinture, des bracelets aux poignets et un collier au cou, la main droite
élevant à gauche un miroir à manche encadré d'or, la main gauche baissée
à droite et s'appuyant sur la base rocheuse, la chevelure coiffée comme plus
haut.

Dans le champ principal, édicule porté sur un triple soubassement, un
bandeau simple, un haut degré oblique et légèrement concave, un second
degré vertical, plus bas et en retrait ; chevrons sur le bandeau ; sur le premier degré, deux filets lisses, zone décorée de palmettes alternant avec des
fleurs de lotus assez libres, filet blanc, ligne de points de même et bande
blanche ; le second degré est peint en noir et orné d'une guirlande de lierre
avec baies ponctuées (rehauts blancs). Les colonnes sont blanches et dou-
blées intérieurement d'un pilier réservé (en haut, chapiteaux ioniens entre
listels, les détails jaunes). Au-dessus des colonnes, architrave noire, comprise haut et bas entre deux bandeaux blancs ; sur l'architrave, guirlande
et rinceaux blancs ; le tympan est vide, les rampants blancs, les acrotères en
forme de palmettes ou de demi-palmettes d'un dessin assez libre. À l'intérieur
de l'édicule, deux éphèbes, l'un debout à droite, l'autre assis à gauche. Le
premier, qui déborde quelque peu sur le cadre, est nu et paraît en marche,

le pied droit de face, le gauche d'aplomb et de profil à droite, la main
droite appuyée à la hanche, le bras gauche plié au coude, la main à la
hauteur de l'épaule et tenant à droite une lance, la tête relevée, les cheveux
massés ; en haut, bandeau jaune. Entre les éphèbes, pilos conique, suspendu en bas de l'architrave. Le personnage principal est assis sur un
siège bas à pieds tournés et évidés à leur base, les jambes recouvertes d'une
draperie, la gauche allongée, la droite croisée derrière elle et le pied sur
la pointe, les pieds posés sur un tabouret bas et ponctué, le bras gauche
légèrement plié au coude et baissé à droite, la main s'appuyant sur le siège,
le bras droit baissé à gauche, l'avant-bras horizontal, la main tenant obliquement une lance, la tête à gauche et légèrement levée, les cheveux coiffés
librement. A gauche, en haut de l'édicule, femme vêtue d'un chiton noué à
la ceinture et penchée à droite, la jambe gauche (?) pliée au genou et le pied
à un niveau très supérieur à celui du droit, le buste presque horizontal, les
bras légèrement pliés aux coudes, la main droite portant un bandeau, la
gauche, qui est plus baissée, tenant une guirlande à laquelle une bandelette
est suspendue, des bracelets aux poignets, un bandeau ponctué passant en
kékryphale dans les cheveux, qui se relèvent en un haut chignon au-dessus
de la nuque (rehauts blancs et jaunes). En bas, à gauche, éphèbe nu,
le corps sur la jambe droite et le pied sensiblement de face, la jambe
gauche croisée devant la droite, le pied sur la pointe et de trois quarts à
droite, le bras droit baissé à gauche, l'avant-bras horizontal et la main
tenant une bandelette à points blancs, la main gauche levée à droite à la hauteur de l'épaule et soutenant une patère ponctuée où se dresse une tige
fleurie (rehauts jaunes), une draperie pendant de l'avant-bras, la tête à
droite et légèrement relevée, les cheveux ceints d'une guirlande ponctuée.
A droite de l'édicule, en haut, éphèbe nu, assis à gauche sur un siège
rocheux (?) qui est couvert d'une draperie, les jambes non croisées et les
pieds ne portant pas sur la pointe, le bras gauche légèrement plié au coude,
la main en arrière, s'appuyant sur le siège rocheux et tenant une branche
de laurier (rehauts), le bras droit baissé à gauche, l'avant-bras horizontal et
la main tenant une guirlande (mêmes rehauts), un bandeau fleuri passant
dans les cheveux. Au-dessous de l'éphèbe, femme drapée, allant à gauche,
le pied gauche de trois quarts à droite, le droit de profil à gauche, un long
chiton tombant jusqu'aux pieds, un himation (?) jeté en châle sur les
deux épaules et descendant également sur les avant-bras, les bras pliés
aux coudes, la main droite tenant à gauche une bandelette ponctuée et

De Ridder. 15

repliée, la main gauche soutenant à droite un coffret blanc rectangulaire, la tête à gauche et les cheveux relevés comme plus haut (rehauts blancs et jaunes). Sous les quatre personnages qui entourent l'édicule, ligne de points blancs ondulant.

Au revers, stèle très allongée, dont le soubassement noir se compose d'un haut degré au-dessus d'un bandeau lisse; sur la tranche du degré, ligne de points blancs comprise entre deux filets de même, large zone décorée de rinceaux et seconde ligne de points entre filets; les deux piliers de l'édicule sont réservés et ornés haut et bas de deux filets blancs; à l'intérieur du champ, arbuste qui n'est au fond qu'une suite d'arabesques; l'architrave se compose d'un bandeau réservé entre les têtes des piliers, d'un second bandeau blanc et d'une large zone réservée, où ondulent des chevrons; le bord du tympan est blanc et les rampants sont doublés d'un second ordre, qui est réservé. En haut du champ, à gauche, femme drapée, assise à droite, les jambes recouvertes d'un himation et la gauche croisée derrière la droite, le chiton serré à la ceinture, la main droite baissée à gauche et tenant une guirlande ponctuée, le bras gauche plié au coude et la main soutenant à droite un coffret rectangulaire, des bracelets aux poignets et un collier au cou, les cheveux serrés dans un kékryphale ponctué et noués par un ruban, un haut chignon au-dessus de la nuque. Au-dessous de la femme, éphèbe de face, le bas du corps drapé, les pieds chaussés, le droit de trois quarts à gauche, le gauche d'aplomb et de profil à droite, les bras baissés à droite et à gauche et les avant-bras horizontaux, la main droite portant à gauche une palme (?) dressée, la main gauche tenant à droite une bandelette, un bâton sous l'aisselle, la tête à droite et une guirlande dans les cheveux (rehauts comme plus haut). En haut du champ, à gauche, éphèbe demi-nu, assis à droite sur un siège non figuré, les jambes drapées, la droite allongée et croisée devant la gauche, les pieds blancs et chaussés, le bras droit baissé à gauche et tenant une guirlande de lierre (rehauts), le bras gauche plié au coude, la main tenant à hauteur de l'épaule une patère au-dessus de laquelle on aperçoit deux larges feuilles découpées, la tête baissée à gauche et les cheveux ceints d'une guirlande. Au-dessous de l'éphèbe, femme drapée, accourant à gauche, l'un des pieds en arrière et sur la pointe, l'autre empiétant sur la base de l'édicule, le bras droit allongé à gauche, la main tenant une guirlande, l'avant-bras gauche horizontal, la main portant une branche fleurie, des bracelets aux poignets, un collier au cou, les cheveux coiffés d'un kékryphale et relevés en chignon.

Des lignes de points ondulent également sous les quatre personnages.

107 (31). — **Vase hébraïque en forme d'écuelle.** — Diam., o^m,13
(du sommet, o^m,o4). Haut., o^m,o42.

Terre jaune pâle.

Le fond du vase est plat et les côtés sont évasés. Autour du cercle sont
tracées au pinceau et à l'encre noire treize à quatorze lignes très effacées ;
à l'extérieur sont sept à huit lignes seulement.

Ces cupules rituelles et inscrites se rencontrent fréquemment dans les
Musées. Il y en a plusieurs exemplaires au Louvre, dans la salle judaïque.
Voir *Rev. Études Juives*, IV, p. 165-172, M. SCHWAB-BABELON ; *Proceed.
Soc. Biblical Archæology,* avril 1890 et juin 1891, M. SCHWAB ; *Rev. d'Assyrio-
logie,* I, 1885, p. 117-9, II, p. 138-41, III, p. 49-51, M. SCHWAB ; *Zeitschr.
f. Keilinschriftforschung,* II, p. 113, HYVERNAT ; *Rapport sur les inscr. hé-
braïques de la France,* 1904, p. 164-71, M. SCHWAB ; *Transactions of the
Biblical Archæological Society,* II, part I, p. 114 et suiv., J. HALÉVY.

VASES FIGURÉS ET VASES DÉCORÉS
DE RELIEFS

(108-127)

Le taureau **108,** dont le travail est large et le style assez bon, peut provenir d'une fabrique locale, mais il ne serait pas impossible qu'il vînt simplement de l'Italie méridionale, où les ateliers de Capoue ont produit beaucoup de ces vases à couverte noire.

L'aryballe en porcelaine égyptienne **109** ne vient pas, lui non plus, nécessairement d'Egypte. Ces vases à glaçure étaient très recherchés au vi[e] siècle, en particulier, mais non exclusivement, dans la Grèce ionienne[1]. Il est douteux qu'une seule fabrique, située par hypothèse à Naucratis, ait pu suffire à la consommation ; d'autres ateliers, en Phénicie, en Asie Mineure ou dans les îles, ont dû imiter à la fois la forme et la technique de ces petites fioles à parfum. Mais il va sans dire que nous ne sommes plus à même aujourd'hui de distinguer entre leurs produits.

La tête casquée **110** peut venir de Rhodes[2], mais les deux vases **111-112**, productions tardives et d'art assez médiocre, sortent d'une fabrique athénienne. Il faut leur joindre l'exemplaire **113.** La base du lécythe est ici seule conservée, mais au lieu d'être masquée par un groupe, elle l'est par un édicule où est assise une femme mi-vêtue, sans doute **Aphrodite.** On a trouvé à Athènes un certain nombre de vases de même style, mais je n'en connais pas avec ce décor architectural. Les palmettes du revers et le travail de la figurine annoncent une époque assez basse et qui n'est pas antérieure au ive siècle.

Les trois n[os] **114-116** ont pu être fabriqués sur place, quoique les têtes

1. Cf. *Gaz. Archéol.*, 1880, p. 145-163, HEUZEY; *Naukratis*, I, pl. II, 6-18, p. 14 ; RAYET-COLLIGNON, *H. de la Céramique gr.*, p. 365 ; *Jahreshefte*, III, 1900, pl. VI, p. 210-3, BŒHLAU.
2. *Gaz. Archéol.*, 1880, p. 145-163, pl. 28, HEUZEY.

de nègres aient été connues des potiers d'Athènes et qu'il y en ait des exemples dès le vᵉ siècle[1]. Le groupe **117** est une œuvre, dont il existe des répliques, du potier Orestès et le buste **121** est d'une forme à signaler : on peut à volonté le ranger parmi les lampes ou parmi les vases à parfums.

Les bols à reliefs **122-127** ont tous la même forme hémisphérique et sont tous également décorés de reliefs. La technique est toujours la même et la terre est sensiblement de même couleur : une couverte dure et foncée revêt la surface. Les sujets sont uniquement décoratifs[2] et seul l'un de ces vases, le premier, est orné d'une scène figurée.

Tout renseignement de provenance fait malheureusement défaut sur ces vases à reliefs. La seule chose qu'on puisse affirmer à ce sujet est qu'ils sont d'origine hellénique, car les potiers d'Arezzo n'ont pas connu cette forme hémisphérique et on en a trouvé en Grèce des exemplaires caractéristiques, dont plusieurs sont conservés au Musée d'Athènes[3].

108 (24) [416]. — **Taureau couché, servant de vase à parfum.** — Anc. collection Pérétié. — Haut., 0ᵐ,095 (de la base, 0ᵐ,014). Long. de la base, 0ᵐ,102. Larg. —, 0ᵐ,058. — Pl. XXXVI.

Terre grisâtre, d'un grain assez fin. Couverte noire.
La pointe des cornes cassée et l'oreille gauche non conservée.

La base ovale et mal séparée de la figure principale. Le taureau couché, les pattes et la queue repliées sous le corps, la tête retournée vers la droite : la terre cuite devait être vue de ce côté, car la patte gauche de l'arrière-train n'est pas figurée. Quelques incisions, assez sobres, marquent les fanons et les plis de la peau ; des trous disposés en triangle rendent les poils de la partie frontale ; une cavité étroite est ménagée à droite de l'œil gauche, au-dessous de l'oreille. L'anse, qui est placée par derrière, est verticale et bipartite ; à son attache supérieure est une sorte de cupule creuse, où trois trous sont rangés en ligne.

Bon style.

109 (105) [363]. — **Aryballe en forme de hérisson.** — Anc. collection

---

1. V. *infrà*.
2. Les motifs se retrouvent, mais partiellement et autrement combinés, sur des fragments de coupes mégariennes découverts à Athènes (*Athen. Mittell.*, XXVI, 1901, p. 59, 2, 7, 11, 12, p. 64, 3, etc., Watzinger).
3. Cf. Daremberg-Saglio, II, p. 2028-2030, s. v. Figlinum opus, Jamot et surtout Dragendorff, *Terra sigillata*, Bonn, 1895 (extr. des tomes XCVI et XCVII des *Bonner Jahrbücher*). Ajouter Déchelette, *Vases figurés de la Gaule Romaine*, 1905.

Péretié. — Haut., o^m,o5 (de la tête, o^m,o17, — de la tranche du goulot,
o^m,oo8, — de la base, o^m,oo5). Long., o^m,o6 (de la base, o^m,o42). Larg.,
o^m,o36 (de la base, o^m,o25, — de l'anse, o^m,o13). Diam. du goulot, o^m,o21
(intérieur, o^m,o7). — Pl. XXXVII.

Faïence émaillée, dite porcelaine égyptienne, la terre très friable et les couleurs appliquées étant peu résistantes. Deux tons seulement, un bleu clair, qui tourne par endroits
sur le vert et un noir brun.

La base rectangulaire sur trois côtés et arrondie à l'arrière.

L'animal est représenté comme couché, les pattes antérieures, le bas du
cou, les yeux et le bord de la crête peints en noirs, le corps quadrillé par
un réseau d'incisions obliques, des taches noires semées çà et là sur la
panse, la crête qui surmonte le museau comme un abat-jour étant rayée d'incisions verticales ; le goulot court, la tranche oblique, l'embouchure concave, le bord noir ; au-dessus de la partie antérieure, touchant le goulot et
s'élevant un peu au-dessus, tête égyptienne, coiffée du klaft, les traits grossièrement indiqués, les joues découpées comme si elles étaient recouvertes
par des paragnathides, le sommet de la tête plat et peint en noir.

Ces aryballes sont une production courante du vi^e siècle. Il y en a de
toutes les espèces, dont beaucoup ont été découverts en Béotie et l'on en a
récemment trouvé à Bérésanj dans la mer Noire (l'ancienne Βορυσθενίς)[1].
La collection van Branteghem renfermait un aryballe en forme de hérisson,
mais sans protome humaine qui surmontât la tête de l'animal[2]. J'en connais
un second exemplaire dans la collection de M. Peytel, à Paris. Le Louvre en
possède plusieurs en forme de lièvres ou d'autres animaux.

110 (14) [H. 13. 1012]. — **Vase en forme de tête casquée.** — Haut.,
o^m,11. Long., o^m,10. Larg., o^m,o75. Diam. de l'embouchure, o^m,o22 (intérieur, o^m,o1).

Terre rouge assez foncée, mal cuite et s'effritant à la surface. La couverte a disparu.
Le goulot cassé.

Le casque est du type corinthien, les couvre-joues obliques et rapprochés, le nez allongé, les yeux obliques et à peine figurés, une crête courant
du front à l'occiput, une embouchure d'aryballe devant s'ouvrir à l'arrière
du crâne. La base est arrondie par derrière et s'avance en pointe sur le
devant.

1. *Arch. Anzeiger*, XIX, 1904, p. 106, PHARMAKOWSKY (en forme de cigale).
2. FRŒHNER, *Coll. van Branteghem*, 241, pl. 47.

L'exemplaire 197 du Cabinet des Médailles paraît provenir de Camiros, De Ridder, *Vas. Bibl. Nation.*, pl. V, p. 104-5. Voir *Gaz. Archéol.*, 1880, p. 145-163, pl. 28, Heuzey.

111 (37) [H. 154. 435]. — **Double tête d'homme et de femme, surmontée d'une embouchure de vase, les deux anses verticales et rubanées.** — Anc. collection Peretié. Camiros. — Haut., 0^m,158 (des têtes, 0^m,105). Diam. de la base, 0^m,056 (de l'embouchure, 0^m,088). Larg. des anses, 0^m,012.

La base est circulaire comme l'embouchure, qui surmonte un goulot tronconique. Bandeau noir en bas du col. Les anses sont verticales et s'attachent au-dessous de l'embouchure : une guirlande, dont les feuilles sont saillantes et peintes en blanc, est commune aux deux têtes.

D'un côté, tête d'**Héraklès,** moustachue et barbue, la dépouille du lion nouée au-dessous du menton, les cheveux et la barbe noirs, les yeux figurés par un cercle ponctué, la peau réservée et tachetée de points noirs.

De l'autre côté, tête féminine (d'**Omphale?**), les yeux sur la même ligne et à peine amandiformes, la prunelle figurée comme plus haut, le front surmonté de deux rangs de touffes saillantes.

Travail tardif.

Même type, de beau style, au Cabinet des Médailles, *Vas. Bibl. Nat.*, 866, fig. 123, p. 508-9. Un autre au Louvre, *Mon. Piot*, IX, 1902, pl. XIV, p. 150, Pottier.

112 (36). — **Tête féminine, surmontée d'une embouchure de vase, l'anse verticale et relevée.** — Anc. collection Pérctié. Camiros. — Haut.; 0^m,16 (de la tête, 0^m,11, — en haut de l'anse, 0^m,19). Long. de la base, 0^m,05. Larg. —, 0^m,048 (de l'embouchure, 0^m,05). Diam. de l'anse, 0^m,05.

Terre rosée. Vernis noir lustré. Rehauts blancs.

Le cou est coupé par une section ovale et un bandeau noir est peint en bas du col. Le visage, qui est féminin, est allongé, la bouche relevée aux commissures, le nez droit, les yeux obliques et les sourcils relevés ; les cheveux, qui sont réservés, forment sur le front deux bandeaux ondulés et sont coiffés d'un kékryphale noir sur lequel une guirlande de lierre est peinte en blanc. L'anse est ronde et relevée au-dessus de l'embouchure qui est trilobée.

Le motif seul est archaïque. Comparer *Mon. Piot,* IX, 1902, pl. XI, p. 135, et pl. XIII, p. 145, Pottier.

113 (158). — **Lécythe orné d'un sujet en relief.** — Haut., o^m,22 (du cadre, o^m,157, — du champ, o^m,125). Larg. de la base, o^m,11 (du champ, o^m,075). Prof., o^m,07.

Terre d'un ton jaunâtre. Peinture noire, terne. Les rosettes dorées. Traces de rouge sur le groupe de l'édicule.

Le col et l'anse du lécythe sont cassés à l'attache. L'une des rosettes (en haut du pilier droit) n'est pas conservée.

La partie inférieure du vase (seule intacte) se compose d'une face plane en forme d'édicule et d'un revers convexe. Le corps du lécythe est censé engagé dans cette base et la panse cylindrique fait saillie au milieu du revers. Décor d'une bande d'oves en bas du revers ; à droite et à gauche, spirale, d'où partent des demi-palmettes ; au centre, sorte d'avancée convexe, dont le culot ovoïde est réservé ; au-dessus, bande d'oves et deux palmettes superposées, entourées de spirales et de volutes.

L'édicule porte sur un soubassement de forme simple et est soutenu par deux piliers (bandeaux lisses et listels haut et bas des supports). Deux rosettes dorées et extérieures aux piliers sont superposées à droite et à gauche, la plus basse au niveau des épaules de la figurine et la seconde en haut du chapiteau. Le bandeau, qui est légèrement arqué au milieu, est surmonté d'un fronton triangulaire, dont les rampants sont formés par deux **Eros** couchés, les ailes (?) relevées et juxtaposées. Celui de gauche, dont les jambes sont figurées jusqu'aux genoux, s'appuie sur la main gauche et porte la main droite à la hanche, les deux bras enveloppés d'une draperie qui passe derrière le corps, les cheveux relevés en chignon en haut de la tête ; le second **Eros** a la main droite appuyée sur le bandeau et le bras gauche allongé le long du corps. Trois rosettes sont juxtaposées en haut des ailes ; quatre autres, qui sont saillantes, sont placées, l'une entre les **Eros,** les trois restantes sur le bandeau supérieur.

Dans le champ, à droite (et peut-être à gauche), candélabre dressé, sommairement indiqué, la base pleine, élargie et dentelée, le fût coupé par de nombreux dischetti. Entre les deux lampadaires, **Aphrodite,** mi-nue, assise de trois quarts à gauche sur un siège à pieds tournés, la main droite relevée au-dessus de l'épaule et tenant un pan de la draperie qui flotte derrière le corps et enveloppe les jambes par devant, le bras gauche tendu à droite, la main devant tenir un autre pan de la draperie, la tête relevée et de trois quarts à gauche, les cheveux séparés en haut du front ; les pieds sont chaussés et les poignets ornés de bracelets.

114 (53). — **Vase en forme de chameau couché.** — Haut., o^m,og5 (en haut du bât, o^m,o7). Long., o^m,13 (de la base, o^m,og5). Larg. de la base, o^m,o55. Diam. de l'embouchure, o^m,o26 (intérieur, o^m,o15).

Terre rosée. La surface a conservé quelques traces du lait de chaux qui la recouvrait. Cassé en plusieurs morceaux. Le fond modelé à part et rajouté.

Sur une base rectangulaire aux coins arrondis est accroupi un chameau, la tête dressée, les pattes repliées sous le corps. L'animal porte quatre jarres réunies : à leur point de jonction s'ouvre un trou circulaire.

Nous avons déjà rencontré ce motif parmi les bronzes, *Tome III*, p. 255-6. On comprend qu'il ait été très populaire en Syrie.

115 (54). — **Vase en forme de tête de nègre.** — Haut., o^m,13 (de la tête proprement dite, o^m,o95).

Terre rouge orangé, assez foncée. Toute la surface est abîmée.

La terre cuite est cassée au cou, ainsi qu'en haut de la tête, où le bas du goulot est seul conservé ; de plus toute la partie postérieure n'est pas conservée.

Le visage est expressif, la bouche ouverte par un rictus, les lèvres épaisses, le nez camard et pincé à la racine, les yeux marqués, les cheveux avançant bas et formant pointe sur le front.

Style passable.

Bel exemplaire de style sévère à Berlin, FURTWÆNGLER, *Beschr. d. Vasens.*, II, p. 2204, 515. Un autre d'Epilykos au Louvre, *Mon. Piot*, IX, 1902, pl. XII, p. 138, POTTIER. Le motif est d'ailleurs des plus fréquents et il y en a des répliques à toutes les époques de l'art grec.

116 (21) [H. 14]. — **Vase en forme de tête de nègre.** — Balanée. — Haut., o^m,15 (de la tête, o^m,o83). Long. de la base, o^m,o6. Larg. —, o^m,o55. Diam. de l'embouchure, o^m,o3 (intérieur, o^m,o21). — Pl. XXXVII.

Terre jaune safrané, assez friable. Toute trace de couverte a disparu.

La base ronde, le menton marqué, les lèvres épaisses et retroussées par un rictus, le nez camard et pincé à la racine, les yeux ovales, les bosses frontales arquées et le front très ridé, les cheveux descendant en pointe sur le front et divisés en tresses verticales, la calotte par laquelle se termine l'embouchure étant formée de deux à trois rangs de touffes en saillie avec deux rosettes sur les tempes et des pendeloques tombant sur les joues. Une anse verticale part de l'occiput et s'arrête au-dessous de l'embouchure ; celle-ci est circulaire et le rebord en est saillant.

Assez bon style.

117 (33) [H. 11. 1010]. — **Vase en forme d'ours étouffant une victime.** — Tortose. — Haut., 0^m,10 (de la base, 0^m,02). Long., 0^m,115. Larg., 0^m,048 à 0^m,053. Diam. du goulot, 0^m,023 (intérieur, 0^m,01).

Terre jaunâtre, tirant sur le bistre.

Déchirure sur le revers, entre les pattes de l'ours.

La base est simple et sensiblement rectangulaire, le chevet arrondi (du côté des deux têtes). Sur le dos est une embouchure de vase avec une petite anse verticale, servant à suspendre le vase.

L'ours a le corps appuyé sur l'arrière-train et l'avant-main légèrement relevée ; il écrase l'homme de son poids et sa tête, qui est quelque peu tournée vers la droite, s'appuie sur celle de sa victime ; sa patte droite la serre autour du cou et sa gauche l'étreint à la nuque. L'homme, dont les bras essaient de soulever le fardeau qui l'oppresse, a la tête rejetée vers la gauche, la face camuse, les sourcils froncés, la bouche paraissant crier, le type bestial et, semble-t-il, éthiopien.

Sur la face, au-dessous du poitrail, l'inscription :

OPECTH
C

118 (163) [H. 103]. — **Vase à parfums.** — Messénie. — Haut., 0^m,12. Larg., 0^m,052. Ép., 0^m,065.

Terre rosée. Couverte grisâtre.

Le vase est ovale et en forme de pendentif ou d'umbo, le revers plat et comme spongieux. A mi-hauteur de la face, tête de cerf en plein relief, la bouche ouverte, les bois relevés. Au-dessus, et en sens inverse, tête de **Silène,** le crâne rond et chauve. Le vase lui-même simule, de ce côté, une tête de poisson, les ouïes bien marquées, les yeux gros, ronds et saillants.

La pièce est curieuse et d'un travail très minutieux. Il se pourrait qu'elle ne fût pas antique.

119 (40) [228. T 48]. — **Vase en forme de grenade.** — Haut., 0^m,09 (de la panse, 0^m,06). Diam., 0^m,062 (du trou inférieur, 0^m,004).

Terre jaune pâle. Traces d'une couverte rosée.

Le vase mal modelé et d'un tour irrégulier.

A l'embouchure, cinq pointes dressées, dont deux sont conservées. En bas de la panse, trou par le moyen duquel le vase pouvait être fixé sur un support.

La forme est depuis longtemps usitée en céramique. Un exemplaire, trouvé à Samos par Bœhlau, est orné « à l'éolienne » d'un décor incisé sur une couverte noire[1]. Le Louvre possède dans la salle H trois grenades réunies, autour desquelles s'enroule un serpent.

120 (161) [357]. — **Anse de grand réchaud.** — Haut., o^m,12. Larg., o^m,09 (du champ, o^m,06, — de la barbe, o^m,03). Ép. max., o^m,04.

Terre rouge, mal cuite et mêlée d'éclats noirs. Couverte blanchâtre, mal conservée.

La tête est comprise dans un cadre rectangulaire, hors duquel se détache la barbe, qui fait saillie et sert de prise. Le crâne est chauve et deux plis horizontaux rident le front ; aux tempes sont deux feuilles de lierre, restes d'une guirlande ; les bajoues sont prononcées et le nez est en fort relief ; les moustaches sont tombantes et la barbe est striée de sillons parallèles et verticaux.

A gauche sont les deux lettres I E. A droite est, semble-t-il, un P. L'inscription doit se lire ἰερ[όν] ; elle se retrouve sur un exemplaire de Délos, *Jahrbuch*, V, 1890, 303, fig., p. 123 et 126 (CONZE).

121 (162). — **Buste d'Athena, accosté d'une lampe (?).** — Haut., o^m,18 (de la tête, o^m,045). Long. de la base, o^m,07 (de la lampe, o^m,045). Larg. de la base, o^m,03.

Terre jaunâtre et rugueuse, certainement égyptienne. Couverte d'un ton rosé.

La tête est coupée net à la partie supérieure et il semble qu'un trou ovale s'ouvrait à cet endroit. La base est à gradins et à gauche de la naissance du buste se détache une sorte d'excroissance allongée et percée de deux orifices, qui peut être une lampe. Le dos est plat.

Le chiton s'agrafe aux épaules à l'aide de fibules rondes ; le **Gorgoneion** est de face et de type tardif, les écailles de l'égide apparaissant nettement sur le sein gauche. Deux tresses tuyautées tombent sur chaque épaule et le visage aux traits lourds est surmonté du casque corinthien, qui est rejeté sur le derrière de la tête.

1. *Aus ionischen Nekropolen*, pl. II, 2, p. 46.

122 (26). — **Bol hémisphérique.** — Prof., o^m,o5. Diam., o^m,o94 (intérieur, o^m,o87).

Terre mal cuite de couleur brique. La couverte est d'un ton lie de vin.

A la base, rosette à huit rais, entourée de quatre fleurs de lis alternant avec des fleurs ouvertes. Au-dessus, frise figurée : **Héraklès** allant à gauche, la tête barbue tournée vers la droite, la main droite brandissant à gauche la massue, la main gauche levée à droite et tenant une guirlande (?) ; le héros alterne huit fois avec un **Eros** ailé, volant et courant vers la droite, le bras levé dans le même sens ; l'un des **Eros** est dédoublé et présenté une fois marchant tranquillement à droite, la tête de face, la main gauche tenant peut-être la lyre. Au-dessus de la frise, bande d'oves à double contour et séparés par des points, la zone comprise entre deux filets haut et bas. Le bord est lisse et n'est pas concave.

123 (10). — **Bol hémisphérique.** — Prof., o^m,o5i. Diam., o^m,o86. Ép., o^m,oo2.

Terre d'un jaune orangé. Couverte rouge foncé.

A la base, cercle entouré de huit feuilles, dont la nervure est indiquée, mais dont la base n'atteint pas le bord de la circonférence. Sur la panse, bande d'ornements en forme de grappes ; au-dessus, zone d'oves pointus, comprise haut et bas entre deux filets parallèles ; le bord, qui suit, est sans ornements et légèrement concave.

124 (18). — **Semblable.** — Mêmes dimensions.
Même terre et même décor.

125 (46). — **Bol hémisphérique.** — Haut.. o^m,o53. Diam., o^m,o85.
Terre jaune orangé. Couverte d'un rouge brique.

A la base, étoile à huit rais, enfermée dans un double cercle concentrique. Plus haut, guirlande nouée par un double nœud, les bouts pendants, alternant quatre fois avec une amphore à pied très élevé et portant sur un double bourrelet, le corps du vase de petite dimension, deux anses en forme de spirale s'enroulant à droite et à gauche du col, qui est également mince et très élancé. Au-dessus, bande formée de grappes (?), suivie de trois filets parallèles et d'une zone d'oves à double contour. Le rebord est légèrement concave et sans ornements.

126 (15). — **Bol hémisphérique.** — Prof., o^m,o52. Diam., o^m,o82.

Terre jaune orangé. Couverte rouge foncé.

A la base, étoile à six rais, entourée de deux cercles concentriques. Sur la panse, bande formée de sept guirlandes pendantes et nouées à la partie supérieure ; au-dessus, zone d'oves à double contour, comprise, haut et bas, entre deux filets parallèles ; le bord est sans ornements et légèrement concave.

127 (13). — **Bol hémisphérique.** — Diam., o^m,o79. Haut., o^m,o45.

Terre jaune orangé, d'un ton pâle.

En haut de la panse, deux moulures concaves, dont la première est ornée d'un filet à mi-hauteur. Au-dessous des deux gorges, bande composée d'une série continue de losanges, dont une diagonale réunit deux des sommets, des crochets en spirale partant des angles inférieur et supérieur. Plus bas, neuf dauphins allant à droite et une deuxième rangée de sept dauphins, dont le dernier est dressé et vertical. Au fond, omphalos, entouré de cercles concentriques en relief.

LAMPES

(128-148)

Les coquilles **128-9** semblent ne se rencontrer qu'en Phénicie et dans les régions de civilisation phénicienne. Les n^{os} **130-1,** presque aussi primitifs, sont de simples godets sans décoration aucune, mais il est rare que les lampes anciennes soient aussi peu ornées. Les exemplaires **132-5** sont du modèle le plus fréquent : la cuvette est basse, légèrement concave et reliée par des volutes au trou de la mèche. La terre, d'une même couleur jaunâtre, est revêtue d'une couverte plus ou moins adhérente. Les reliefs, empruntés au répertoire courant, sont traités avec un soin relatif. La forme est un peu différente dans la lampe **136,** dont la surface est convexe et dont la tranche est plus ornée. Une autre variante (**137**) est allongée en fer à cheval et surmontée d'une poignée recourbée.

Les exemplaires **140-1** sont plus récents et l'un d'eux ne laisse pas d'être suspect. Mais le n° **143** mérite d'être signalé, non à cause de son style, mais parce que la disposition en est ingénieuse et monumentale.

Nous avons déjà rencontré parmi les bronzes des lampes qui avaient la forme de têtes ou de pieds humains [1]. Les mêmes types se retrouvent en terre cuite, comme la tête de **Silène 144** ou les pieds chaussés **146-7.** Pourtant le moule d'où est sorti le n° **145** n'aurait pu servir à un récipient de métal : l'exécution est lourde, mais l'œuvre est bien faite pour l'argile. Telle quelle, elle est bien supérieure au lion **148,** qui doit être un produit local.

128 (140) [H. 79. 387]. — **Lampe simple en forme de coquille. —** Anc. collection Péretié. — Haut., o^m,025. Diam. de la base, o^m,047. Long., o^m,107 (du creux, o^m,075). Larg., o^m,097 (du creux, o^m,065).

Terre rosée. Couverte blanchâtre.

[1]. *Tome III,* 509-513, pl. LXI, p. 311-4.

La coquille est pincée au point le plus étroit, de manière à former une sorte de bec et à permettre ainsi l'insertion de la mèche ; sauf sur ce point, elle a la forme circulaire et elle est largement ouverte.

La forme à deux becs se rencontre à Carthage dans la nécropole de Douïmès, LA BLANCHÈRE-GAUCKLER, *Musée Alaoui*, K 1, p. 146, pl. XXXIV (DAREMBERG-SAGLIO, III, *s. v.* Lucerna, fig. 4576, p. 1323, TOUTAIN). Pour sa présence en Égypte dès la XVIIIᵉ dynastie et son apparition à Chypre *après* l'âge du bronze, voir MYRES et OHNEFALSCH-RICHTER, *Catal. Cyprus Museum*, p. 80.

129 (144) [H. 78]. — **Semblable.** — Haut., 0ᵐ,018. Diam. de la base, 0ᵐ,07. Long., 0ᵐ,128. Larg., 0ᵐ,09.

Même forme, même terre et même technique, l'exemplaire plus aplati.

130 (47) [H. 147]. — **Lampe de forme circulaire.** — Haut., 0ᵐ,03 (du récipient, 0ᵐ,024). Diam. max., 0ᵐ,035 (de l'ouverture, 0ᵐ,025, — de l'infundibulum, 0ᵐ,01, — du trou du godet, 0ᵐ,008).

Terre d'un gris clair, dépourvue de couverte.

La tranche de la lampe est fortement convexe, l'ouverture de forme circulaire, l'infundibulum s'élevant comme un tuyau au-dessus du coude et placé précisément au centre de cette ouverture. Le godet, qui est percé d'un trou circulaire, ne dépasse que de très peu la circonférence supérieure et une sorte d'éperon, qui se trouve sur le côté droit, sert à assurer le doigt.

131 (50). — **Même forme.** — Haut., 0ᵐ,031 (du récipient, 0ᵐ,026). Diam. max., 0ᵐ,035 (de l'ouverture, 0ᵐ,025, — de l'infundibulum, 0ᵐ,01, — du trou du godet, 0ᵐ,008).

La terre est plus foncée et la surface presque noirâtre.

132 (106) [417]. — **Lampe à un bec.** — Anc. collection Péretié. — Long., 0ᵐ,097. Diam. de la base, 0ᵐ,057 (de la cuvette, 0ᵐ,071, — de l'infundibulum, 0ᵐ,01, — du trou du godet, 0ᵐ,014). Larg. du godet, 0ᵐ,034.

Terre d'un jaune blanchâtre.

La cuvette est circulaire et portée sur un pied, l'infundibulum s'ouvrant en bas de la représentation figurée, trois filets concentriques entourant le médaillon. Deux volutes simples relient le godet au corps de la lampe.

En relief dans le champ, **Centaure** à droite, la jambe droite de l'avant-main et la gauche de l'arrière-main relevées, la tête penchée à droite, la main gauche tenant une lyre, la main droite levée à droite et jouant de cette lyre, la tête barbue et moustachue, l'instrument formé de deux cornes naturelles et striées.

Style passable.

La forme est très fréquente et on la rencontre en Tunisie au Ier siècle de notre ère, LA BLANCHÈRE-GAUCKLER, *Musée Alaoui*, K 23, p. 150, pl. XXXIV. Un **Centaure** jouant de la flûte double décore une lampe du même type (*ibid.*, K 111, p. 160). **Chiron** passait d'ailleurs pour avoir inventé la lyre et il joue de cet instrument sur les monnaies bithyniennes frappées sous Prusias II (PAULY-WISSOWA, *s. v.* Chiron, III, p. 2304, 2307, ESCHER).

133 (30) [4]. — **Lampe à un bec.** — Long., 0^m,092. Diam. de la base, 0^m,035 (intérieur, 0^m,027, — du récipient, 0^m,067, — du champ, 0^m,053, — du godet, 0^m,013).

Terre jaune orangé, assez claire. Couverte rouge foncé.

Le corps de la lampe est circulaire, la cuvette concave et percée d'un trou, qui, à cause de la représentation, n'est pas au milieu du cercle, le rebord orné d'un bandeau et de trois filets concentriques, deux volutes simples réunissant le godet au corps de la lampe.

Dans le champ, **Niké,** allant ou volant à gauche, le pied gauche(?) en arrière et sur la pointe, le corps vêtu d'un diploïdion serré à la ceinture, la main droite baissée à gauche au-dessus d'un bouclier, le bras gauche orné d'un bracelet et plié au coude, l'avant-bras horizontal, les ailes repliées et baissées, les cheveux bouffants.

Style passable.

Les **Nikés** sont souvent représentées sur les lampes, LA BLANCHÈRE-GAUCKLER, *Musée Alaoui*, K 183-191, p. 167-8, pl. XXXVI. Comparer surtout *Musée Lavigerie*, II, pl. XIV, 7, p. 56 (BABELON).

134 (22) [424]. — **Lampe à un bec.** — Anc. collection Péretié. — Haut., 0^m,023. Diam. de la base, 0^m,043 (intérieur, 0^m,032, — du récipient, 0^m,072, — du cercle intérieur, 0^m,054). Long., 0^m,097.

Terre jaune safrané. La couverte, qui est d'un ton brunâtre, a presque partout disparu.

Le récipient est circulaire, la cuvette concave et percée d'un trou à

droite du masque, le rebord orné de deux bandeaux et de deux filets concentriques, deux volutes simples reliant le godet au récipient.

Dans le champ, buste d'**Athena** à droite, la tête ailée et casquée, les
cheveux flottant sur l'occiput, le visage légèrement relevé, l'égide et les
serpents apparaissant en bas du cou.

Comparer le buste figuré sur une lampe de Bulla Regia, La Blanchère-
Gauckler, *Musée Alaoui,* K 150, p. 164.

135 (19) [190]. — **Lampe à un bec.** — Acquis le 20 mai 1875. —
Long., 0ᵐ,105. Diam. de la base, 0ᵐ,05 (intérieur, 0ᵐ,039, — du récipient,
0ᵐ,071, — du champ, 0ᵐ,054, — du godet, 0ᵐ,015). Haut., 0ᵐ,028.

Terre jaune orangé, assez claire. Couverte rouge foncé.

Le corps de la lampe est circulaire, la cuvette concave et percée d'un
trou au-dessous du masque, le rebord orné d'un bandeau et cinq filets concentriques courant sur la tranche ; deux volutes simples relient le godet au
récipient.

Dans le champ, trois têtes **dionysiaques** réunies, l'une de face et les
deux autres de profil, un même bandeau ceignant le triple front, une guirlande de lierre emmêlée dans les cheveux, des bandelettes flottant à droite
et à gauche, la barbe longue et éparse.

Style médiocre.

Comparer la lampe à triple masque de la collection M. de Ravestein,
Notice, 763, p. 212. Pour des « gryllos » pareils, voir Gori, *Mus. Fior.,* I,
pl. 47-8 (éd. S. Reinach, pl. 24, p. 29).

136 (12) [H. 4. 1003]. — **Lampe à un bec.** — Tortose. — Haut., 0ᵐ,032
(de la base, 0ᵐ,002). Diam. de la base, 0ᵐ,055 (du récipient, 0ᵐ,107, —du
cercle intérieur, 0ᵐ,072). Larg. du masque, 0ᵐ,03. — Pl. XXXVII.

Terre grise. Couverte noire.
L'anse cassée.

Sous la base, palmette à huit pétales. Le récipient a la forme circulaire,
la tranche concave et ornée de trois rangs d'écailles ou d'oves, dont la
grandeur est croissante ; un masque comique, dont la bouche est ouverte
par un rictus, déborde sur le pourtour et servait de godet ; un peu plus
loin était attachée l'anse, qui était verticale.

Le milieu du récipient est occupé par un mascaron entouré de neuf trous d'égal diamètre et encadré d'une moulure saillante. Tête de **Méduse (?),** d'un beau style, les cheveux épars.

137 (17) [189]. — **Lampe à un bec.** — Acquis le 20 mai 1875. — Long., o^m,13 (en haut du récipient, o^m,114). Larg., o^m,071 (au bout, o^m,035). Haut., o^m,082 (du récipient, o^m,035). — Pl. XXXVII.

Terre jaune orangé. Couverte d'un ton carminé.

La base est ovale et pointue d'un côté. La surface du récipient est entourée d'un rebord et en forme de fer à cheval, l'infundibulum allongé en amande, le godet s'évasant après un léger retrait des côtés et l'ouverture circulaire. Le manche se recourbe au-dessus du récipient et se termine par une tête de cygne entourée d'une collerette à l'attache.

La forme est fréquente pendant le 1er siècle. Un exemplaire de bronze venant de Pompéi vient d'être acquis par l'Antiquarium de Berlin (le manche terminé par une tête de panthère), *Arch. Anzeiger,* XIX, 1904, p. 25, 9, PERNICE.

138 (160). — **Lampe à un bec.** — Long., o^m,125 (sans l'anse, o^m,10). Diam., o^m,06 (de l'infundibulum, o^m,012, — de l'anse, o^m,032, — intérieur, o^m,28, — de la base, o^m,038, — du godet, o^m,022). Haut., o^m,023 (en haut de l'anse, o^m,042).

Terre d'un rouge vif.

L'anse est bifide et le corps de la lampe circulaire, l'infundibulum s'ouvrant au centre et étant prolongé par une sorte de longue rainure jusqu'au godet qui est taillé en biseau. Le champ est parsemé d'ornements en relief, qui ont la forme de grappes.

Le type se rapproche des lampes « delphinoformes »[1], mais le godet est pointu au lieu d'être élargi et la tranche est dépourvue d'ailerons.

139 (159). — **Haut de lampe.** — Long., o^m,075. Larg., o^m,065. Diam. du godet, o^m,03 (intérieur, o^m,015). Ép., o^m,02.

Terre rosée, d'une teinte assez claire.

Cassé au milieu. La lampe se composait de deux parties, qui étaient réunies par une jointure horizontale, un fond non conservé et un couvercle de forme ovale, qui est lui-même brisé au milieu; en haut est un godet circulaire, en bas devait être l'infundibulum.

---

1. LA BLANCHÈRE-GAUCKLER, *Musée Alaoui,* K 18, p. 149, pl. XXXIV.

Buste de **Ménade** en relief et de face, l'himation drapé sur l'épaule droite par-dessus un chiton échancré, le cou strié d'un double pli, les cheveux séparés sur le front et flottant librement à droite et à gauche, un thyrse enrubanné paraissant à droite ; à gauche, une protome de panthère se tourne vers la **Ménade** et deux clochettes ou cymbales occupent le haut du champ.

On peut restituer la forme de la lampe, dont le bec est cassé, d'après un bel exemplaire qui a fait partie de la collection Piot, FRŒHNER, *Catal. Piot*, 132, p. 37-8, fig.

140 (16). — **Lampe à un bec.** — Long., o^m,115. Larg., o^m,052. Diam., o^m,034 (du godet, o^m,015). Haut., o^m,028.

Terre grise, à peine cuite, ressemblant à de la terre glaise. La lampe ne paraît pas ancienne.

La lampe a la forme d'un losange ou plutôt d'un hexagone très allongé, l'infundibulum et le godet étant placés aux deux bouts opposés, une tête barbue et moustachue étant figurée en relief sur le corps même du récipient (tête de **Zeus ?**).

141 (63) [H. 148]. — **Lampe chrétienne à un bec.** — Haut., o^m,03 (en haut de l'anse, o^m,055). Long., o^m,12. Larg., o^m,10 (de l'anse, o^m,015). Diam. de la base, o^m,04 (de l'infundibulum, o^m,005, — du godet, o^m,01).

Terre rouge. Travail grossier. Sans couverte.

La lampe, dont la base est circulaire, a la forme d'une croix ; l'anse s'élève au-dessus du corps principal et à l'extrémité d'une des branches opposée au godet. Au centre, cuvette creusée et percée d'un trou, que deux arêtes de poisson gravées et séparées par une rainure relient au godet. Le champ et le pourtour de la cuvette sont parsemés de croix grecques en relief, les branches légèrement pattées.

142 (11). — **Lampe à deux becs.** — Haut., o^m,158 (du récipient, o^m,05). Larg. aux becs, o^m,145. Diam. de la base, o^m,075 (de la cuvette, o^m,07, — du godet, o^m,04).

Terre couleur brique, assez claire, et revêtue d'un enduit rouge brun, qui a éclaté par endroits.

Le corps de la lampe est de forme circulaire, la cuvette de l'infundibulum concave et percée au milieu d'un trou ; des motifs végétaux relient le récipient aux deux godets ; latéralement sont deux oreilles (?), qui sont comprises entre des boutons peu saillants ; l'anse, qui est relevée et en forme de feuille convexe, est coupée net à la base et pourvue, à cet endroit, d'une bélière.

143 (27) [438] (65. 72). — **Grand piédestal portant deux lampes.** — Anc. collection Péretié. — Haut., o^m,182 (de la base, o^m,o5). Long. de la base, o^m,172. Larg. —, o^m,071. Long. des lampes, o^m,10. — Pl. XXXVIII.

Terre rosée, assez fine, recouverte d'un enduit rouge foncé, tirant sur les tons carminés.

La base rectangulaire. Sur le devant, cartouche de même forme, entouré d'un double filet ; à l'intérieur de ce cadre, tête humaine, placée entre deux masques comiques auxquels elle est reliée par des guirlandes ; rosette en creux à droite et à gauche de la tête médiane.

Sur cette base se dressent trois piédestaux. Ceux de droite et de gauche sont renflés comme des panses d'œnochoés et s'étranglent de même au col ; l'embouchure est remplacée par une lampe à un bec, dont l'anse est double et dont le godet est tourné vers le spectateur ; autour de l'infundibulum sont tracés des rais en relief ; sur la face des supports, **Eros** ailé, nu et debout, la jambe droite croisée sur la gauche, la tête penchée sur l'épaule gauche et s'appuyant sur la main droite, le bras gauche baissé à droite, la main tenant une torche renversée. Entre les deux supports est une colonne médiane, avec six cannelures sur chaque face ; la partie haute s'évase en forme de cuvette ou de brûle-parfums et trois filets en décorent l'échine.

M. Demargne a trouvé en Crète, à Lato, un chandelier (?) formé d'une colonne creusée et flanquée de deux **Eros** qui se font pendant et appuient également leur bras gauche sur un pilier mouluré[1]. On peut rapprocher aussi une lampe en forme d'édicule trouvée à Naucratis[2].

144 (29) [H. 6. 1005]. — **Lampe en forme de tête de Silène.** — Tortose. — Haut., o^m,072. Long., o^m,12 (de la base, o^m,065). Larg., o^m,072 (de la base, o^m,055).

Terre grise, assez claire. Couverte noire.

L'anse verticale cassée.

1. *Bull. Corr. Hell.*, XXVII, 1903, 18, p. 230.
2. *Tome II, pl. XV, 2.*

La base est ovale et la tête est représentée couchée, le front plissé, deux rides verticales s'élevant entre les sourcils qui sont épais et striés, les yeux obliques, le nez épaté, la bouche moustachue, les lèvres fortes, la barbe en pointe et tressée, les oreilles en forme d'anses, celle de droite plus découpée que la gauche. Le crâne est continué par un masque comique percé de deux trous et par un petit appendice latéral dans lequel s'ouvre le godet.

145 (52) [H. 144]. — **Lampe en forme de tête.** — Haut., 0^m,17 (de la couronne supérieure, 0^m,03). Larg. à la base, 0^m,10. Ép., 0^m,07. — Pl. XXXVII.

Terre rouge brique, aux tons orangés, la surface rosée. Un engobe blanchâtre (lait de chaux) recevait des couleurs qui ont disparu.

Par derrière, trou d'évent rectangulaire. La terre cuite paraît faite de deux moitiés qui sont rajustées sur les côtés ; la face postérieure est convexe et la lampe était faite pour être dressée.

Par devant, tête enfantine et poupine, encadrée de cheveux frisés et bouclés ; de la bouche sort un godet horizontal, placé entre deux autres godets à droite et à gauche. Au-dessus, sorte de bourrelet horizontal, tuyauté et ruché, qui sert de base à un couronnement triangulaire : en haut du triangle, couronne godronnée, accostée de deux crochets latéraux.

146 (28) [H. 5. 356]. — **Lampe en forme de pied droit.** — Tortose. — Haut., 0^m,09 (de la base, 0^m,022). Long., 0^m,13. Larg., 0^m,045. Diam. de la cuvette, 0^m,045 (intérieur, 0^m,037). — Pl. XXXVIII.

Terre grisâtre, assez fine. Couverte noire.

Sur la tranche de la semelle, bandeau simple, surmonté d'une zone de méandres et d'un bourrelet saillant. L'empeigne et les courroies sont plus sobrement décorées que dans l'exemplaire suivant ; sous la semelle est une bande ponctuée, dont la pointe est échancrée ; un goulot oblique fait saillie au-dessus du talon et l'anse est bifide et verticale. La cuvette est percée de quatre trous.

147 (25). — **Lampe en forme de pied droit.** — Haut., 0^m,093 (de la sandale, 0^m,028). Long., 0^m,13. Diam. du haut, 0^m,044.

Terre gris clair, dont la couverte a presque disparu.

Sur la tranche de la semelle, bandeau simple, zone de méandres et

guirlandes horizontales, dont les feuilles sont très rapprochées. Sur l'empeigne, du côté droit, motif de spirales : une tête de lion percée d'un trou
fait saillie au-dessus du talon et une palmette s'épanouit au-dessous du
mufle ; les courroies trois fois entrelacées laissent libres les doigts de pied
et une anse bifide et verticale s'élève sur le côté droit. Sur la cuvette sont
disposés, d'un côté cinq et, de l'autre, deux trous servant à verser l'huile.

148 (3₂) [H. 10. 1009]. — **Lampe ou vase en forme de lion couché.**
— Haut., o^m,112 (au dos, o^m,089). Long., o^m,13. Diam. du godet, o^m,022 (du
trou, o^m,01). — Pl. XXXVIII.

Terre rougeâtre, qui semble recouverte d'un enduit plus foncé de ton.

Grande déchirure sur le devant de la base (elle ne paraît pas être un trou d'évent).

La base est pleine et quadrangulaire, deux des faces étant légèrement
concaves. Le lion est figuré très sommairement, les pattes non dégrossies,
la queue battant le flanc droit, la tête retournée vers la droite et de style
libre, la crinière s'étalant comme un amas de tresses, la gueule entr'ouverte
et les yeux saillants. Sur le dos, une anse courte s'élève à côté du godet.

TROISIÈME PARTIE

LES IVOIRES

(149-293)

COFFRETS ET PYXIS

(149-199)

Les plaques **149-151** ne peuvent guère avoir revêtu que des surfaces de
très petites dimensions, telles que des côtés de coffrets rectangulaires.
L'Égypte fut toujours la terre classique de l'ivoire, et les trouvailles récentes
de Naqarah, d'Hiérakonpolis et d'Abydos ont montré que les premières
dynasties en faisaient déjà grand usage[1]. Il va sans dire que nos fragments
ne remontent pas aussi haut. S'ils sont trop incomplets pour permettre une
détermination précise, il n'est pas douteux qu'ils sont, tout au plus, de
l'époque ptolémaïque.

149 (32) [E. 241]. — **Fragment de plaque en relief.** — Haut., o^m,035.
Larg., o^m,037. Ép., o^m,0025. — Pl. XXXIX.

La plaque est brisée de tous côtés. Une partie de la base conservée à droite : s'il en
est bien ainsi, le cadre serait formé de deux listels superposés.

Depuis la gauche, jambe pliée au genou et allant vivement à droite.
Autel, qui a la forme d'un fût de colonne strié obliquement, la base formée
d'un double listel et le haut d'une triple moulure horizontale ; sur l'autel, à
gauche fruit conique, au milieu panache ou fleur dressée, à droite un objet
rond. Fauteuil égyptien, qui a la forme d'une caisse rectangulaire ouverte et
surmontée d'un dossier embryonnaire, sur lequel est jetée une draperie ; à
l'intérieur de la caisse, équerre servant de contrefort et coudée à angle
droit[2] ; des bandes obliques et comme dentelées remplissent toute la partie
disponible du champ. Sur le siège, personnage assis, le haut du corps

1. *Arch. Anzeiger*, XV, 1900, p. 114. *Rev. Archéol.*, 1904, I, p. 97-110, E. Roulin.
2. Voir la stèle de Iehawmelek (n° **1**, *suprà*).

rejeté quelque peu en arrière : le corps paraît vêtu d'une tunique plissée qu'une ceinture serrait à la taille.

Le style est différent sur la plaque d'ivoire trouvée à Nimroud dans le palais d'Assourbanipal, PERROT, *H. de l'Art*, II, fig. 247, p. 533.

150 (34) [E. 242'. — **Fragment de plaque en relief.** — Haut., o^m,025. Larg., o^m,019. Ép., o^m,005. — Pl. XXXIX.

Cassé de tous côtés.

On n'aperçoit que la caisse d'un siège égyptien ; à l'intérieur, l'équerre de soutien ; des bandes obliques, qui paraissent dentelées ou foliolées, remplissent tout le champ.

Comparer l'**Isis** représentée sur une plaque ovale du Vatican, KANZLER, *Gli avori della Bibliotheca Vaticana*, pl. VII (39), fig. 1, p. 2.

151 (39) [E. 246. — **Fragment de plaque en relief.** — Haut., o^m,026. Larg., o^m,017. Ép., o^m,004. — Pl. XXXIX.

Cassé de tous côtés.

Tête d'**Isis** (?) à gauche, le haut du corps drapé, des tresses paraissant descendre sur la nuque, les cheveux coiffés d'un vautour accouvé, le crâne surmonté de la coiffure isiaque, le globe solaire compris entre deux cornes et détachant deux hautes plumes, dressées.

PYXIS GRÉCO-ROMAINES.

Les n^os **152-199** proviennent de pyxis gréco-romaines, qui peuvent se diviser en deux classes, les coffrets rectangulaires et les cistes ou les boîtes à parfums cylindriques. Les cassettes, dont les dimensions étaient ordinairement plus grandes, étaient en bois revêtu de plaques ou de lamelles d'ivoire[1] ; les pyxis rondes, qui étaient parfois très petites, pouvaient être entièrement d'ivoire.

La caisse, dans les coffrets rectangulaires, ne varie guère de forme ; elle se compose essentiellement d'un fond et de quatre plaques latérales

[1]. L'ornementation pouvait être plus compliquée. Sans rappeler le larnax de Kypselos, une ciste de Capoue, conservée à Karlsruhe, est revêtue d'appliques de bronze qui alternent avec des feuilles d'ivoire (*Arch. Anzeiger*, V, 1900, p. 7). Les incrustations étaient de même des plus variées. De gros cabochons de verre, insérés dans des rondelles d'os, ornaient une ciste d'Athènes, dont le merveilleux revêtement d'ivoire vient d'être acquis par M. Peytel (les plaques sont du même style que les célèbres ivoires de l'Ermitage, avec lesquels on a également découvert des cabochons de verre, *Antiq. Bosphore Cimmérien*, pl. LXXIX-LXXX, p. 124-6, S. REINACH ; *Jahrbuch*, IX, 1894, p. 77, MILCHHÖFER).

assemblées en équerre et dont la largeur seule est variable[1]. Les pieds peuvent faire défaut[2] : lorsque la pyxis en est pourvue, ils sont bas et massifs[3] ou sont en forme de griffes[4]. Le décor des faces est le plus souvent géométrique ; dans les cas les plus simples, un rectangle plus large que haut occupe le milieu des côtés longs, et un autre rectangle, de même forme ou oblong, orne les deux petites faces. Si nous remplaçons cet appareil tout schématique par une façade plus compliquée, nous aurons deux champs figurés barlongs alternant avec deux autres, dont l'orientation est de sens opposé : c'est le cas d'un coffret représenté sur un vase de l'Ermitage, où un quadrige est opposé à une figure drapée[5]. Mais les deux grands cadres pouvaient être à leur tour divisés par des colonnes[6] ou par des moulures verticales en plusieurs champs étroits juxtaposés, ou même contenir plusieurs personnages placés sans séparation les uns à côté des autres[7]. On conçoit que les différences puissent varier sur ce point jusqu'à l'infini.

Les couvercles sont le plus souvent horizontaux et se rabattent simplement à l'aide d'une charnière. Mais il y en avait dont la forme était compliquée et ressemblait au toit d'un temple[8]. La variante fut imaginée de très bonne heure et paraît dans les peintures rouges de beau style libre[9]. Il va sans dire que les tympans et les rampants de ces couvercles sont décorés de champs triangulaires ou trapézoïdes, et que les cadres peuvent recevoir des représentations figurées[10].

D'après ce qui précède, les reliefs qui proviennent des coffrets ou cassettes peuvent être de trois formes, rectangulaires et allongés s'ils proviennent des longs côtés, rectangulaires oblongs s'ils décoraient les petites faces ou s'ils étaient juxtaposés à plusieurs sur les côtés longs, triangulaires enfin, s'ils revêtaient le couvercle. Il faudra, pour être complet,

---

1. C'est déjà la disposition d'un coffret découvert à Chypre et décoré de scènes de chasse, Murray, *Excavations in Cyprus*, pl. I, p. 12.

2. Il n'y en avait pas, semble-t-il, au coffret trouvé à Sidon avec le sarcophage d'Echmounazar et que possède aujourd'hui M. de Vogüé, Perrot, *H. de l'Art*, III, fig. 611-3, p. 846-8.

3. De Ridder, *Bronz. Soc. Archéol.*, 201-3, p. 51-2 (Corinthe et Locride).

4. Stephani, *C. Rendu de St-Pétersbourg*, 1860, p. 35 (pl. I).

5. Stephani, *l. l.*, pl. I, p. 5-38 (= *Vasensamml.*, II, 1791, p. 316-320).

6. Inghirami, *Vasi fittili*, IV, pl. 330. p. 40. Un sarcophage trouvé dans la presqu'île de Taman était décoré de couronnes ioniques en ivoire, Stephani, *C. Rendu de St-Pétersbourg*, 1865, p. 9, pl. VI. 4-5).

7. Millin, II, pl. 25 (p. 57, éd. Reinach). Des caryatides décoraient une cassette de Palestrina (*Notice du Musée Ravestein*, 1884, p. 430, 1499). D'autres sont placées aux angles de la pyxis de Capoue (*Arch. Anzeiger*, V, 1900, p. 7).

8. La pyxis de Capoue, aujourd'hui au Musée de Karlsruhe, a conservé en partie son toit à fronton (*Arch. Anzeiger*, V, 1900, p. 7).

9. Stephani, *C. Rendu de St-Pétersbourg*, 1860, pl. I, p. 36-7.

10. Le Musée de Marseille renferme deux plaques provenant de la même pyxis : l'une d'elles révétait une des faces longitudinales, tandis que l'autre avait fait partie d'un couvercle en forme de toit (anc. collection Clot Bey, Froehner, *Catal. Musée Marseille*, 939, p. 181-2).

ajouter les moulures qui séparaient les divers champs et les charnières en os à l'aide desquelles on fermait les pyxis.

Les plaques allongées dans le sens horizontal sont les moins nombreuses (**152-6**) : il n'y en a guère que cinq dans la collection, encore une seule est-elle entièrement conservée (**152**). Deux ont la même hauteur, $0^m,06$, et devaient appartenir au même coffret : les trois autres sont trop brisées pour qu'il soit possible d'en déterminer exactement les dimensions, mais le n° **154** avait au moins $0^m,10$ de haut et, à en juger par le vide de la partie droite, devait avoir une largeur correspondante. Le relief **156** était d'une hauteur sensiblement égale, $0^m,087$, et la plaque **155**, qui contenait deux personnages, provenait également d'une pyxis assez grande. Les sujets qui décoraient ces lames d'ivoire, **Génies, Éros** et **Nymphes,** sont pris au répertoire courant ; seule la femme drapée n° **154** paraît faire exception, mais nous ignorons la composition dont elle faisait autrefois partie.

J'ai fait suivre ces appliques des tablettes allongées **157-160.** Il n'est pas impossible qu'elles aient fait partie de la décoration d'un coffret et le n° **160**, qui est muni d'une courte charnière, provient sans doute d'une pyxis de très petites dimensions.

Les reliefs allongés dans le sens vertical sont plus nombreux que les plaques barlongues. Six de ces appliques, dont les dimensions sont identiques[1], ne proviennent cependant pas du même lieu : quatre auraient été découvertes à Amrith, tandis que le n° **165** a été recueilli à Tortose. Comme les renseignements d'origine sont dus à Péretié et que nous n'avons pas de raison pour les mettre en doute, il faut en conclure que c'étaient là des dimensions normales et que la plupart de ces coffrets de toilette avaient à peu près la même taille. Pourtant la plaque **167** est un peu plus petite ; mais l'applique **168,** qui est cassée, paraît rentrer dans la catégorie commune. Les sujets sont les mêmes que sur les reliefs précédents et sont tirés également du thiase dionysiaque[2] : à côté des **Eros** et des **Faunes** apparaissent des **Ménades,** dont les draperies s'envolent en plis tumultueux.

Les n° **169-171** servaient de revêtement aux couvercles en forme de toit dont nous avons parlé plus haut. Le premier, qui est trapézoïde, devait s'appliquer sur un des rampants ; les deux autres, qui sont triangulaires, proviennent, semble-t-il, des frontons. Il est à remarquer que l'un d'eux, le

---

1. Le n° **163** a seul $0^m,04$ de large, au lieu de $0^m,043$. La différence vaut à peine d'être notée.

2. Les bacchanales se retrouvent au moyen âge sur les coffrets qui imitent des modèles antiques, témoin la pyxis Veroli à South Kensington (MASKELL, *li*, 47) et un reliquaire de Pirano, aujourd'hui au Musée de Vienne (*Arch. Anzeiger*, VII, 1892, p. 174).

n° **170,** est de très grande dimension : quand il était complet, la largeur était au moins de oᵐ,20 à oᵐ,o25, ce qui suppose un côté long de oᵐ,4o environ. Le symplegma qui le décore peut être rapproché du groupe reproduit sur la plaque rectangulaire **155.**

Tous les reliefs qui précèdent ne sont pas traités de la même manière, ni conçus dans le même esprit. La plupart sont en saillie assez forte et ressemblent à de véritables plaques découpées : il a suffi à l'artisan d'évider le champ autour des personnages et de marquer par quelques incisions les traits intérieurs pour donner au corps l'apparence du modelé. En réalité, c'est à peine si les contours sont dégrossis et si quelques méplats adoucissent les transitions entre les plans successifs et superposés. D'autres plaques, assez peu nombreuses, sont au contraire fort minces sur les bords, **155, 156, 163, 170.** Les sujets sont en relief très faible et se distinguent assez mal du fond : il est probable que la polychromie venait ici en aide à l'ouvrier et qu'en teintant légèrement le fond ou les draperies, il mettait la scène figurée en pleine valeur[1]. Ces appliques sont d'ordinaire d'un travail soigné et proviennent de pyxis assez grandes : deux d'entre elles sont décorées de groupes (**155, 170**).

La bande d'oves **172** ne provient pas nécessairement d'un coffret de grandes dimensions, car cette moulure courante ne bordait pas seulement les côtés de la cassette : elle devait servir également de cadre aux diverses pièces d'applique que nous venons de passer en revue. Quant aux nᵒˢ **173-184,** il faudrait se garder d'y voir, comme on le faisait autrefois, des morceaux de flûtes : ce sont des pièces de charnière et les trous percés sur la tranche servaient à les relier soit à la caisse, soit au couvercle qui était rabattu. Il va sans dire que, si elles proviennent de coffrets, ceux-ci ne pouvaient être que de très grandes dimensions.

RELIEFS RECTANGULAIRES ALLONGÉS.

152 (69) [E. 243]. — **Plaque rectangulaire, plus large que haute. —** Haut., oᵐ,o62. Larg., oᵐ,o75. Ép., oᵐ,oo3 (du relief, oᵐ,oo4). — Pl. XXXIX.

La plaque entièrement conservée.

---

1. Il existe une troisième catégorie d'ivoires syriens qui se trouve représentée par plusieurs exemplaires à la Bibliothèque Nationale et par une plaque au Musée du Louvre. La polychromie en est abondante et généralement bien conservée, les sujets sont gravés au trait et sans relief sensible, enfin le style annonce une époque très basse et l'esprit en est déjà tout chrétien.

Le champ n'est aucunement limité et le bras gauche arrive tout au bord du côté droit.

Dans le champ, **Eros,** nu et volant à droite, le bas du corps presque horizontal, la jambe gauche relevée, le bras droit tendu vers la gauche, la main ouverte, le bras gauche plié au coude, l'avant-bras vertical et la main tenant une couronne ; autour du cou est passée une chlamyde qui flotte derrière le corps, au-dessous de l'aile qui s'éploie vers la gauche ; la tête est baissée sur l'épaule droite et retournée vers la gauche ; les cheveux frisent sur le front et peuvent être retenus par un bandeau.

Mauvais style.

On peut rapprocher un relief en os trouvé en 1852 près d'Alatri, *Notice Musée Ravestein,* 1507, p. 431. Les **Eros** volant ou dansant sont souvent représentés sur les plaques de ce genre. Je citerai un ivoire syrien inédit de la Bibliothèque Nationale (4545, non dans CHABOUILLET) : **Eros** volant à droite, la jambe gauche croisée derrière l'autre, les bras coupés près de l'attache.

153 (52) [E. 6]. — **Fragment de plaque en relief.** — Tortose. — Haut., 0ᵐ,061.

Le bord gauche et le bord inférieur en partie conservés, le bord supérieur préservé sur une longueur de 0ᵐ,01 ; cassé à droite. En haut courait un bandeau lisse.

Dans le champ, **Nymphe** nue, volant ou plutôt nageant à gauche, le bras droit baissé à gauche, le gauche tendu vers la droite, la tête à droite, les cheveux flottant au vent, le buste dressé, mais les jambes allongées à droite, une draperie jetée sur la jambe gauche, une autre paraissant derrière la tête ; en bas, ligne ondulée, indiquant des flots.

Travail médiocre.

Le motif est fréquent. Je comparerai deux plaques de la Bibliothèque Nationale, CHABOUILLET, *Catal.,* 3230 et 3233, p. 553, quoique les flots n'y paraissent pas indiqués et que la tête y soit retournée vers la gauche.

154 (54) [E. 5]. — **Fragment de plaque en relief.** — Tortose. — Haut., 0ᵐ,05. Larg., 0ᵐ,045.

Cassé de tous côtés. En bas, sous la figurine, ligne en relief. A droite, grand espace vide, non décoré.

Dans le champ, femme (?) drapée, de face, le chiton tombant bas et

couvrant jusqu'aux pieds ; à gauche descend un voile, qui pouvait être tenu
par la main relevée.

Le Musée Ravestein (*Notice*, 1505, p. 431) renfermait une plaque trouvée
à Subiaco et représentant une femme vêtue, le coude appuyé sur une colonne.
Je signalerai de même une applique de la Bibliothèque Nationale (CHA-
BOUILLET, 3211, p. 551).

155 (51) [E. 235]. — **Fragment de plaque en relief.** — Tortose. —
Haut., 0ᵐ,052. Long., 0ᵐ,094.

Cassé de tous côtés. Le coin inférieur de gauche seul conservé ; une rainure parallèle
au bord du cadre courait à gauche du champ.

Dans le champ, homme nu (?), couché à droite, une draperie posée sur
l'épaule gauche et revenant sous le corps, le buste à demi-dressé, le bras
droit baissé à gauche, la main semblant tenir un bâton vertical, le bras
gauche légèrement plié au coude et tendu vers la droite. On aperçoit à
droite une jambe gauche nue et allongée vers la gauche ; le genou droit était
drapé et relevé derrière la jambe gauche : il est possible que les jambes
aient appartenu à quelque **Nymphe.**

156 (50) [E. 7]. — **Fragment de plaque en relief.** — Tortose. — Haut.,
0ᵐ,087. Larg., 0ᵐ,01. Ép. au bord, 0ᵐ,003.

Cassé à droite. Le coin inférieur de gauche emporté.

Nymphe (?), nue et allongée à droite, la tête retournée vers la gauche,
le front haut et fuyant, les cheveux hérissés, le coude droit appuyé à gauche, le bras gauche allongé et baissé vers la droite, la jambe droite croisée
devant la gauche, une draperie s'envolant et s'enroulant derrière le
corps. En bas, traits indistincts, qui paraissent indiquer des accidents de
terrain.

La pose et le sujet se retrouvent sur plusieurs plaques de la Bibliothèque Nationale (CHABOUILLET, 3226, p. 552, 3230 et 3232, p. 553). Pour la
pose inverse, voir, *ibid.*, les nᵒˢ 3227 et 3231 (p. 552-3). Je ne sais si l'on peut
comparer un relief du Musée Borély[1].

1. FRŒHNER, *Catal. Musée Marseille*, 943, p. 182, venant d'Égypte : « Femme nue, assise sur un rocher et dis-
posant son manteau en voile, la tête tournée en arrière. »

PLAQUES RECTANGULAIRES DE FORME ALLONGÉE.

157 (73) [E. 3]. — **Tablette rectangulaire.** — Amrith. — Long., o^m,o8 (du champ, o^m,074). Haut., o^m,o23 (du champ, o^m,o18). Ép., o^m,oo2,

Le cadre est entouré de deux listels.

A l'intérieur du cadre, pas de relief à proprement parler : le corps de l'animal est simplement silhouetté et le champ est légèrement évidé à l'entour.

Griffon, couché et allongé vers la droite, la tête entre les pattes du fauve, le bec d'aigle bien marqué, l'oreille pointée en avant, les yeux figurés par une ligne oblique.

L'animal ressemble singulièrement à un chien couché et il n'est pas impossible que le bec soit dû à une erreur de l'artisan. Une plaque toute semblable, et dont les dimensions sont à peu près les mêmes[1], est décorée de deux animaux de même sens et fait partie du Musée Gregoriano (KANZLER, *Avori Biblioth. Vatic.*, pl. XVIII, 16, p. 6). La Bibliothèque Nationale possède deux lamelles de même forme, sur lesquelles un lévrier est couché, la tête retournée vers la queue (CHABOUILLET, 3236, p. 553).

158 (76) [E. 1]. — **Tablette rectangulaire.** — Tortose. — Long., o^m,075. Haut., o^m,o26 (du champ, o^m,o2). Ép., o^m,oo1.

Ivoire verdâtre. Cassé à droite.

A gauche, deux filets verticaux servant de bordure; même motif haut et bas.

159 (77) [E. 2]. — **Semblable.** — Tortose. — Long., o^m,o62 à o^m,074. Haut., o^m,o29 (du champ, o^m,o15). Ép., o^m,oo1.

Cassure oblique à droite.

Même décor que le précédent; il semble seulement que la bordure supérieure n'est pas exactement parallèle à l'inférieure.

160 (20) [E. 433]. — **Plaque rectangulaire munie d'une charnière.** — Long., o^m,o24. Larg., o^m,o24 (sans la charnière, o^m,o19). Ép., o^m,oo4 (de la charnière, o^m,oo75).

1. Haut., o^m,o2. Larg., o^m,o89.

La plaque est entourée d'un cadre rectangulaire et percée d'un trou ; sur la face, lignes gravées formant une palme(?). Le talon de la charnière, qui n'occupe pas toute la longueur de la plaque, devait être traversé par une tige ou par un ardillon de métal.

PLAQUES RECTANGULAIRES OBLONGUES.

161 (45) [E. 196]. — **Plaque rectangulaire.** — Amrith. — Haut., 0ᵐ.075. Larg., 0ᵐ,044. Ép., 0ᵐ,002. Relief max., 0ᵐ,005.

La plaque est cassée à droite, mais complète sur les autres côtés.

Dans le champ, enfant ou **Eros** non ailé, allant à gauche, le pied gauche cassé à droite du cadre, la jambe droite pliée au genou et le pied sur la pointe, le bras gauche (et sans doute le droit) tendu vers la gauche, la ou les mains soutenant une corbeille tressée, remplie de fruits et d'où pend une draperie, la tête tournée vers la droite, les cheveux ramenés sur le front et tombant en queue sur la nuque, les traits forts et le visage plein.

La pose est inverse sur une plaque syrienne inédite de la Bibliothèque Nationale (E 2022)[1]. Un ivoire égyptien de style tardif, conservé au Musée de Boulaq, montre le Génie des Vendanges(?) et à ses côtés une corbeille à terre[2]. Ailleurs un **Faune** ou un **Génie** tient d'une main un pedum ou lagobolon et soulève de l'autre une corbeille[3].

162 (71) [E. 238]. — **Plaque rectangulaire.** — Amrith. — Haut., 0ᵐ,075. Larg., 0ᵐ,043. Ép., 0ᵐ,002 (du relief, 0ᵐ,0035). — Pl. XXXIX.

La plaque cassée en plusieurs morceaux. Le coin supérieur de gauche non conservé, ainsi que le pied droit et un morceau entre les deux pieds.

Sous le personnage, rebord en relief.

Dans le champ, jeune **Faune** ou berger allant à droite, le pied droit de profil à gauche, la jambe gauche en avant et fléchie au genou, le pied de profil à droite, une chlamyde attachée au cou et flottant derrière le corps, la main droite levée à gauche à la hauteur de l'épaule et tenant un tambourin (?), le bras gauche baissé à droite, la main tenant un pedum ; la tête est tournée

---

1. Même hauteur que notre plaque (0ᵐ,076). La plaque est incomplète à gauche.
2. PERROT, *H. de l'Art*, I, fig. 579. p. 839. Deux **Eros** tiennent des paniers remplis de fruits sur une plaque de l'ancienne collection Clot-Bey, FROEHNER, *Catal. Musée Marseille*, 939, p. 181.
3. KANZLER, *Avori Biblioth. Vatic.*, pl. V, 4, 31, p. 2.

DE RIDDER.   19

vers la gauche et les oreilles paraissent cachées sous les cheveux qui sont rejetés en arrière et négligemment coiffés.

Style médiocre.

Le disque, ordinairement brandi par les **Ménades,** est rarement tenu en main par des **Faunes.** Je n'en connais guère qu'un exemple douteux à l'Antiquarium de Munich[1]. En revanche, le lagobolon est l'arme ordinaire des **Faunes, Chasseurs** et **Génies :** il n'y a pas sur les ivoires d'attribut qui soit plus fréquent[2].

163 (72) [E. 236]. — **Plaque rectangulaire.** — Amrith. — Haut., 0ᵐ,081. Larg., 0ᵐ,04. Ép., 0ᵐ,001 (du relief, 0ᵐ,002). — Pl. XXXIX.

La plaque bien conservée.

Bandeau lisse sous les pieds du sujet.

Dans le champ, **Faune** allant à gauche, la jambe droite en avant et pliée au genou, le pied de profil à gauche, le pied gauche de trois quarts à droite, la main droite levée à gauche à la hauteur de l'épaule et tenant peut-être une corne (?), la main gauche baissée à droite et tenant le pedum ; une draperie flotte derrière le corps, mais elle ne paraît pas attachée autour du cou ; la tête est tournée vers la droite et légèrement baissée, les cheveux longs et emmêlés, cachant, semble-t-il, l'oreille animale.

Style passable. Modelé très plat.

La corne est tenue par des **Eros** sur un manche décoré de reliefs trouvé à Rome (*Bull. Arch. Municipale,* 1883, p. 265, 3) et sur une pyxis de même provenance, conservée à Berlin (GERHARD, *Etruskische Spiegel,* I, pl. XIV, p. 46-8). Sur une plaque du Vatican, elle est portée par un **Génie** (?) coiffé du bonnet phrygien (KANZLER, *Avori Biblioth. Vatic.,* pl. X, 3, 68, p. 3). Enfin un **Faune** tient une outre sur un ivoire de la Bibliothèque Nationale (CHABOUILLET, *Catalogue,* 3228, p. 553).

164 (70) [E. 237]. — **Plaque rectangulaire.** — Amrith. — Haut., 0ᵐ,074. Larg., 0ᵐ,043. Ép., 0ᵐ,0015 (du relief, 0ᵐ,003). — Pl. XXXIX..

La plaque bien conservée.

En bas, léger rebord.

---

1. *Arch. Zeitung,* 1852, p. 221* (tenu par un **Eros** ; le relief provient de Pompéi et est plaqué d'ardoise).

2. Pyxis Palagi à Milan (*Arch. Zeitung,* 1846, p. 217-220, pl. XXXVIII). Boîte de la collection Cook à Richmond (*Jahrbuch,* XVI, 1901, fig. 33, p. 87, H. GRAEVEN). Reliure de Saint-Gall (*Jahrbuch,* XV, 1900, fig. 2-3, p. 198, H. GRAEVEN : d'autres exemples, p. 201 et 212). *Notice Musée Ravestein,* 1500, p. 430. KANZLER, *Avori Biblioth. Vatic.,* pl. V, 1, 28, p. 2 ; pl. V, 3-4, 30-1, p. 2 ; pl. VI, 3, 34, p. 2. *Catal. Delestre,* vente Van Bemmel du 15 avril 1901, 118, p. 13. FROEHNER, *Catal. Musée Marseille,* 944, p. 182.

Dans le champ, **Ménade** (?) allant à gauche, le pied gauche (?) en avant, le droit en arrière et sur la pointe, le bras droit baissé à gauche et la main gauche, qui est levée du même côté, tenant un thyrse terminé par un pommeau allongé ; le corps est vêtu d'une sorte de diploïdion serré à la ceinture et d'un himation qui s'envole en plis tumultueux et forme une sorte de nimbe derrière la **Ménade** ; la tête est retournée vers la droite et légèrement baissée, les cheveux rejetés en arrière et formant des bandeaux librement incisés.

Style médiocre.

Il suffira de citer une **Ménade** groupée avec un **Faune** sur une plaquette rectangulaire, Kanzler, *Avori Biblioth. Vatic.*, pl. V, 1, 28, p. 2. Le motif de la **Ménade** tuant le chevreau se retrouve sur un ivoire de Carthage, *Musée Lavigerie*, pl. XII, 3.

165 (53) [E. 8]. — **Plaque rectangulaire.** — Tortose. — Haut., o^m,o64. Larg., o^m,o42. Ép. max., o^m,oo55.

Cassé en bas.

Ménade (?), nue et dansant à droite, la jambe gauche croisée derrière la droite, le bras droit plié au coude, l'avant-bras horizontal, la main jouant du tambourin que tient la main gauche, une draperie jetée sur l'épaule gauche et flottant derrière le corps, la tête tournée vers la gauche, la bouche entr'ouverte et paraissant chanter, les cheveux hérissés et flottant au vent.

Il n'est pas sûr que le personnage soit féminin.

Une **Ménade** tient un tympanon sur une pyxis de la collection Cook à Richmond (*Jahrbuch*, XVI, 1901, fig. 33, p. 187) et la Bibliothèque Nationale possède une plaque entière dont le sujet est le même que le nôtre (Chabouillet, 3229, p. 553)[1]. On peut comparer aussi Frœhner, *Catal. Musée Marseille*, 940, p. 182.

166 (64). — **Haut de plaque rectangulaire.** — Haut., o^m,o36. Larg., o^m,o44. Ép., o^m,oo2.

La plaque cassée en deux morceaux ; le buste de la figure principale seul conservé. Pas de cadre autour du champ.

Dans le champ **Ménade,** dont le corps est de face, la main droite levée

---

1. Même largeur (o^m,o4). La hauteur est de o^m,o6g. Sur une plaque syrienne inédite conservée au même musée (E. 2028), une **Ménade** danse en jouant de la lyre.

à gauche et soutenant un objet, qui paraît reposer sur l'épaule et qui n'a pas la rigidité d'un tambourin, tout en étant terminé par un arc de cercle à la partie supérieure ; la tête est à gauche et légèrement penchée sur l'épaule, les cheveux épars et flottant à droite ; la main gauche, qui est baissée, tient verticalement un thyrse et le chiton est serré à la taille par une ceinture.

167 (68) [E. 240].— **Plaque rectangulaire.**— Amrith. —Haut., 0^m,069. Larg., 0^m,0375. Ép., 0^m,002 (du relief, 0^m,004). — Pl. XXXIX.

Le bas de la plaque non conservé, sauf un morceau de la bordure au-dessous du talon gauche.

Rehaut au-dessous du champ.

Dans le champ, enfant (ou **Eros** aux ailes non apparentes), nu et allant à droite, le pied droit non conservé, la jambe gauche légèrement pliée au genou et le pied de profil à droite ; la main droite est levée à gauche à la hauteur de l'épaule et tient une couronne, la main gauche baissée à droite et tenant une palme dressée ; autour du cou est passée une chlamyde, qui flotte derrière le corps. La tête est tournée vers la gauche et légèrement baissée sur l'épaule droite, les cheveux paraissant avoir été retenus par un bandeau.

Mauvais style.

168 (74) [E. 245]. — **Fragment de plaque rectangulaire.** — Haut., 0^m,04. Larg., 0^m,024. Ép., 0^m,005.

Cassé de tous côtés. Le bord supérieur et le coin droit seuls en partie conservés.

Dans le champ, **Ménade,** de face et peut-être dansant, le bras droit ramené sur la poitrine, la tête penchée à droite et les cheveux flottant.

PLAQUES TRAPÉZOÏDES ET TRIANGULAIRES.

169 (55) [E. 4]. — **Plaque trapézoïde.** — Amrith. — Haut., 0^m,06. Larg., 0^m,027 à 0^m,033. Ép., 0^m,003 (du relief, 0^m,005).

La plaque est exactement trapézoïde et la largeur augmente vers le bas.

Dans le champ, **enfant** nu, allant à gauche, le pied gauche de trois quarts à droite, le pied droit de profil à gauche, une draperie nouée autour

du cou et flottant derrière le corps, le bras droit plié au coude, l'avant-bras
vertical, la main tenant une guirlande à hauteur de la tête, la main gauche
baissée à droite et portant une palme ou un thyrse, la tête à droite, les cheveux coiffés librement sur la nuque.

Le sujet est le même que celui de la plaque **167** ; un **Eros,** tenant une
corbeille et volant, ornait le couvercle d'un coffret trouvé en Égypte,
Frœhner, *Catal. Musée Marseille,* 939, p. 181-2.

170 (75) [E. 244]. — **Fragment de plaque triangulaire.** — Amrith.
— Long., o^m,14. Haut., o^m,06. Ép., o^m,002.

Il n'est pas sûr que la plaque soit de forme triangulaire : elle pouvait être trapézoïde ou
même être d'une construction plus compliquée. La bordure n'est conservée qu'en bas et sur
une partie du côté gauche, qui forme un angle aigu avec la ligne de base.

Dans le champ, homme (?) nu, peut-être un **Triton,** vu à mi-corps, le
bras droit plié au coude, l'avant-bras horizontal, et la main dévoilant (?) la
figure suivante, la tête à droite et légèrement baissée ; à gauche, ondulations
parallèles, sans doute des flots. Une longue figure de femme est allongée à
gauche, la jambe droite pliée au genou et le pied d'aplomb et de profil à
droite, la jambe gauche nue et allongée à gauche devant le corps d'homme ;
une draperie sert de fond et revêtait sans doute la **Nymphe.**

Une **Niké** vole vers un **Triton** sur un ivoire du Vatican, Kanzler, *Avori
Biblioth. Vatic.,* pl. VI, 7, 38.

171 (60) [E. 9]. — **Plaque triangulaire.** — Tortose. — Haut., o^m,048.
Larg. en haut, o^m,018 (en bas, o^m,044). Ép., o^m,015. — Pl. XXXIX.

Le haut cassé. A droite et à gauche, filet suivant les bords du triangle ; en bas, le
relief occupe tout le champ.

Enfant nu, courant à gauche, le pied gauche en avant, la jambe droite
en arrière, le pied devant être sur la pointe, le haut du corps penché en
avant, les bras baissés à gauche, les mains tenant un vase ovale, sans pied
et à large ouverture, d'où un liquide s'écoule vers la terre en nappe verticale ;
la tête est petite, l'œil figuré par un trou et les cheveux rejetés en arrière ;
un grand voile flotte sur la gauche, passe en haut du bras droit et paraît
un peu plus bas, entre les jambes.

Je rapprocherai de l'applique une plaque courbe trouvée à Rome et sur
laquelle un personnage accroupi se désaltère en buvant d'une coupe, *Bull.
Arch. Municip.,* 1885, p. 187, 2.

MOULURES.

172 (110) [E. 217]. — **Bordure d'oves en demi-relief.** — Long. de chaque élément, o^m,015. Larg., o^m,009. Ép., o^m,004.

Deux dischetti parallèles servent de lignes de démarcation entre les oves. La bordure est brisée en plusieurs morceaux et a une longueur totale de o^m,62.

Le même ornement décore à mi-hauteur une pyxis représentée sur un vase à figures rouges, INGHIRAMI, *Vasi fittili*, II, pl. 193, p. 132. Un **Faune** et une **Ménade**, représentés sur une plaque du Vatican (KANZLER, *Avori Biblioth. Vatic.*, pl. V, 1, 28, p. 2) ont les pieds posés sur une bande d'oves semblable et le motif se retrouve en Crimée[1], comme sur un sarcophage de Gordion[2] : à Chypre, il sert même à décorer le manche d'une cuiller[3]. Il va sans dire que d'autres formes de moulures étaient également employées : sur un relief de Chiusi, les quatre champs sont séparés par des spirales[4] qui ne sont pas très différentes de celles qu'employait l'art mycénien[5].

CHARNIÈRES.

173 (111) [E. 162]. — **Fragment de tuyau cylindrique.** — Long., o^m,023. Diam., o^m,023 (intérieur, o^m,012 à o^m,015).

La tranche est percée d'un trou de o^m,008 de diamètre.

Ce sont les coulants d'os mentionnés dans le *Catalogue Durand* (DE WITTE, 2250, p. 453) et qu'on retrouve dans tous les pays et dans tous les musées. Les fouilles de Pompei (FIORELLI, *Scavi di Pompei*, XIII, 1862, p. 6) ont montré qu'il fallait y voir des charnières et l'on a découvert à Chypre un cylindre semblable, qui était encore muni des pièces de bronze servant à le fixer (CESNOLA, *Salaminia*, pl. VII, 13, p. 70).

1. *Antiq. Bosphore Cimmérien*, pl. LXXX, 8.
2. KÖRTE, *Gordion*, p. 110, fig. 87.
3. CESNOLA, *Salaminia*, pl. VII, 3, p. 75.
4. *Jahrbuch*, IV, 1889, p. 225 (au Musée de Mannheim).
5. *Kuppelgrab v. Menidi*, pl. VI, 15 ; *Bull. Corr. Hell.*, II, 1878, pl. XIII, I, p. 207 (Spata). Pour d'autres motifs, voir Ἐφημ. Ἀρχαιολ., 1888, pl. VIII, 11 (Mycènes), etc.

174 (112) [E. 160]. — **Semblable.** — Long., o^m,o23. Diam., o^m,o26 (intérieur, o^m,o14).

Même trou sur la tranche.

175 (113) [E. 159]. — **Semblable.** — Long., o^m,o25. Diam., o^m,o26 (intérieur, o^m,o12 à o^m,o15).

Même trou sur la tranche.

176 (114) [E. 155]. — **Semblable.** — Long., o^m,o21. Diam., o^m,o23 (intérieur, o^m,o1 à o^m,o14).

Trou de o^m,o07 sur la tranche.

177 (115) [E. 157]. — **Semblable.** — Long., o^m,o22. Diam., o^m,o225 (intérieur, o^m,o12 à o^m,o14).

Même trou à la tranche.

178 (116) [E. 163]. — **Semblable.** — Long., o^m,o15. Diam., o^m,o2 (intérieur, o^m,o11 à o^m,o13).

Trou de o^m,o05 à la tranche.

179 (117) [E. 158]. — **Semblable.** — Long., o^m,o35. Diam., o^m,o19 (intérieur, o^m,o13 à o^m,o14).

Trou de o^m,o04 à la tranche.

180 (118) [E. 156]. — **Semblable.** — Long., o^m,o28. Diam., o^m,o18 (intérieur, o^m,o14).

Semblable, très cassé.

181 (106) [E. 134]. — **Tuyau cylindrique servant de charnière** (?). — Long., o^m,o41. Diam., o^m,o08 (intérieur, o^m,o05).

Le haut est plein et lisse. En bas, deux dischetti, bandeau percé d'un trou non continu, trois dischetti en retrait, bandeau comme plus haut, trois nouveaux dischetti et bandeau lisse, non percé.

182 (108) [E. 135]. — **Semblable.** — Long., o^m,o49 (de la tige, o^m,o02). Diam., o^m,o08 (de la pointe, o^m,o02).

En haut, petite pointe cylindrique ; sur la tranche, bandeau lisse ; plus bas, large retrait, orné d'un filet gravé, bandeau saillant percé d'un trou non continu et nouveau bandeau en retrait ; le bas de la tige n'est décoré que de trois filets parallèles gravés et n'est percé que d'un trou, non continué.

183 (119) [E. 161]. — **Semblable.** — Long., o^m,o55. Diam., o^m,o24 (intérieur, o^m,o1 à o^m,o14).

Trois filets gravés près d'un bout. Sur la tranche, deux trous, de o^m,oo7 de diamètre.

184 (120) [E. 154]. — **Semblable.** — Long., o^m,o64. Diam., o^m,o23 (intérieur, o^m,o12 à o^m,o15).

Mêmes filets gravés et mêmes trous sur la tranche.

PYXIS RONDES.

Ces boîtes, qui contenaient ordinairement des fards ou de l'encens, étaient de très petites dimensions. Les grandes cistes métalliques trouvées en Italie ont bien eu en Grèce leurs prototypes et cela dès l'époque mycénienne [1], mais il semble qu'elles aient été assez rares en Syrie où elles étaient remplacées le plus souvent par les coffrets rectangulaires : elles n'y étaient pourtant pas tout à fait inconnues, car il est probable que les trois griffes **185-7** proviennent d'une pyxis de ce type. Les cassettes allongées pouvaient, elles aussi, reposer sur des pieds de fauve [2] ; mais, dans ce cas, les supports auraient été au nombre de quatre, au lieu qu'il n'y en avait que trois pour les boîtes de forme circulaire.

Les pyxis conservées et décorées de reliefs (**188-193**) ne sont guère plus grandes que nos boîtes à poudre [3]. Deux ont o^m,o49 et o^m,o42 de hauteur : les quatre autres ne dépassent pas o^m,o39. La saillie des sujets est généralement assez forte, mais le travail est bien plus soigné que dans les appliques des cassettes. Des **Eros** à figure enfantine, au corps gras et potelé, y sont à demi couchés dans des poses variées, ou groupés avec des dauphins à grosse tête ; la partie libre du champ est remplie par les accessoires accoutumés de l'art alexandrin.

Les boîtes ou les fragments de boîtes de ce type se rencontrent fré-

---

1. Couvercle de Spata (*Bull. Corr. Hell.*, II, 1878, pl. XIV, 1, p. 209, HAUSSOULLIER). Boîte de Menidi (*Kuppelgrab v. Menidi*, pl. VII-VIII = PERROT, *H. de l'Art*, VI, fig. 406-8, p. 827-9).

2. STEPHANI, *C. Rendu de St-Pétersbourg*, 1860, pl. I. Le coffret de Capoue au Musée de Karlsruhe a des pieds de ce genre, *Arch. Anzeiger*, V, 1890, p. 7.

3. Ici encore il semble que la forme de nos boîtes était connue dès l'époque mycénienne. Des rondelles comme PERROT, *H. de l'Art*, VI, fig. 233, p. 550, n'ont guère pu servir que de fond ou de couvercle à des pyxis de ce genre

quemment dans les musées. Cesnola en avait découvert à Chypre[1] et le Louvre[2], comme la Bibliothèque Nationale[3], en renferment des spécimens. Tyskiewicz en possédait un bel exemplaire décoré de scènes mythologiques[4] et tout récemment une pyxis semblable vient d'être exhumée à Lachau dans la Drôme[5].

Les étuis lisses **194-198** sont ordinairement plus allongés que les précédents. Le décor en est uniquement géométrique et composé de cercles concentriques ou de filets en plus ou moins grand nombre[6]. Il est naturel qu'on en ait trouvé en tout pays, en Égypte[7], comme à Chypre[8], dans la Russie Méridionale[9], comme à Rome[10] et dans la Gaule[11]. Des objets de ce genre passent très fréquemment dans les ventes publiques[12].

185 (19) [E. 232]. — **Pied de ciste, formé par une griffe de lion.** — Amrith. — Haut., 0^m,015. Larg. max., 0^m,027. Long. —, 0^m,025. Diam., 0^m,011 à 0^m,02.

Le pied est percé d'un trou, dont le diamètre est irrégulier.

La Bibliothèque Nationale possède un pied d'ivoire en forme de sphinx (CHABOUILLET, 3241, p. 554), mais on y trouve également une griffe de forme simple, toute semblable aux nôtres (CHABOUILLET, 3240, p. 554)[13].

186 (19 *bis*) [E. 233]. — **Semblable.** — Amrith. — Mêmes dimensions. Comme plus haut.

187 (20) [E. 234]. — **Semblable.** — Amrith. — Mêmes dimensions. De même. L'os a une teinte verdâtre.

188 (42) [E. 184 *bis*]. — **Corps de pyxis cylindrique.** — Tortose. —

---

1. *Salaminia*, pl. VII, 1, p. 70. La boîte (*ibid.*, fig. 71-3, p. 72-4) est d'un type un peu différent.
2. Acquis en 1824 à la première vente Durand.
3. CHABOUILLET, 3219, p. 552.
4. FROEHNER, *Catalogue*, 168, p. 162.
5. *Bull. Antiquaires de France*, 1904, p. 257. Dix **Eros** y tiennent les attributs et les armes les plus variés.
6. Ici encore nos pyxis ont eu des prototypes à l'époque mycénienne. Des rondelles comme SCHLIEMANN, *Mycènes*, fig. 128-9, p. 146, ont dû servir de couvercles à des boîtes ou des étuis de ce genre. Il en est de même pour la rosace mycénienne PERROT, *H. de l'Art*, VI, fig. 233, p. 550.
7. Louvre.
8. CESNOLA, *Salaminia*, pl. VII, 27-8, p. 75.
9. STEPHANI, *C. Rendu de St-Pétersbourg*, 1880, p. 71.
10. *Bull. Arch. Munic.*, 1889, p. 498, 2.
11. FROEHNER, *Catal. Musée Marseille*, 949, p. 183 (Arles).
12. *Catal. Leman* (24 novembre 1902), 165, p. 23. *Catal. Serrure* (5 décembre 1903), 138, p. 16.
13. La hauteur est à peu près la même (0^m,018).

Haut., o^m,o49 (de la bande inférieure, o^m,oo6, — du redan, o^m,oo2). Diam.
en haut, o^m,o32 (en bas, o^m,o38). Diam. intérieur, o^m,o28 et o^m,o32.

En bas du champ, bandeau lisse suivi de deux filets : en haut, redan, sur lequel
s'emboîtait le couvercle.

Eros ailé, à droite, le bas du corps peu apparent, la tête forte et à
droite, le bras droit tendu dans le même sens et brandissant un fouet levé
au-dessus du dauphin ; le cétacé ondule vers la droite, la tête très grosse,
la queue se distinguant mal de l'aile de l'**Eros** ou même du bas de son corps.

Eros est souvent représenté avec le fouet[1] et l'on sait d'autre part les
liens qui l'unissent au dauphin[2].

189 (65) [E. 185]. — **Fragment d'une pyxis semblable.** — Tortose. —
Larg., o^m,o3. Haut., o^m,o42 (du champ, o^m,o36). — Pl. XXXIX.

Deux filets en bas du champ : en haut, bandeau en retrait, sur lequel s'adaptait le
couvercle.

Dans le champ, guirlande ou besace suspendue ; **Eros** nu, presque
couché à droite, la jambe droite allongée, le genou gauche en terre, la tête
à droite, les cheveux coiffés d'une κυνῆ (?), le bras droit tendu à droite, la
main, qui n'est pas conservée, devant être levée pour saisir quelque objet.

190 (62) [E. 186]. — **Corps de pyxis cylindrique.** — Tortose. —
Haut., o^m,o39 (du champ, o^m,o33, — de la partie en retrait, o^m,oo2). Diam. en
haut, o^m,o33 (intérieur, o^m,o27). Diam. inférieur, o^m,o31. — Pl. XXXIX.

Le bas cassé, le pied du vase non conservé.

En haut, bandeau en retrait (pour l'attache du couvercle). En bas, deux filets gravés
superposés.

Dans le champ, lit ou autel, composé de trois assises de hauteur à peu
près semblable ; couché à gauche sur le lit, **Eros,** nu et ailé, la jambe
gauche allongée, la droite pliée au genou, le bras droit tendu à gauche, le
coude gauche appuyé à droite, la tête ceinte d'un bandeau et tournée vers
la droite, l'aile droite non marquée, la gauche repliée sur la droite. Plus

---

1. STEPHANI, *C. Rendu de St-Pétersbourg*, 1877. p. 110, 133.
2. *Ibid.*, p. 137, 142.

loin dans le champ, grande amphore ou œnochoé à panse élancée, l'anse
visible haute et coudée, une cassure empêchant de voir si le vase avait une
seconde anse : sur l'embouchure (?) est posée une louche, dont la cupule est
visible sur la droite. Plus à droite est un objet composé d'un large manchon
divisé en cinq bandes verticales et d'où partent, haut et bas, deux sortes de
polos évasés (flûte de Pan ?).

191 (43) [E. 188]. — **Fragment de pyxis semblable.** — Tortose. —
Haut., o^m,039 (de la bande inférieure, o^m,005, — du redan, o^m,002). — Pl.
XXXIX.

En bas du champ, bandeau, suivi d'un tore et d'un filet ; en haut, simple redan. Le
tiers environ de la surface est conservé.

A gauche, partie droite d'une corbeille évasée et tressée, un jonc horizontal la consolidant à mi-hauteur : elle contient des objets coniques, peut-
être des fruits. **Eros,** nu et ailé, allongé et à demi-couché vers la gauche,
la jambe gauche presque horizontale, la droite pliée au genou qui est relevé,
le bras droit tendu vers la gauche, les doigts de la main réunis et paraissant tenir un objet de très petite dimension, le coude gauche appuyé à
droite sur un coussin rayé de deux lignes parallèles, la tête tournée vers
la droite, les cheveux retenus par un bandeau et frisant sur la nuque, l'une
des ailes figurée et s'élevant au-dessus de l'épaule gauche.
Style passable.

192 (63) [E. 249]. — **Corps de pyxis cylindrique.** — Amrith. — Haut.;
o^m,038 (du champ, o^m,031, — de la partie en retrait, o^m,002). Diam. en haut,
o^m,032 (en bas, o^m,037). Diam. intérieur, o^m,028 et o^m,033. — Pl. XXXIX.

Plusieurs cassures, à droite de la tête et en bas du champ.
En haut, bandeau en retrait ; en bas, trois filets gravés sous le champ.

Base composée d'un bandeau plat. Sur le soubassement est couché vers
la gauche un **Eros,** nu et ailé, la jambe gauche étendue, la droite pliée au
genou et recouverte d'une draperie, le bras droit levé à gauche, la main
pouvant tenir le plectre, les ailes éployées à droite et à gauche, la tête semblant couverte d'un kékryphale, le bras gauche baissé à droite et tenant
une cithare verticale ; il est possible, les formes paraissant plutôt fémi-
nines, que l'**Eros** soit une **Psyché,** mais rien n'est moins certain. Plus loin
dans le champ, corbeille tressée, deux baguettes horizontales enserrant le

panier à mi-hauteur, des fruits ou des fleurs émergeant au-dessus. Tête ou masque à droite, les cheveux retenus par un bandeau et rabattus en haut du front.

Un **Eros** joue de la lyre sur la pyxis de Lachau, *Bull. Antiquaires de France,* 1904, p. 257. Le même motif se retrouve à Pompei (*Arch. Zeitung,* 1852, p. 221*, 1053, Antiquarium de Munich) et est d'ailleurs très fréquent sur les sarcophages (*Arch. Zeitung,* 1850, pl. XX, 1).

193 (66) [E. 187]. — **Fragment de pyxis semblable.** — Tortose. — Larg., o^m,037. Haut., o^m,038 (du champ, o^m,0315). — Pl. XXXIX.

En bas du champ, trois filets gravés, dont deux très rapprochés ; en haut, bandeau en retrait.

Dans le champ, à gauche, aile, provenant d'un autre **Eros.** Plus à droite, **Eros,** nu et ailé, presque couché à droite, la jambe droite allongée, le genou gauche en terre, la tête à droite, les cheveux retenus par un bandeau, les deux bras tendus à droite, la main droite levée plus haut que la gauche et tenant un objet indistinct.

194 (121) [E. 227]. — **Pyxis cylindrique.** — Amrith. — Haut., o^m,087 (de la partie lisse, o^m,063). Diam. en haut., o^m,032 (en bas, o^m,034, — des deux disques, o^m,026).

La pyxis se compose d'un tambour creux et assez épais ; un disque percé au milieu d'un trou la ferme à la partie supérieure, un autre disque de même diamètre forme le fond de la boîte.

En haut de la tranche, filet lisse, tore, deux filets rapprochés et un troisième un peu plus distant. En bas de la tranche, filet, deux filets rapprochés, deux tores superposés, filet et bandeau lisse. Les deux disques sont sans décoration et un simple filet cerne les deux ouvertures qu'ils ferment.

195 (122) [E. 225]. — **Pyxis cylindrique.** — Amrith. — Haut., o^m,059 (de la partie lisse, o^m,046). Diam. en haut, o^m,039 (en bas, o^m,041, — des deux disques, o^m,033 et o^m,036).

Même forme.

En haut de la tranche, filet lisse, filet, tore et dernier filet mince ; en bas de la tranche, deux filets, le dernier lisse et plus large. Le disque supérieur est orné au centre d'un omphalos : autour de l'omphalos, plusieurs cercles

concentriques, gravés ; non loin du bord, filet en relief. Sur le disque inférieur, deux cercles concentriques, gravés près du bord.

196 (91) [E. 224]. — **Pyxis cylindrique.** — Amrith. — Haut., o^m,047
(du redan, o^m,002, — de la moulure inférieure, o^m,003). Diam., o^m,035
(intérieur, o^m,029, — de la base, o^m,014). — Os.

Le couvercle non conservé. A l'intérieur, poudre noire.

En haut de la tranche, redan. En bas, triple filet horizontal. Le fond
est orné de deux cercles concentriques en léger relief. Un couvercle d'un
diamètre un peu inférieur (o^m,033) ne paraît pas adhérent à l'étui.

197 (123) [E. 226]. — **Pyxis cylindrique.** — Amrith. — Haut., o^m,034
(de la partie lisse, o^m,022). Diam. en haut., o^m,026 (en bas, o^m,024, — des
deux disques, o^m,023).

Le haut cassé.

En haut de la tranche, deux filets gravés ; en bas, filet, suivi d'un second
filet et d'un bandeau lisse. Le disque supérieur est percé au centre d'un trou
et orné d'un filet sur le bord ; le disque inférieur a un omphalos central,
autour duquel sont gravés deux cercles concentriques.

198 (124). — **Haut ou fond de pyxis.** — Diam., o^m,039. Ép., o^m,0035.
Autour d'un point central sont tracés, d'abord deux cercles concentriques très rapprochés, puis un troisième près du bord.

BOÎTE PLATE EN FORME D'OISEAU (?).

199 (79) [E. 248]. — **Moitié de boîte ou applique archaïque en forme
d'oiseau.** — Amrith. — Haut., o^m,077. Long., o^m,11. Ép., o^m,008 (à la tête,
o^m,011). — Pl. XL.

Le bec de l'animal cassé. L'aile et une partie du corps non conservées. L'œil rapporté
et aujourd'hui disparu (traces d'émail bleu). Restes de couleur rouge.

La structure de l'oiseau est curieuse. Le col et la queue sont figurés
en plein relief et présentent deux faces distinctes, identiques l'une à l'autre
et toutes deux également planes. Partout ailleurs, le revers est creux, mais les
bords sont convexes, de sorte que l'oiseau, vu par la tranche, paraît sculpté

en plein : les séparations des diverses parties sont marquées au revers par des cloisons non continues et qui pouvaient servir à fixer l'autre moitié du corps, qu'elle eût ou non la forme d'un couvercle ou d'un fond de boîte [1].

L'oiseau est figuré volant à droite, les pattes striées et repliées sous le corps ; le jabot est écaillé, chacune des plumes arrondie et striée de petits traits parallèles ; le corps même de l'oiseau est quadrillé, les losanges plus ou moins serrés, mais les séparations toujours parallèles ; la queue est courte et divisée en sept plumes, dont deux lignes parallèles marquent le départ ; l'aile, qui est grande et repliée, porte trois rangées de plumes, les divisions simples ou faites de deux lignes parallèles, chacune des pennes striée comme une tige de fougère ; le col est entouré d'un collier, le contour de la tête marqué par un trait double, des hachures séparant les deux traits ; autour de l'œil, qui est grand, cercle de grènetis ; le bec est ouvert et cassé.

Beau style.

Les ivoires incrustés ou même cloisonnés étaient bien connus des anciens. Il suffira de citer à cet égard le vase de Veïes [2] et les objets découverts dans les fouilles de Nimroud [3], dont le style se rapproche quelque peu de la pyxis. Je doute par contre qu'on puisse comparer à notre monument les boîtes en forme d'oiseau qu'on trouve fréquemment en Égypte, car le col de cygne se dresse dans ces dernières hors du plan de la base et sert de poignée pleine.

1. Comparer une boîte en bois trouvée à Préneste dans un coffret de toilette (*Monumenti*, VIII, pl. VIII, 5 *a* = Daremberg-Saglio, III, *s. v.* loculus, p. 1295, fig. 4516).

2. Perrot, *H. de l'Art*, III, p. 854. Comparer les reliefs de Céré en or et en ivoire (*Museo Gregor.*, I, pl. 82-3 ; II, pl. 106).

3. Perrot, *ibid.*, II, fig. 129-130, p. 314-5 ; III, p. 851.

ÉPINGLES ET MANCHES DIVERS

(200-269)

Le type bien connu de l'**Aphrodite anadyomène**, nue et portant les mains à sa chevelure, était tout indiqué pour couronner une tête d'épingle[1]; la collection de Clercq ne comprend pas moins de neuf aiguilles de ce modèle (**200-208**). Il est à remarquer qu'une draperie, dont le support n'est pas apparent, sert de contrefort à toutes ces figurines : l'ouvrier a craint de trop évider les bases et il a rendu son travail plus facile en se ménageant de la sorte une largeur partout égale.

Les variantes sont au nombre de trois. En tête est une figurine d'assez bon style (**200**), dont les avant-bras sont verticaux et où la déesse est posée droit, sans que la tête soit abaissée ou tournée de côté. Dans les autres épingles, dont le travail est inférieur et le modelé presque informe, le corps est sensiblement infléchi à la hanche, la tête est inclinée et l'un des coudes est plus levé. Le poids du corps porte sur la jambe droite (**201-2**), ou, ce qui est le cas le plus fréquent, sur la jambe gauche (**203-8**) : ces derniers exemplaires, dont la tête est plate et presque triangulaire, sont d'un style particulièrement mauvais et la reproduction du n° **203** montre bien à quel degré de barbarie pouvait descendre l'art des ateliers syriens.

Il est plus rare qu'on ait surmonté l'épingle d'un autre type d'**Aphrodite**; pourtant deux figurines représentent la déesse pudique, l'une entièrement nue (**209**), l'autre retenant de la main gauche une draperie (**210**). Ici encore une étoffe est placée à côté de la déesse pour élargir la base[2], ou

---

1. Les exemplaires sont très nombreux (*Not. degli Scavi*, 1899, p. 146, Pompei, etc.). Il arrive (FRIEDERICHS, *Kleinere Kunst*, 249ª, p. 95) qu'une **Aphrodite** semblable couronne une très grande épingle (un exemplaire de la collection Guardabassi à Pérouse a 0ᵐ,37 de long, *Arch. Zeitung*, 1877, p. 118, KÖNTE). La déesse peut être également accroupie (*Arch. Anzeiger*, XIX, 1904, p. 20. 21, PERNICE).

2. Une **Aphrodite** tenant des deux mains un collier et conservée à la Bibliothèque Nationale (CHABOUILLET, *Catalogue*, 3205, p. 551) est ainsi accompagnée d'un **Eros** qui est debout à son côté.

bien elle s'intercale entre les jambes de telle manière qu'une ligne droite y descend de la taille jusqu'aux pieds.

Les bustes sont assez fréquents (**211-219**) et appartiennent à des types assez divers. Tantôt la tête est très grande et le corps très réduit (**211**), tantôt la tête est au contraire petite et les épaules sont assez larges (**212-4**). Il n'est pas sans exemple qu'une étole ponctuée tombe de part et d'autre du cou (**215**) ; la coiffure est souvent relevée et de forme triangulaire (**215-6**), mais la tête peut être également ceinte d'un diadème (**217**). De l'épingle **218**, il ne reste que le piédouche en forme de cœur. Quant au n° **219**, où l'attache des bras est conservée, il est douteux qu'il faille y voir un couronnement d'épingle : la bélière dont le chignon est traversé ne semble guère un argument en faveur de cette hypothèse.

Au lieu de ces protomes, il arrive souvent que de simples têtes couronnent les épingles de toilette. La coiffure en est extrêmement variée, si le style en est presque également médiocre. Tantôt des séries de touffes s'étagent en polos au-dessus du front (**220**), tantôt les cheveux forment à cet endroit l'arcade tressée que nous retrouvons dans la *Giulia di Tito* (**221**), tantôt ils encadrent simplement le visage (**222**) ou se relèvent en pointe comme s'ils étaient couverts du bonnet phrygien (**223-4**).

D'autres parties du corps, telles que la main, servaient d'amulettes et paraissaient toutes indiquées pour couronner une tige mince et effilée, dont elles étaient comme le prolongement naturel. Nous avons rencontré dans le volume précédent une fine aiguille de métal, dont la tête était formée par une main qui tenait une guirlande[1]. Au lieu de cet attribut ainsi détaché et qui, dans cette matière plus fragile, se fût trouvé très exposé, c'est un grain d'encens ou un fruit que les doigts serrent entre eux et présentent comme une offrande (**225-6**). Le n° **227**, trop lourd pour le même usage, paraît un manche plutôt qu'une aiguille, mais le motif y est exactement le même. La main **228** tient un peigne qu'on n'est pas étonné de trouver à cette place. Enfin les mains **229-231** sont simplement fermées et il ne semble pas qu'elles aient porté quelque attribut.

Il est très douteux que l'oiseau **232** ait surmonté une épingle de toilette, car toute la partie haute du manche est quadrangulaire et il n'est pas sûr que la pointe qui manque ait été ronde et d'une longueur suffisante pour cet office. En revanche, la pomme de pin **233** est un motif prophylactique et

---

[1]. Tome III, 564, p. 333.

fréqucmment adopté pour ces têtes d'aiguille et le disque **235** a pu également servir d'arrêt à quelque épingle.

200 (4) [E. 190]. — **Épingle, surmontée d'une Aphrodite se coiffant.** — Amrith. — Haut., o^m,168 (de la figurine, o^m,052, — de la tête, o^m,011, — de la base, o^m,012). Larg. de la base, o^m,012 (en bas, o^m,007). Diam. de la tige, o^m,004 (en bas, o^m,001). — Pl. XL.

La tête entièrement conservée.

Trois rondelles superposées en haut de l'épingle ; sur cette base est posée une sorte de corbeille godronnée et dont la panse s'élargit vers le haut : sur la corbeille est placée, comme une dalle, la base proprement dite. A gauche de la figurine, une draperie tombe en plis cassés depuis le genou droit : elle devait reposer sur un vase ou sur un pilier.

La déesse est debout sur la jambe droite, la jambe gauche bien séparée de l'autre et pliée au genou, le pied de côté, mais non relevé et sensiblement sur la même ligne, les hanches fortes et les membres lourds ; les bras également pliés et les coudes au corps, les avant-bras verticaux et les mains, qui sont retournées, tenant, à la hauteur des épaules, les tresses qui tombent à droite et à gauche ; la face large, la bouche petite, les traits indiqués avec un soin relatif, les cheveux séparés par une raie et relevés aux tempes.

Travail passable. Le dos est sommairement modelé, mais n'est pas aplati à dessein comme dans beaucoup de ces têtes d'épingles.

201 (2) [E. 201]. — **Épingle, surmontée d'une Aphrodite se coiffant.** — Tortose. — Haut., o^m,102 (de la figurine, o^m,054, — de la tête, o^m,008). Larg. de la base, o^m,012. Diam. de la tige, o^m,005 (à la cassure, o^m,004). — Pl. XL.

L'ivoire de couleur inégale et verdâtre par endroits.

La figurine cassée aux genoux ; le bas de la tige non conservé.

En haut de l'épingle proprement dite est une sorte de base à deux degrés ; une draperie (?) tombe à gauche de la figurine, depuis le genou droit : elle devait sans doute reposer sur un vase ou sur un pilier bas.

La statuette est debout sur la jambe droite, le pied légèrement en dehors, la jambe gauche pliée au genou, le pied en arrière et de côté ; l'avant-bras est vertical et la main prend la tresse droite à la fois par devant et à la hauteur du cou ; le coude gauche est par contre levé très haut et l'avant-bras est horizontal, la main saisissant la seconde tresse derrière la tête et près de la nuque. La tête est tournée vers la droite, relevée et penchée sur l'épaule droite; elle paraît coiffée d'un diadème échancré; le modelé en est informe et on n'aperçoit du visage que l'arête du nez et les boules formant les yeux.

Mauvais travail.

202 (14). — **Aphrodite se coiffant (?), servant de tête à une épingle.** — Haut., 0ᵐ,031.

La tête cassée, ainsi que le bras droit et la plus grande partie du bras gauche; la jambe droite cassée à mi-cuisse et la gauche à la hauteur du genou.

La déesse est nue et la jambe gauche paraît avoir été légèrement fléchie au genou. Il semble que les mains se portaient vers la chevelure. Un tenon (vase drapé?) est encore collé au mollet gauche.

203 (6) [E. 197]. — **Épingle, surmontée d'une Aphrodite se coiffant.** — Haut., 0ᵐ,126 (de la figurine, 0ᵐ,04, — de la tête, 0ᵐ,005). Larg. de la base, 0ᵐ,008. Diam., 0ᵐ,005 (en bas, 0ᵐ,002). — Pl. XL.

Ivoire verdâtre. Le bout de l'épingle non conservé : la figurine cassée à la hauteur des pieds.

La base est plate et formée de deux moulures superposées. La déesse est debout sur la jambe gauche, la jambe droite pliée au genou, une draperie (?) collée à droite en bas du corps et devant lui servir d'appui, deux plis trans-versaux en bas du ventre qui est large et non détaillé, les bras pliés au coude, l'avant-bras gauche vertical et le droit à peu près horizontal, les mains près du menton et devant tenir une tresse à droite et à gauche, la tête tournée vers la gauche et triangulaire, le nez seul figuré et des boules indiquant la place des yeux, le bord supérieur du visage strié et peut-être orné d'un diadème.

Informe; le revers est plat et la figurine très mince (la plus grande épaisseur n'en est pas supérieure à 0ᵐ,003).

204 (17) [E. 212]. — **Aphrodite se coiffant, tête d'épingle.** — Tortose. — Haut., 0ᵐ,037 (de la tête, 0ᵐ,006).

Les jambes cassées au-dessous des genoux. L'ivoire a une teinte verdâtre.

La figurine était debout sur la jambe gauche, la droite légèrement fléchie au genou, les bras pliés aux coudes, le droit plus haut que le gauche et les mains portées à la chevelure, la tête penchée sur l'épaule gauche et de forme triangulaire, le bord des cheveux comme crénelé, le modelé du visage simplifié jusqu'à la barbarie. Un tenon est collé à la jambe gauche et représente un vase sur lequel est posée une draperie.

205 (16). — **Aphrodite se coiffant, tête d'épingle.** — Haut., o^m,o37 (de la tête, o^m,007).

Les jambes cassées au-dessus des pieds.

La figurine paraît être debout sur la jambe gauche, la droite légèrement fléchie au genou, les bras levés et les mains portées également à la nuque, le coude gauche plus abaissé que le droit, la tête penchée sur l'épaule gauche et le bord des cheveux dentelé, le modelé du visage tout à fait barbare. Une sorte de tenon est comme collé à la jambe gauche et représente sans doute un vase sur lequel est jetée une draperie.

206 (100) [E. 200]. — **Tête d'épingle.** — Haut., o^m,067 (de la base, o^m,005). Larg. de la base, o^m,008. Ép. —, o^m,005, Diam. de la tige, o^m,006 à o^m,004.

La tige cassée.

La base, qui est de forme simple, paraît avoir été surmontée d'une **Aphrodite** se coiffant, à côté de laquelle aurait été placé un vase couvert d'une draperie.

207 (83) [E. 198]. — **Tête d'épingle.** — Tortose. — Haut., o^m,067 (en haut de la base, o^m,057, — de la tige, o^m,053). Long. de la base, o^m,009 (ép. —, o^m,004). Larg. de la tige, o^m,055 (en bas, o^m,053). Ép. —, o^m,004 et o^m,003.

La tige cassée. Le bas de la tête seul préservé.

La tige est aplatie et la base formée d'un simple bandeau. D'après ce qui reste du couronnement, l'épingle était surmontée d'une **Aphrodite** se coiffant; à sa gauche était posé un vase sur lequel tombait une draperie.

208 (88) [E. 199]. — **Semblable.** — Haut., o^m,077 (en haut de la base, o^m,072, — de la tige, o^m,069). Larg. de la base, o^m,06 (ép. —, o^m,045). Diam. de la tige, o^m,003.

La base est formée de trois listels superposés au lieu d'un bandeau simple et lisse.

209 (82) [E. 211]. — **Aphrodite pudique, tête d'épingle.** — Tortose.
— Haut., o^m,078 (de la figurine, o^m,059, — de la base, o^m,008). Larg. de la
base, o^m,018. Ép., o^m,008. Largeur de la tige, o^m,007.

La tête non conservée. La tige cassée près de l'attache. Ivoire verdâtre.

La déesse paraît debout sur la jambe droite, la gauche pliée au genou,
le pied un peu en arrière et sur la pointe, le bras gauche baissé, la main
portée devant le sexe, le bras droit plié au coude, l'avant-bras horizontal et
la main cassée, la tête devant être tournée vers la droite, des tresses tombant sur les épaules ; une draperie, qui pouvait être jetée sur un tronc
d'arbre, est comme accolée à la jambe gauche (le revers plat et quadrillé).
Le même motif sert de couronnement à un manche (?) trouvé dans la
Russie Méridionale (*Antiq. Bosphore Cimmérien*, pl. XXXI, 11, 11ᵃ, p. 82,
éd. S. Reinach) [1].

210 (15) [E. 130]. — **Épingle, surmontée d'une Aphrodite pudique,
à demi-vêtue.** — Haut., o^m,045 (de la figurine, o^m,028, — de la tête, o^m,005).
Larg., o^m,008. Diam. de la tige, o^m,004. — Pl. XL.

Le haut de la tige seul conservé.

Base simple sous la figurine. Celle-ci, dont les jambes ne sont pas
modelées par derrière et ne le sont qu'approximativement par devant, baisse
devant le sexe la main gauche qui retient une draperie striée comme une
feuille ; le bras droit est plié et ramené horizontalement au-dessous des
seins ; la tête est informe et la chevelure, qui dessine trois pointes en haut
du front et à droite et à gauche des joues, forme par derrière un triangle
plat et quadrillé.
Mauvais travail.
La même figurine couronne une épingle (?) terminée par un anneau et
trouvée à Chypre par Cesnola, *Salaminia*, pl. VII, 15, p. 70 (s'il faut en
croire l'auteur de la découverte, des cheveux auraient été encore adhérents
à l'anneau).

211 (9) [E. 425]. — **Épingle, surmontée d'un buste de femme.** —
Haut., o^m,157 (de la tête, o^m,03, — de la tige, o^m,085). Larg. de la coiffure,

1. La tête n'est pas conservée.

o^m,02 (du buste, o^m,016, — de la base, o^m,011). Diam. de la tige, o^m,006 (en bas, o^m,005). — Pl. XL.

Ivoire verdâtre.
La tige cassée à la base.

Deux rondelles superposées en haut de la tige ; au-dessus de cette base, sorte d'olive aplatie, que le buste surmonte directement ; deux échancrures à l'attache des bras et rayures obliques simulant une draperie ; double pli au cou ; la tête, qui est petite, dont le nez est droit et dont les yeux sont très enfoncés, porte une très haute coiffure en forme de polos, que des stries obliques et parallèles partagent en un grand nombre de losanges.

Très mauvais style. Antique ?

Les bustes couronnent souvent le haut des épingles. On en trouverait des exemples dans tous les Musées et le Louvre en a reçu dernièrement des spécimens, dont l'un serait de provenance grecque [1]. Cesnola en avait découvert plusieurs à Chypre [2].

212 (3) [E. 426]. — **Épingle, surmontée d'un buste de femme.** — Haut., o^m,085 (du buste, o^m,025, — de la tête, o^m,009). Larg. du buste, o^m,012. Ép. —, o^m,004. Diam. de la tige, o^m,0035 (en bas, o^m,0025). — Pl. XL.

Patine foncée.
Le bas de la tige non conservé.

En haut de l'épingle proprement dite, cartouche rectangulaire strié de deux traits horizontaux au-dessus duquel s'élargit le buste ; la draperie indiquée par deux traits parallèles partant de chaque épaule et se réunissant vers le milieu du cartouche, une forte saillie en bas du cou montrant l'endroit où finit l'étoffe ; le visage est court, le nez gros, les yeux figurés par deux trous et peut-être autrefois incrustés ; les cheveux encadrent la face de larges bandeaux, coupés au ras du menton, et où des chevrons sont incisés comme au hasard, le dos de la tête étant aplati comme celui du buste.

Travail médiocre.

213 (57) [E. 132]. — **Épingle, surmontée d'un buste de femme.** — Long., o^m,09 (du buste, o^m,022, — de la tête, o^m,008). Larg. du buste, o^m,009. Diam. de la tige, o^m,004 (en bas, 0025). — Pl. XL.

La tige cassée.

1. *Arch. Anzeiger*, XIV, 1899, 133, p. 151 ; XIX, 1904, 43, p. 189 (H. DE VILLEFOSSE-MICHON).
2. *Salaminia*, pl. VII, 14, p. 70.

En bas du buste, cartouche rectangulaire formé d'une double rondelle ; le buste est drapé, sans que les bras soient indiqués, l'étoffe échancrée sur le cou, et deux plis obliques convergeant depuis les épaules. La tête est petite, les cheveux coupés à la hauteur du menton où ils forment deux ailes, le dos du crâne plat et quadrillé, la bouche figurée par une fente droite, les yeux très enfoncés.

214 (31) [E. 347]. — **Épingle, surmontée d'un buste de femme.** — Haut., o^m,034 (du buste, o^m,028, — de la tête, o^m,012). Larg. du buste, o^m,014. Diam. de la tige, o^m,004.

La tige cassée près du départ.

En haut de la tige, cartouche rectangulaire, le buste drapé sans que les épaules soient indiquées. La tête est encadrée par des cheveux longs et coupés ras à la hauteur du menton ; le nez y est saillant et les sourcils sont en relief marqué.

215 (18) [E. 230]. — **Buste de femme, tête d'épingle.** — Amrith. — Haut., o^m,045 (de la tête, o^m,015). Larg. max., o^m,018 (de la base, o^m,008).

Sous le buste, sorte de cartouche ou de piédouche mouluré. Le buste, dont les bras ne sont pas indiqués, est drapé, une bande ponctuée tombant comme une étole sur les épaules. La tête est allongée, les yeux très enfoncés, les sourcils arqués et très en relief, les cheveux divisés par une raie et paraissant surmontés d'un bonnet phrygien ; ils descendent en pointe sur les joues et forment au revers un triangle allongé, à la fois plat et quadrillé.

216 (90) [E. 429]. — **Buste de femme, tête d'épingle.** — Haut., o^m,045 (de la tête proprement dite, o^m,012, — de la tige, o^m,021). Larg. max., o^m,008 (de la tige, o^m,004). Ép. max., o^m,003 (de la tige, o^m,004).

La tige cassée près du départ.

Le buste est drapé et le cou assez long. La coiffure est triangulaire, les cheveux relevés sur le haut de la tête et formant des pointes sur les côtés ; le revers est plat et strié de hachures obliques se croisant.

217 (27). — **Buste de femme, tête d'épingle.** — Haut., o^m,045 (de la tête, o^m,019, — de la base, o^m,01). Larg. du buste, o^m,005.

Base carrée, surmontée d'une moulure, le buste haut et échancré, les bras non indiqués, un double pli de chair au col. La tête est sensiblement

triangulaire, les traits peu saillants, le front ceint d'un diadème strié et
compris entre deux bourrelets.

218 (56) [E. 128]. — **Épingle, qui était surmontée d'un buste non
conservé.** — Haut., o^m,145 (du buste, o^m,022). Larg. du buste, o^m,01. Diam.,
o^m,004 (à la pointe, o^m,0015). — Pl. XL.

La pointe cassée. La tête non conservée.

Triple rondelle à la base du buste ; l'attache de ce dernier est en forme
de cœur.

219 (22). — **Buste de femme, tête d'épingle (?).** — Haut., o^m,03.
En bas, section nette (le buste, malgré l'existence de la bélière, pouvait
surmonter un piédouche). L'amorce des bras est indiquée et les cheveux,
qui sont séparés par une raie sur le front, se relèvent au-dessus de la tête
en un chignon élevé, percé d'un trou de suspension.

Travail médiocre.

220 (38) [E. 213]. — **Épingle, surmontée d'une tête de femme.** —
Haut., o^m,046 (de la tête, o^m,017, — du support, o^m,022). Larg. de la tête,
o^m,017. Diam. de la tige, o^m,005.

La tête et son support sont aujourd'hui séparés. La tige est cassée près de l'attache.

En haut de la tige, deux rondelles, suivies d'un tore ; au-dessus, nouvelles rondelles et support en forme de cœur. La tête est sensiblement triangulaire et les cheveux forment au-dessus du front cinq rangées de touffes
superposées.

Comparer, pour le motif, sinon pour le style, *Bull. Archeol. Municipale
di Roma*, 1883, p. 265, 5-6.

221 (28) [E. 431]. — **Tête de femme, haut d'épingle.** — Haut., o^m,021
(de la tête, o^m,016).

Cassé au cou.

Le visage est d'un type particulier et les traits paraissent sémitiques ;
les cheveux forment en haut du front plusieurs rangées de touffes superposées et se relèvent au-dessus de la nuque en un haut chignon.

222 (89) [E. 430]. — **Haut d'épingle en forme de tête.** — Haut., o^m,027 (de la tête, o^m,o12, — de la tige, o^m,o1). Larg. de la tête, o^m,oo65 (de la tige, o^m,oo3). Ép. de la tête, o^m,oo45 (de la tige, o^m,oo2).

La tige cassée.

La tête est informe et les cheveux sont rabattus sur les côtés, le revers plat et strié ; le cou est vaguement indiqué.

223 (25) [E. 214]. — **Tête de femme, haut d'épingle.** — Haut., o^m,o19. Larg., o^m,o12. Ép., o^m,oo6.

Cassé en bas du cou.

Les cheveux se relèvent en pointe en haut du front et forment deux ailes à droite et à gauche des joues, de manière à offrir au revers l'apparence d'un triangle quadrillé. Les sourcils sont réunis et en saillie prononcée au-dessus des yeux.

224 (29) [E. 215]. — **Même tête.** — Haut., o^m,o16.
Type semblable.

225 (5) [E. 126]. — **Épingle, surmontée d'une main droite tenant un fruit.** — Tortose. — Long., o^m,228 (de la main, o^m,o3). Larg. de la main, o^m,oo95 (du fruit, o^m,oo6). Diam., o^m,oo8 (au bout, o^m,oo1). — Pl. XL.

La tige conservée.

Au poignet, bracelet formé par un serpent deux fois enroulé, la tête et la queue détachant deux crochets en haut et en bas des deux spires, la main tenant par les trois premiers doigts un fruit rond pareil à une pastille, l'index posé sur le fruit, le majeur et le pouce le touchant latéralement, les autres doigts repliés sur la paume.

Travail sec et dur ; bien conservé.

La main a, de tout temps, servi de prise naturelle aux instruments les plus divers, à la crotale égyptienne du Louvre (PERROT, *H. de l'Art*, I, fig. 576, p. 838), comme aux cuillers de l'ancienne collection Durand (DE WITTE, *Cabinet Durand*, 2251, p. 453).

226 (46) [E. 427]. — **Épingle, surmontée d'une main droite tenant un fruit.** — Long., o^m,117 (de la main, o^m,o22). Larg. de la main, o^m,oo7. Diam. de la tige, o^m,oo5 (en bas, o^m,oo2). — Pl. XL.

La tige cassée vers le bas.

Au poignet, deux spires obliques, simulant un bracelet formé d'un serpent. La main tient le fruit entre le pouce et les deux premiers doigts, des bavures d'ivoire restant au bout de l'index et de l'auriculaire.

Travail médiocre.

227 (8) [571]. — **Manche, formé d'une main droite tenant un fruit.** — Acquis en 1888 à la vente Hoffmann. — Long., o^m,125 (du fruit, o^m,025, — de la main, o^m,042, — de l'attache, o^m,018). Larg. de la main, o^m,024. Diam. de l'attache, o^m,017 et o^m,012 (du trou, o^m,004). — Pl. XL.

Le manche terminé, en bas, par une section nette et percé à cet endroit d'un trou, dans lequel entrait un tenon de raccord.

A la base, la section est d'une forme sensiblement triangulaire ; un large bandeau, strié de cannelures horizontales, en occupe la partie inférieure ; au-dessus s'élèvent trois feuilles à forte nervure médiane. Le manche lui-même n'a que très approximativement la forme et le modelé d'un bras et le poignet est à peine indiqué ; les doigts, par contre, sont bien séparés et traités avec un soin relatif : quatre d'entre eux s'appliquent parallèlement sur le dos d'une coquille, que le pouce touche par le côté ; la coquille est divisée à l'intérieur par une fausse cloison, que borde, à droite et à gauche, une sorte de chapelet bulbeux : elle ressemble quelque peu à celle de la noix commune.

Assez bon travail.

Froehner, *Catal. Hoffmann* (28 mai 1888), 571, p. 151.

228 (49) [E. 428]. — **Épingle, surmontée d'une main droite tenant un peigne.** — Long., o^m,07 (du peigne, o^m,014, — de la main, o^m,03). Larg. du peigne, o^m,012. Diam. de la tige, o^m,004. — Pl. XL.

La tige cassée.

Au poignet, bracelet en forme de double rondelle. La main qui tient le peigne a le pouce posé sur la tranche et les autres doigts allongés sur le revers. La forme du peigne est compliquée, une double volute séparée en haut par une échancrure médiane et la base composée de trois échancrures consécutives ; entre les dents court, par devant, une bande de largeur uniforme et, par derrière, une bande qui s'évase vers le bas ; trois cercles ponctués ou deux seulement ornent les bandes médianes.

De Ridder. 22

Les peignes d'ivoire étaient connus à l'époque mycénienne[1] et l'on en a trouvé à Spata qui étaient richement ornés de reliefs[2]. L'usage continua ou fut repris dans les pays soumis à l'influence phénicienne, mais, sur les peignes de Carthage[3] et de Carmona[4], le décor est gravé et d'un style « oriental » ou ionisant. Les peignes gréco-romains paraissent avoir été plus simples, et, s'il y en eut beaucoup en buis, on en a également trouvé un grand nombre qui étaient d'os ou d'ivoire[5].

229 (84) [E. 205]. — **Épingle prophylactique, surmontée d'une main droite.** — Tortose. — Long., o^m,102. Larg., o^m,oo8. Ép., o^m,oo6. Larg. de la tige, o^m,oo4 (en bas, o^m,oo1).

Les doigts cassés. Très abîmé.

Il semble que le cinquième doigt était replié transversalement; le quatrième doigt et le pouce pouvaient être levés, mais la main était plus probablement fermée.

Le Musée du Bardo possède une épingle terminée par une main fermée, La Blanchère-Gauckler, *Musée Alaoui*, N 11, p. 260. On en a trouvé d'analogues dans le Bourbonnais, Moreau de Néris, *Néris-les-Bains*, p. 130.

230 (87) [E. 206]. — **Semblable.** — Tortose. — Long., o^m,o8. Larg. de la main, o^m,o1. Ép., o^m,oo6. Diam. de la tige, o^m,oo3.

La tige cassée.

Même forme.

231 (26) [E. 432]. — **Semblable.** — Long., o^m,o32 (de la main seule, o^m,o23). Larg., o^m,o2. Ép., o^m,o12.

Le cinquième doigt plutôt atrophié que cassé.

Les doigts sont repliés de manière à former une bélière horizontale ; au poignet, bourrelet quadrillé, servant de bordure à la manche.

232 (13) [E. 239]. — **Haut d'épingle ou de manche, terminé par un**

---

1. Schliemann, *Mycènes*, fig. 130, p. 146 ; *Tirynthe*, p. 164.

2. *Bull. Corr. Hell.*, II, pl. XVII, 1 et 3, p. 212 et 217 (Haussoullier).

3. *Musée Lavigerie*, I, p. 191-2, pl. XXVIII, 2. Pour les exemplaires trouvés par Gauckler dans la Nécropole de Dermech, voir *ibid.* et *Arch. Anzeiger*, XVI, 1901, p. 67.

4. *C. Rendu de l'Acad. des Inscriptions*, 1900, p. 16-22 (Heuzey). *Bull. Société des Fouilles archéologiques*, I, 1904, p. 108-9 (De Ridder).

5. Montfaucon, *Antiq. Expliq.*, *Suppl.*, III, pl. 21. De Witte, *Cabinet Durand*, 2253, p. 453. *Notice Musée Ravestein*, 1517, p. 433 (trouvé dans une ciste, à Préneste). Froehner, *Catal. Musée Marseille*, 952, p. 183 (Arles).

oiseau. — Amrith. — Haut., o^m,o84 (de la base, o^m,o54, — de la première cage, o^m,o25). Larg. de l'oiseau, o^m,o15 (du manche, o^m,oo8, — des fenêtres, o^m,oo3). — Pl. XL.

Cassé en bas.

Le support est rectangulaire et la base est percée au milieu d'un trou rond où entrait un tenon ; elle se compose de deux cages allongées, percées chacune d'une haute fenêtre rectangulaire et surmontées de deux rondelles. En haut, sur une espèce de boule, est un oiseau à droite, de style informe, les ailes coupées court, l'œil gros et saillant.

233 (48) [E. 2o3]. — **Épingle, terminée par une pomme de pin.** — Tortose. — Long., o^m,148 (de la pomme, o^m,o25, — de la partie ornée, o^m,o64). Diam. de la pomme, o^m,o12 (de la tige, o^m,oo6 à o^m,oo2). — Pl. XL.

L'épingle, qui est complète, est surmontée de cinq rainures horizontales, auxquelles succède une partie fusiforme, divisée en losanges par des rainures obliques et croisées ; au-dessus, deux rondelles et pomme de pin prophylactique, striée comme plus haut.

On a découvert à Timgad une épingle ainsi décorée, HÉRON DE VILLE-FOSSE-MICHON, *Acquis. du Louvre*, 1887, p. 12, 108.

234 (1o4). — **Épingle, surmontée d'une boule ovoïde.** — Long., o^m,o54 (de la tête, o^m,o11). Diam. de la boule, o^m,oo9 (de la tige, o^m,oo8 à o^m,oo35).

La tige cassée.

Sous l'olive, rondelle simple ; une autre plus large, suivie de quatre autres se succédant sans transition, le bas de la tige lisse et sans ornements.

235 (97) [E. 424]. — **Épingle, surmontée d'un chapeau convexe.** — Long., o^m,215. Haut. du chapeau, o^m,oo6. Diam. du couronnement, o^m,o24 (de la tige, o^m,oo5, — en haut, o^m,oo2, — en bas, o^m,oo3).

La tige est cylindrique et renflée au milieu. La tête est en forme d'ombrelle très aplatie, dont le dessous serait uni et plan.

L'instrument est peut-être un de ces *agitateurs* en os que nous voyons insérer dans un alabastron sur un vase à figures rouges de beau style[1].

---

1. *Monumenti*, V, pl. 49. C. SMITH (*Vas. Brit. Mus.*, III, E 82. p. 109) y voit une cuiller à manche.

CROCHETS.

236 (10) [E. 129]. — **Crochet, cassé en bas.** — Long., o^m,13 (de la petite branche, o^m,023, — de la tête, o^m,01). Diam., o^m,003 à o^m,004. — Pl. XL.

Cassé en bas.

La petite branche se termine par une singulière tête triangulaire, le menton à peine indiqué, les yeux et la bouche figurés par des entailles horizontales, les deux joues paraissant porter des favoris, le front en forme de tympan.

Suspect ?

AIGUILLES.

237 (103) [E. 127]. — **Aiguille ou épingle à deux pointes (?).** — Tortose. — Long., o^m,174. Diam., o^m,002 à o^m,008.

Cassé en bas.

Sur la tranche, deux rondelles parallèles, suivies de trois autres un peu plus bas et de trois encore, en haut et en bas de la partie médiane ; celle-ci est striée de traits obliques qui se croisent entre eux et forment des séries de losanges ; à la cassure, deux rondelles sont conservées : il semble que la moitié inférieure de l'instrument était symétrique à la partie conservée.

La forme apparaît presque la même dès l'époque mycénienne, SCHLIE-MANN, *Ilios*, fig. 531, 7.

CUILLERS ET SPATULES.

238 (98) [E. 125]. — **Longue cuiller.** — Tortose. — Long., o^m,271 (de la cupule, o^m,07). Larg. de la cupule, o^m,013. Prof. —, o^m,003. Diam. de la tige, o^m,002 à o^m,006.

La pointe extrême de la tige cassée.

La cupule est allongée en forme de nef creusée et n'est séparée de la tige, ni par une rondelle, ni par aucun arrêt.

Les cuillers à fard, qu'il n'est pas toujours facile de distinguer des
cure-oreilles, se sont rencontrées souvent dans les cistes ou dans les coffrets
de toilette[1]. On en a découvert en tous lieux, à Chypre[2], à Smyrne[3], à
Myrina[4], dans la Russie méridionale[5], à Viterbe[6], en Gaule[7] : il en passe
fréquemment dans les ventes publiques[8].

239 (101) [E. 204]. — **Tige cylindrique terminée par une palette
(spatule).** — Tortose. — Long., o^m,14 (de la palette, o^m,016). Larg. de la
tête, o^m,006. Ép. —, o^m,0015 à o^m,004. Diam. de la tige, o^m,002.

En haut de la tête, sorte de palette plate, suivie d'une moulure en retrait
et d'une rondelle ; plus bas, large bandeau et deux rondelles ; la tige même
va en s'amincissant jusqu'à la pointe.

INSTRUMENT D'USAGE INCONNU.

240 (12) [E. 412]. — **Manche terminé, d'un côté par un anneau
ovale, de l'autre par un buste de femme.** — Long., o^m,13 (du buste, o^m,04,
— de la tête, o^m,018, — de l'anneau, o^m,029, — intérieure, o^m,017). Larg.
du buste, o^m,021 (de la base, o^m,009). Diam. de la tige, o^m,005 à o^m,008. Ép.,
o^m,004. — Pl. XL.

L'anneau est ovale et couronné par une sorte de crête basse, un double
bourrelet transversal le reliant de part et d'autre à la naissance de la tige.
Sous le buste, base striée d'un double filet, les bras non indiqués, mais les
épaules drapées et une étole ponctuée tombant sur chacune d'elles ; le
menton est arrondi, la bouche petite, les yeux marqués par un cercle ponctué, les sourcils arqués et en relief, les cheveux séparés par une raie au-
dessus du front et revenant en pointes sur les joues.

Exécution assez soignée.

On a trouvé un assez grand nombre de ces instruments, qui ne diffèrent
guère les uns des autres que par le décor de la partie supérieure. La tête

1. Coffret de Capoue, *Arch. Anzeiger*, V, 1890, p. 7.
2. Cesnola, *Salaminia*, pl. VII, 3, p. 75.
3. *Arch. Anzeiger*, XIV, 1899, p. 151, 197 (Louvre).
4. Pottier-Reinach, *Nécr. de Myrina*, p. 214.
5. *Antiq. Bosphore Cimmérien*, pl. XXX, 4 (p. 80, éd. S. Reinach).
6. *Notice Musée Ravestein*, 1513, p. 432.
7. Frœhner, *Catal. Musée Marseille*, 959, p. 183-4.
8. *Catal. Leman* (24 novembre 1902), 168, p. 24.

est rarement simple[1]. Elle est, le plus souvent, comme dans notre exemplaire, en forme de buste[2] ou de figurine, nue ou drapée[3]. Parfois le couronnement est plus compliqué et un édicule s'étage au-dessus de la protome humaine[4]. Ailleurs, un félin assis sert de prise au manche[5], dont l'usage ne laisse pas d'être mystérieux, mais qui devait être d'un emploi commun, car les exemplaires de verre sont nombreux dans les collections[6]. On a proposé d'y voir des *agitateurs*[7], mais l'anneau empêche d'insérer l'instrument dans l'ouverture étroite des aryballes et des alabastrons. Signalons que, d'après Cesnola, on aurait trouvé des cheveux enroulés autour de la poignée[8]; il faudrait donc y voir, malgré l'absence d'une pointe, des épingles de toilette.

241 (107) [E. 133]. — **Manche semblable.** — Long., o^m,097 (du manche, o^m,086). Diam. de la tige, o^m,007 (en bas, o^m,006).

L'anneau cassé, ainsi que la plus grande partie de la tige.

Deux traits obliques à l'attache de l'anneau, dont il n'est pas possible de mesurer le diamètre.

MANCHES TRIANGULAIRES.

Il est difficile de savoir à quel usage pouvaient servir les manches **242-3**. A ne consulter que les dimensions, on y verrait volontiers des gardes d'épées ou de cimeterres, mais les sujets n'ont rien de guerrier et la décoration, qui n'est pas sans art, évoque plutôt l'idée d'une scène religieuse. La provenance pourrait être alexandrine ou du moins ces petits monuments, qui ne sont pas seuls de leur espèce[9], paraissent copiés sur des originaux venus d'Égypte. C'est surtout le cas du manche **243,** dont les deux faces sont décorées de motifs caractéristiques.

Les reliefs **244-6** proviennent, semble-t-il, de gardes ou d'étuis pareils.

1. Cesnola, *Salaminia*, fig. 163, p. 174.
2. *Ibid.*, pl. VII, 14.
3. *Ibid.*, pl. VII, 15.
4. *Catal. Leman* (vente du 24 novembre 1902), 167, p. 23-4 (long., o^m,215. Rome).
5. Stephani, *C. Rendu de St-Pétersbourg*, 1875, pl. II, 24.
6. *Ibid.*, pl. II, 25.
7. Pottier-Reinach, *Nécropole de Myrina*, p. 213.
8. *Salaminia*, p. 70.
9. Voir les exemples cités plus bas.

Les plaques sont d'un travail lourd et médiocre, mais la dernière, **246,** a
les dimensions de la poignée **243** et le motif qui y est figuré rappelle la
pose du dieu **242.**

242 (44) [E. 136]. — **Manche ou étui triangulaire, les faces décorées
de reliefs.** — Tortose. — Haut., o^m,115 (du bandeau inférieur, o^m,013).
Larg. en haut, o^m,035 (en bas, o^m,042, — de l'ouverture, o^m,018 et o^m,02).
Long. de l'ouverture, o^m,02 et o^m,033. — Pl. XL.

Deux sujets seulement décorent le manche, la section étant plutôt ovale que triangulaire et le champ secondaire se développant sur les deux petits côtés du triangle. L'ouverture a la forme d'un ovale allongé. Le bas de la face principale n'est pas conservé.

A gauche du champ, pilier assez large, dont la partie inférieure est
striée de traits horizontaux, simples ou appariés ; le haut paraît recouvert
d'une tête de lion, le mufle du fauve ressemblant à un masque comique, la
peau formant cinq bandes verticales, dont deux sont hachées de traits
obliques et dont les trois médianes sont comme écaillées. Dans le champ,
Apollon (?), de face, le poids du corps portant sur la jambe droite, la gauche
légèrement fléchie au genou, une draperie posée sur l'épaule gauche, un
pan s'enroulant à la hauteur des hanches et couvrant la jambe droite ; le
bras droit pend mollement le long du corps, le bras gauche plié au coude,
la main relevée à la hauteur de l'épaule et posée sur un thyrse vertical,
dont la hampe est traversée de rainures obliques, disposées deux par deux ;
au-dessus de l'épaule droite paraît un carquois ; la tête est penchée sur
l'épaule droite : elle est petite et portée par un cou assez long, les cheveux
couronnés de pampres et les bouts d'une guirlande, plutôt que des
tresses, tombant sur les épaules.

Au revers, édicule soutenu par deux colonnes dont le bas est lisse et
dont le haut est orné d'une cannelure ; le toit est triangulaire et paraît fait
de tuiles imbriquées. A l'intérieur, base ou autel, la tranche concave, deux
filets courant haut et bas, un listel à mi-hauteur. Sur ce support est un
Eros, nu et ailé, de face, les jambes écartées, le bras droit plié au coude,
l'avant-bras horizontal et la main droite soutenant à droite une torche (?)
que porte la main gauche, la tête baissée sur l'épaule droite, les cheveux
formant sur le front deux rangs de touffes frisées.

Comme la présence du carquois est certaine, le dieu figuré sur la face
principale ne peut être qu'un **Apollon.** Le thyrse couronné de lierre est à

vrai dire un attribut auquel on ne s'attend guère, mais la guirlande de lierre était parfois portée par le dieu[1], et l'on sait les rapports étroits qui l'unissaient à **Dionysos**[2]. Le thyrse dionysiaque n'est pas plus déplacé chez le dieu de Delphes que la branche de laurier apollinienne ne l'est sur les quelques monuments où elle apparaît dans les mains de **Bacchus**[3].

243 (41) [E. 189]. — **Même forme.** — Amrith. — Haut., 0^m,098 (du champ, 0^m,082). Larg. en bas, 0^m,047 (en haut, 0^m,045). Prof. —, 0^m,035 et 0^m,031. Diam. du trou, 0^m,014 à 0^m,037.

Patine rougeâtre.

Large plinthe en bas du champ ; en haut, deux moulures superposées. A droite et à gauche des deux scènes, pilier lisse dont le fût se rétrécit depuis la moitié de la hauteur. A droite du champ principal, deux trous qui proviennent d'une fente.

Dans le champ, **Isis**, assise de face, la jambe gauche croisée sur la droite et saillant au coin de l'angle, la main gauche portant le jeune **Horus**, le bras droit ramené sur la poitrine et la main pressant le sein gauche, la tête baissée légèrement sur l'épaule gauche ; le costume se compose, outre le chiton long et plissé, d'une palla singulière, qui serait posée sur l'épaule droite, glisserait, comme le chiton, entre les seins, reviendrait une seconde fois sur les genoux et une troisième à mi-jambe ; la tête est coiffée de cheveux longs qui tombent en boucles sur les épaules et un trou s'ouvre au-dessus du front. L'**Horus**, qui est nu, porte la main gauche au sein de sa mère et détourne vers la droite sa tête coiffée de la haute couronne égyptienne.

Au revers, table (?) ou autel, d'où tombe une draperie qui forme un bourrelet sur la tranche ; sur l'autel, uræus dressé (**agathodæmon**), la tête à droite et surmontée du globe solaire compris entre les deux cornes, les hautes plumes dressées atteignant le bord supérieur du cadre ; à droite et à gauche du reptile, gros nœuds d'étoffe ou spires de l'animal.

La sécheresse du travail et les nœuds singuliers que forme la draperie à droite et à gauche du serpent pourraient rendre suspect le manche d'ivoire, mais le Louvre possède un étui syrien de même forme et dont le revers est

---

1. Cf. une peinture d'Herculanum (Müller-Wieseler, I, 204) et le κισσεύς Ἀπόλλων d'Eschyle (fr. 411 d'Ahrens-Didot = fr. 341 de Nauck, 2e éd.).

2. Stephani, *C. Rendu de St-Pétersbourg*, 1861, p. 57-64 ; 1862, p. 108, 146, 147 ; 1863, p. 70 ; 1864, p. 94 ; 1868, p. 38 ; 1873, p. 211. Pauly-Wissowa, II, *s. v.* Apollon, p. 35-6, Wernicke.

3. Stephani, *l. l.*, 1862, p. 45, 77, 80 ; *cf. ibid.*, 1861, p. 59, 2.

presque identique au petit côté du n° **243**. Seul le sujet de la face principale
est un peu différent et montre un **Horus** assis, qu'accoste un pilier surmonté d'un épervier.

Outre l'exemplaire du Louvre, il ne manque pas de manches triangulaires dont le décor ressemble à celui des ivoires **242-3**. Hoffmann possédait un manche un peu plus grand que le n° **243**, mais qui lui ressemblait
presque en tout point : n'était le toit imbriqué de l'édicule qui, sur son
exemplaire, protège l'uræus dressé, on pourrait presque confondre les
deux monuments[1]. Le Musée Ravestein renferme de même deux gardes qui,
s'il faut en juger par la description, sont de même style et doivent avoir la
même forme[2].

244 (80) [E. 184]. — **Plaque rectangulaire, courbe et décorée d'un
relief.** — Tortose. — Haut., 0ᵐ,135. Larg., 0ᵐ,038 (en bas, 0ᵐ,059). Ép.,
0ᵐ,005 (au milieu, 0ᵐ,01). — Pl. XLI.

Les bords latéraux sont découpés assez irrégulièrement, mais la plaque s'élargit sensiblement vers le bas.

A gauche corbeille tressée, remplie de fruits (?), et cerclée de trois
bandes horizontales. **Vieillard,** dont le bas du corps est drapé, le pied
gauche présenté de face, la jambe droite croisée devant la gauche, le pied
sur la pointe, le ventre gras, un lourd pli de chair marqué à la taille, le bras
gauche baissé à droite, la main tenant une patère à panse hémisphérique
et à bord saillant, la tête légèrement penchée à droite et inclinée sur l'épaule
gauche, la barbe hérissée, la bouche entr'ouverte, le nez fort, les sourcils
épais et saillants, le front chauve, le bras droit ramené au-dessus de la
tête, la main présentée de dos et relevant peut-être un pan de la draperie
qui s'enroule autour des jambes.

On peut y voir soit un **Silène,** soit la personnification de l'**Automne** (?).
Un **Silène** tient une coupe sur une plaque de Marseille, Frœhner, *Catal.,*
942, p. 182 ; un autre est assis et porte une amphore sur un revêtement de
coffret trouvé à Rome, *Bull. Municip. di Roma,* 1885, p. 187, 1.

245 (81) [E. 182]. — **Plaque rectangulaire, courbe et décorée d'un**

---

1. Frœhner, *Catal. Hoffmann* (28 mai 1888), 572, p. 151-2, Attique (?). Haut., 0ᵐ,105.
2. *Notice,* 5515-6, p. 433. Sur l'un des manches est un « Harpocrate les jambes croisées, appuyé sur une
colonne surmontée d'un oiseau ; à ses pieds, un ibis avec un serpent ». Sur l'autre, on voit un autel sur lequel se dresse
un serpent.

relief. — Tortose. — Haut., o^m,136. Larg., o^m,o36 (en bas, o^m,o5i). Ép., o^m,oo6 (au milieu, o^m,oo8). — Pl. XLI.

Le coin inférieur de droite cassé obliquement.

Femme (?) drapée, le pied gauche en arrière et sur la pointe, une tunique, qui paraît serrée à la ceinture, formant des plis lourds et profondément creusés autour du corps, le bras gauche baissé à gauche, la main pendant et tenant peut-être une guirlande, la tête tournée quelque peu sur la droite et inclinée vers l'épaule gauche, les cheveux coiffés en bandeaux ondulés, le bras droit relevé autour de la tête, la main tenant à droite le pan d'un voile ou d'une draperie.

246 (61) [E. 183]. — **Plaque rectangulaire, courbe et décorée d'un relief.** — Tortose. — Haut., o^m,097. Larg., o^m,o35 (en bas, o^m,o44). Ép., o^m,oo4. — Pl. XLI.

Le bord presque partout conservé.

Ephèbe nu (**Dionysos?**), debout et de face, la jambe gauche croisée sur la droite, les pieds également sur la pointe, le bras droit relevé et plié au coude, la main appuyée sur la tête, le bras gauche baissé à droite, le coude reposant sur un haut pilier ; la tête est légèrement relevée et tournée vers la droite, les cheveux séparés sur le front et coiffés de longues tresses, dont deux descendent sur les épaules ; derrière le corps flotte une draperie dont un pan s'enroule en haut du bras gauche. A gauche est une panthère (?) de face, la tête mal conservée.

Comparer Kanzler, *Avori Biblioth. Vatic.*, pl. VI, 4, p. 2, un manche du Louvre, *Arch. Anzeiger*, XVIII, 1904, p. 189, 44 et la pose d'un **Apollon** sur un relief d'ivoire de la Bibliothèque Nationale, *Jahreshefte*, IV, 1901, fig. 170, p. 138, Graeven. Un **Dionysos** abreuve une panthère sur une pyxis de la collection Cook à Richmond, *Jahrbuch*, XVI, 1901, p. 187. Pour le **dieu** seul, tenant le thyrse, voir, entre autres, Kanzler, *l. l.*, pl. IX, 6 (62), p. 3.

MANCHES TERMINÉS PAR UNE FIGURINE.

Les n^os **247-9** ne peuvent, étant donné leurs dimensions, être des têtes d'épingles ; si hautes et si compliquées que fussent les coiffures, on ne peut guère supposer un manche dépassant la chevelure de près d'un quart de mètre. D'autre part, la mortaise est trop large à la partie inférieure pour qu'à une ouverture pareille correspondît une simple tige d'aiguille. Mieux vaut considérer ces figurines comme de simples manches, sans émettre d'hypothèses gratuites sur l'emploi auquel elles étaient destinées.

La structure n'en est pas moins singulière que la forme. Elles se composent d'une ou de plusieurs pièces qui, une fois assemblées, ont plus ou moins l'apparence d'un corps de femme, nu et surmonté d'une tête diadémée. Une draperie est censée cacher le sexe et l'amorce des bras est seule indiquée ; deux fois sur trois le crâne est creusé d'une ouverture à l'occiput et une tige d'épingle, terminée par une tête ovale, couronne la statuette. Comme on le voit, celle-ci tient à la fois de la poupée et du xoanon. Qu'elle représente une **Aphrodite** syrienne, la chose n'est pas douteuse, mais nous n'en sommes pas plus instruits sur la nature exacte du manche[1].

La tête **250** est creuse. Comme la pièce supérieure de la figurine 1 s'arrêtait de même en bas du cou, il n'est pas impossible que le fragment provienne d'un manche pareil aux précédents. Le style est à vrai dire singulier et l'on croit y surprendre le désir d'imiter les sculptures chaldéennes. Il n'est pas impossible cependant que la pièce soit authentique et, dans ce cas, elle rentrerait bien dans la série que nous avons étudiée.

Les figurines **251-2** sont de bien plus petites dimensions. Il se peut qu'elles aient couronné une tête d'épingle, mais elles pouvaient, tout aussi bien, surmonter un manche tout différent.

J'ai joint aux numéros qui précèdent le **Bès 253,** qui provient certainement d'Égypte et la tête **254,** qui pourrait être phénicienne. On peut placer à la suite le trophée **255,** bien que la protome ne soit plus ici proprement humaine.

247 (1) [E. 413]. — **Manche en forme d'idole.** — Long., 0ᵐ,21 (de la première partie, 0ᵐ,125, — de la tête, 0ᵐ,024, — du bouton, 0ᵐ,015). Larg. à la tête, aux seins et aux hanches, 0ᵐ,022 (du bouton, 0ᵐ,011). Ép., 0ᵐ,02. — Pl. XLI.

La figurine est faite de quatre parties superposées. En haut est une pointe terminale en forme de pomme de pin non striée et qui couronne une tige cylindrique : celle-ci pénètre dans une large mortaise pratiquée en haut

---

1. Le style est différent dans un beau manche syrien acquis en 1855 par la Bibliothèque Nationale (CHABOUILLET, 3206, p. 551). La figurine, qui est vêtue, est d'un type qui rappelle de près l'Égypte, et ses deux mains, ramenées sur la poitrine, tiennent des fleurs de lotus.

du crâne, traverse la tête et le cou et se continue à l'intérieur jusque vers la hauteur des seins. Le second morceau se termine au ras du cou : il était collé sur la troisième pièce qui s'arrête en bas du sexe et finit par une section horizontale analogue à la première. La soudure ancienne était d'assez bonne qualité pour qu'une cassure du buste se soit faite obliquement et n'ait pas suivi la ligne de raccord horizontale. En bas est la partie drapée, creuse à l'intérieur sur presque toute sa longueur et qui est brisée à la partie inférieure : il est probable que cette douille recevait un tenon et que la figurine continuait un long manche, mais nous ne savons rien de la nature de ce support. Au cou est un collier d'or massif, dont les bouts sont noués et qui devait être rapporté.

Les jambes sont allongées, mais la droite est pliée au genou et le pied, s'il avait été conservé, eût porté sur la pointe, tandis que le gauche aurait été d'aplomb ; une draperie couvre les jambes, mais uniquement du côté gauche ; elle se termine par devant en bas du sexe et par derrière au-dessous des reins de la manière la plus conventionnelle : on peut en juger par les plis rigides et les cannelures du pan vertical et médian. Le buste très allongé, à peine rétréci à la taille, est sensiblement arrondi, quoique légèrement aplati par derrière et de chaque côté aux épaules : celles-ci sont percées chacune de deux trous superposés, mais, sauf d'un côté (à l'épaule gauche) et pour un seul des orifices, celui qui est situé le plus bas, aucune de ces petites mortaises n'est profonde et ne se relie à une ouverture conjuguée, de sorte que la poupée ne semble avoir jamais eu des bras mobiles, que des fils de fer auraient pu relier au tronc. Le cou est élevé et marqué d'un pli ; la tête, qui est presque carrée, est informe ; l'ouvrier a indiqué tant bien que mal un nez et une bouche minuscule, mais il a en revanche oublié de figurer les yeux ; le front est coiffé d'un diadème (?), qui est strié de traits rapides.

Le même bouton oviforme surmonte la tête d'un éphèbe en bronze doré trouvé à Orvieto et servant également de manche[1] : c'était comme la terminaison naturelle de ces longues tiges qui pouvaient servir indifféremment aux usages les plus divers. Quant à l'idole, elle ne rappelle ni les statuettes égéennes[2], ni les ivoires de Camiros[3], du Dipylon[4] et de l'Acropole[5], dont

1. *Arch. Zeitung*, 1877, pl. 11, 4, p. 118 (KÖRTE).
2. *Jahrbuch*, I, 1886, p. 102 (KROKER).
3. PERROT, *H. de l'Art*, III, fig. 619, p. 849.
4. *Bull. Corr. Hell.*, XIX, 1895, pl. IX, p. 273-295 (PERROT).
5. *Ibid.*, fig. 17, p. 295.

elle n'a guère que la nudité et la grossièreté de facture. Je la rapprocherais plutôt de certaines représentations postérieures, découvertes à Carthage[1] ou dans la vallée de l'Euphrate[2], ou mieux encore des poupées articulées, à bras mobiles, dont on a découvert des spécimens en divers lieux, en Grèce[3], comme en Italie[4].

248 (7) [E. 229]. — **Même forme.** — Amrith. — Haut., $0^m,118$ (de la tête, $0^m,033$). Diam. de l'ouverture, $0^m,011$. Long. à la base, $0^m,027$ (à l'intérieur, $0^m,018$). Larg. à la base, $0^m,02$ (à l'intérieur, $0^m,012$).

Le corps est coupé ras en bas du sexe et devait à cet endroit s'adapter sur quelque manche (la mortaise a près de $0^m,04$ de profondeur). A la hauteur des épaules, sont, de part et d'autre, deux ouvertures conjuguées et superposées, qui communiquent d'un côté à l'autre : elles servaient évidemment à l'attache des bras articulés. Le cou n'est pas séparé des épaules, mais une mortaise, pratiquée au sommet du crâne, servait à insérer un bouton terminal.

Le corps est sensiblement cylindrique et le modelé en est des plus sommaires ; le cou est élevé et le visage à peine dégagé, des incisions rapides indiquant les traits de la face ; les cheveux, qui sont séparés par une raie et relevés aux tempes, surmontent le front d'un épais turban et sont relevés en chignon à la nuque.

Travail médiocre.

249 (58) [E. 228]. — **Même forme (?).** — Amrith. — Haut., $0^m,17$ (de la tête, $0^m,04$). Larg. de la tête, $0^m,025$.

Fait d'un morceau. Cassé en haut et en bas, vers la gauche.

Le manche qui est creux vers le bas, mais qui ne paraît pas l'être à la partie supérieure, se compose de deux parties successives, séparées par sept rondelles, superposées et surmontées d'une tête humaine. Le premier tiers est tronconique avec une dépression médiane et des lignes verticales gravées indiquant des plis d'étoffe. Les rondelles peuvent correspondre à une ceinture placée très bas : la plus haute d'entre elles est rayée comme l'intérieur d'un écrou. Le corps lui-même devait être drapé, comme l'indiquent

---

1. La Blanchère-Gauckler, *Musée Alaoui*, fig. 9, pl. XLIII, p. 260. La statuette trouvée en 1895 dans la nécropole de Douïmès (*Musée Lavigerie*, p. 77-8, pl. XI, 2-3) est vêtue et les mains sont appliquées sur les seins.
2. *Gaz. Archéol.*, II, 1876, p. 66 (Louvre).
3. Frœuner, *Catal. Musée Marseille*, 937, p. 181.
4. *Catal. Leman* (vente du 24 novembre 1902), 166, p. 23 (Rome, long., $0^m,18$).

la rainure médiane et les traits obliques et parallèles incisés à droite et à gauche. Aux épaules sont deux trous superposés et qui se correspondent entre eux : ils servaient à l'attache des bras. Le cou, qui est à peine moins large que le torse, est orné, par devant seulement, de quatre lignes gravées horizontales, qui doivent simuler un collier. La tête est informe et les traits y sont à peine indiqués : le nez surtout est minuscule et la bouche réduite à sa plus simple expression ; deux trous à chaque oreille servaient à l'attache d'une pendeloque, mais une cinquième cavité creusée en haut du front paraît due à un accident ; les cheveux sont séparés par une raie et relevés sur les tempes.

250 (67). — **Tête creuse, couronnant peut-être une idole du type précédent.** — Haut., 0^m,04. Larg., 0^m,032.

Patine dorée, d'un ton chaud.

Le cou était plissé et le visage est à peine dégrossi, le nez embryonnaire, les yeux peu creusés, la bouche figurée par une fente droite ; les oreilles ne sont pas indiquées, mais deux trous qui se correspondent de chaque côté servaient à fixer deux pendeloques ; les cheveux forment sur le haut de la tête une calotte quadrillée, les losanges plus ou moins allongés et remplacés derrière par de simples traits obliques ; à la nuque est un court chignon embryonnaire. Tout le haut du crâne est creux et une large tête d'épingle pouvait surmonter la pièce d'ivoire.

251 (21) [E. 210]. — **Femme vêtue, servant de manche.** — Tortose. — Haut., 0^m,056. Larg. de la base, 0^m,015. Diam. du goujon, 0^m,003.

Sous la base, goujon circulaire.

La tête n'est pas conservée ; des bras, le droit est cassé dès l'attache et le gauche à partir du coude.

La femme est figurée debout, les pieds non marqués, la jambe droite légèrement fléchie au genou, le corps vêtu d'un diploïdion, dont le pan supérieur est serré par une ceinture ; le bras gauche est pendant, l'avant-bras dirigé en avant ; les cheveux tombent en nappe sur le dos.

Style passable.

Je comparerai une femme vêtue appuyée sur un cippe, découverte à Bubastis[1] et un petit ivoire de la Bibliothèque Nationale[2].

1. *Jahrbuch*, II, 1887, p. 197 (British Museum).
2. Chabouillet, 3211, p. 551 (haut., 0^m,068, les bras cassés).

252 (3o). — **Fragment de draperie.** — Haut., o^m,o25. Larg., o^m,o16.
Ep., o^m,oo2.

Le fragment de chiton paraît être pris au-dessous de la taille et en haut
de la jambe droite.

253 (33) [E. 345]. — **Tête de Bès, couronnant quelque manche.** —
Haut., o^m,o46 (en haut du panache, o^m,o37, — à la plate-forme, o^m,o11).
Larg. de la plate-forme, o^m,o16. Prof., o^m,o16. — Pl. XLI.

La tête cassée aux yeux. La partie droite du panache non conservée.

La tête a les yeux gros et saillants (le droit seul conservé) ; au-dessus,
tout le front est plissé de rides parallèles et sinueuses ; deux cornes partent
d'entre les sourcils et se recourbent à droite et à gauche. Au-dessus de la
tête repose une plate-forme rectangulaire. Sur cette plate-forme porte à son
tour une sorte de haut panache, qui s'élargit vers le sommet et dont le
revers est concave; trois hautes plumes, partant de la plate-forme, s'épa-
nouissent sur la face antérieure. Un singe, qu'un anneau serre à la taille, est
grimpé sur la partie gauche du panache et présente la tête de face ; une
griffe (?) est posée sur le dos du quadrumane. Sur la partie droite du panache
sont deux pieds d'homme, un gauche et un droit, qui se dirigent tous les
deux vers la gauche ; peut-être l'homme s'attaquait-il au fauve qui était
dressé sur le singe.

On peut rapprocher pour le style une **Hathor** servant de pendeloque et
trouvée à Tharros, PERROT, *H. de l'Art*, III, p. 852 (British Museum).

254 (35) [E. 247]. — **Tête moustachue et barbue.** — Haut., o^m,o17.
Larg., o^m,o13. Ép., o^m,o1. — Pl. XLI.

Le revers de la tête est plat et le sinciput est percé d'un trou.

Le bas de la tête est arrondi et la barbe est rayée de stries verticales ;
la bouche est sinueuse et les commissures sont singulièrement relevées ;
le nez est fort et les yeux sont enfoncés profondément sous des sourcils
en fort relief ; les cheveux descendent bas sur le front et sont incisés comme
la barbe l'est elle-même.

Les têtes viriles en ivoire se rencontrent dès les premières dynasties
égyptiennes dans les fouilles d'Hierakonpolis (*Arch. Anzeiger*, XV, 1900,
p. 114). On sait l'usage qu'ont fait de ce motif les artistes mycéniens (*Bull.
Corr. Hell.*, II, 1878, pl. XVIII, 2, p. 217, Spata. PERROT, *H. de l'Art*, VI,
p. 811, fig. 38o, Mycènes).

255 (11) [E. 202]. — **Manche terminé par une sorte de trophée.** — Tortose. — Long., o^m,112 (du trophée, o^m,059, — de la tête, o^m,015). Larg. du trophée, o^m,022 (de la base, o^m,014, — du manche, o^m,007 à o^m,02). Ép., o^m,004. — Pl. XLI.

Le manche cassé.

Tête coiffée d'un casque à panache retombant et de forme romaine ; le buste est drapé, mais sans que les bras soient indiqués, ni que l'on sente aucunement le modelé du corps. Le manche est plat et semble s'élargir vers l'endroit de la cassure.

MANCHES TERMINÉS PAR UNE PROTOME.

Il y aurait à distinguer parmi ces manches un exemplaire probablement égyptien, le singe **256,** une lame plate, **257,** dont l'origine ne peut être définie avec précision, mais dont le type rappelle les bouquetins des vases rhodiens, enfin un mufle de lion d'un assez mauvais style, **258.** Il est probable que tout ou partie de ces poignées servaient de manches à des couteaux. Les poignards mycéniens[1], assyriens[2], ioniens[3] et grecs[4] paraissent avoir eu souvent, comme les grandes épées[5], une garde en os ou en ivoire.

256 (40) [E. 346]. — **Singe accroupi, servant de manche.** — Haut., o^m,03. Long. de la base, o^m,013. Larg. —, o^m,008. — Pl. XLI.

Sous la base, fente allongée servant à fixer la tige.

Les genoux du singe sont rapprochés et les bras également pliés au coude, les mains portées à la bouche et la tête présentée de face.

Travail rapide. Bon style.

On a trouvé en Egypte, à Abydos, de petits singes d'ivoire qui dataient des premières dynasties, *Rev. Archéol.*, 1904, I, p. 105 (E. ROULIN, fouilles d'E. R. Ayrton).

1. SCHLIEMANN, *Mycènes*, fig. 525, p. 411. PERROT, *H. de l'Art*, VI, fig. 375, p. 802 (= *Kuppelgrab v. Menidi*, pl. VIII, 6).
2. PERROT, *H. de l'Art*, II, fig. 246, p. 532 ; fig. 392, p. 731 (Louvre).
3. *Monumenti*, X, pl. XXXI, 3 ; XI, pl. II, 1-6 (Préneste, Musée Kircher).
4. Aristophane, *Lysistrata*, V, 231, scol. (p. 251, éd. Didot). Cf. BRUECKNER, *Arch. Anzeiger*, XV, 1900, p. 103.
5. 'Εφημ. 'Αρχαιολ., 1904, fig. 7, p. 29-30 (épées de Moulianà, Crète, XANTHOUDIDÈS). Dans les peintures à figures noires, des rehauts blancs sont toujours posés sur la garde des épées, comme sur les montants des cithares ou sur les pieds des lits d'apparat.

257 (37) [E. 207]. — **Manche, terminé par une tête de bouquetin (?).**
— Tortose. — Long., o^m,o58 (de la tête, o^m,o25). Larg., o^m,o1. Ép., o^m,oo5.
— Pl. XLI.

Le manche cassé.

Le manche est aplati et le cou n'est pas indiqué, la tête s'allongeant dans le sens du manche. Les cornes sont ramenées sur la nuque et les oreilles sont allongées, les poils formant une frange sur le front et le contour des joues marqué par une ligne de grènetis; l'œil est arrondi, le museau court et un peu relevé, les naseaux épais et bien ouverts.

Une chèvre (?) est gravée au trait sur une plaque de Spata (*Bull. Corr. Hell.*, II, 1878, pl. XVII, 1, HAUSSOULLIER).

258 (36) [E. 209]. — **Manche, terminé par une tête de lion.** — Tortose. — Haut., o^m,o5 (de la tête, o^m,o12). Larg., o^m,o14. Ép., o^m,oo65.

Cassé en bas.

Le manche est plat et s'élargit vers la base, qui est fourchue. Au cou, collier. La tête, dont la mâchoire s'ouvre par un rictus, est, elle aussi, comme aplatie : sur le front se dressent de petites cornes qui font songer aux fauves de l'art perse et assyrien [1].

Un lion allongé sert de manche à Chypre [2] et l'on sait quel usage les bronziers ont fait de ce motif comme poignée de phiales ou de patères [3]. Un ivoire de la Bibliothèque Nationale représente un lion couché et qui servait d'applique [4].

MANCHES ET CYLINDRES DIVERS.

Les n^os **259-269** ne peuvent être identifiés avec certitude, car ils pouvaient servir aux usages les plus divers [5]. Le n° **259** est probablement un

---

1. Je ne crois pas qu'on puisse comparer le lion cornu qui paraît sur la gaine d'un Zeus Héliopolitain, *Rev. Archéol.*, 1905, I, fig. 7, p. 52 (à l'Université américaine de Beyrouth). Une tête seule est reproduite *ibid.*, fig. 6, p. 51.
2. CESNOLA, *Salaminia*, pl. VII, 9. Un bracelet trouvé à Tivoli et aujourd'hui à l'Ashmolean Museum d'Oxford se termine par une tête de lion, *Arch. Anzeiger*, XV, 1900, p. 114, et un manche de la collection Ravestein (*Notice Musée R.*, 1514, p. 432) est terminé par une tête de tigre.
3. DE RIDDER, *Catal. Bronzes Acropole*, 231-5, p. 77-9.
4. CHABOUILLET, 3235, p. 553 (le lion ressemble aux animaux de bronze qui garnissaient le tour des grands *lébès* ou chaudrons de métal).
5. L'un de ceux auxquels l'on peut penser est celui de manches de miroir. Les poignées étaient souvent d'os ou d'ivoire (*C. I. A.*, II, 2, 754, l. 23-4) et le Musée de Boston vient d'acquérir un exemplaire qui a conservé son manche primitif. L'usage remonte comme on le sait jusqu'à l'époque mycénienne (MURRAY, *Excavations in Cyprus*, pl. II, 872 A, B, p. 11-2, Enkomi. PERROT, *H. de l'Art*, VI, fig. 384-8, p. 815-7, Mycènes).

haut de manche, car la longueur en est trop grande pour une tête d'épingle. La tige **261** est simplement moulurée, comme les cylindres **262-3** qui se terminent par deux tenons d'encastrement. Le décor du n° **264** est plus compliqué, mais celui des tuyaux **265-9** se compose uniquement de cannelures verticales.

259 (47) [E. 222]. — **Haut de manche (?).** — Amrith. — Long., o\",12 (du bouton, o\",022, — de la base, o\",02). Diam. max., o\",011 (de la base, o\",01, — du bouton, o\",009). — Pl. XLI.

La pointe cassée.

La pièce se compose de trois parties de longueur inégale. La base, qu'une petite pastille en saillie devait permettre de relier à un manche disparu, se compose de deux filets, d'une moulure concave et d'un chapeau convexe, suivi de deux rondelles. Le corps principal est fusiforme : le décor, qui est géométrique, consiste en tores saillants se suivant deux à deux ou alternant avec des rondelles parallèles et très rapprochées. En haut, deux rondelles, suivies d'une sorte de pomme de pin, pointue et non striée.

260 (109) [E. 208]. — **Haut de manche.** — Tortose. — Long., o\",025. Diam., o\",003 à o\",009.

La tige cassée.

La tête se compose d'un bandeau lisse, d'un prolongement ovoïde et d'une rondelle simple.

261 (105). — **Tige cylindrique.** — Long., o\",095. Diam., o\",007 (en bas, o\",006).

Le sommet est creusé au milieu ; la base de même, le cercle traversé par un diamètre transversal. Sur la tranche, moulures convexes alternant avec des rondelles : celles-ci sont au nombre de trois ou de quatre, les moulures ordinairement simples, mais étant deux fois appariées.

Il est curieux de rencontrer le même motif sur un manche trouvé à Troie, SCHLIEMANN, *Ilios,* fig. 141.

262 (99) [E. 223]. — **Tige cylindrique ornée de redans.** — Amrith. — Haut., o\",087 (sans les pointes, o\",081). Diam. des pointes, o\",0025 (de la tige, o\",009 et o\",007).

Haut et bas, deux tigettes s'emboîtant dans quelque goujon. Sur la tranche, dix-sept moulures ou bandeaux saillants, alternant avec des moulures en retrait ; les deux bandeaux du haut et du bas sont plus minces que les quinze autres.

263 (102) [E. 131]. — **Tige cylindrique, creuse à la partie inférieure.** — Haut., o^m,155 (du tenon, o^m,oo5). Diam., o^m,oo9 (du tenon, o^m,oo6).

Cassé en bas.

En haut, petit tenon cylindrique qui servait à encastrer la tige ; la tige même est creuse et il est possible qu'elle se soit terminée à la partie inférieure comme elle l'est aujourd'hui au sommet.

264 (56) [E. 231]. — **Fragment de manche.** — Amrith. — Haut., o^m,077 (du bandeau en retrait, o^m,oo9). Long. en haut, o^m,o3 (intérieure, o^m,o22). Larg. en haut, o^m,o23 (intérieure, o^m,o15). Diam. en bas, o^m,o17 (intérieur, o^m,o12).

Le manche creux, cylindrique à la base et ovale à la partie supérieure. En bas, bandeau en retrait, large moulure concave, tore entre rondelles haut et bas et couronnement végétal, ayant quelque peu la forme des chapiteaux corinthiens.

265 (92) [E. 149]. — **Étui cylindrique.** — Long., o^m,118 (entre les redans, o^m,112). Diam., o^m,o19 (au redan, o^m,o22, — en bas du redan, o^m,o25). Diam. en bas, o^m,o22, o^m,o25 et o^m,o29.

En haut et en bas de la tranche, redan ; sur la tranche même, trente-cinq cannelures verticales et parallèles. Le diamètre, comme dans tous les exemplaires qui suivent, va en augmentant vers le bas.

266 (94) [E. 152]. — **Même forme.** — Long., o^m,10 (entre les redans, o^m,o93). Diam., o^m,o14 (au redan, o^m,o19, — en bas du redan, o^m,o22). Diam. en bas, o^m,o18, o^m,o23 et o^m,o25.

Le nombre des cannelures est le même.

267 (96) [E. 151]. — **Même forme.** — Long., o^m,o88 (entre les redans, o^m,o82). Diam. en bas, o^m,o11, o^m,o15 et o^m,o18.

Cassé en haut.

Les cannelures sont au nombre de vingt-neuf.

268 (95) [E. 153]. — **Même forme.** — Long., $0^m,07$. Diam., $0^m,018$ et $0^m,008$.

Cassé haut et bas. Vingt-huit cannelures.

269 (93) [E. 150]. — **Même forme.** — Long., $0^m,97$ (entre les redans, $0^m,088$). Diam., $0^m,016$ (au redan, $0^m,019$, — en bas du redan, $0^m,021$). Diam. en bas, $0^m,016$, $0^m,021$ et $0^m,025$.

Les cannelures sont au nombre de vingt-deux seulement.

TESSÈRES ET JETONS

(270-293)

Les tessères **270-290** portent au droit une représentation figurée, au revers une inscription comprise entre deux chiffres de même valeur, l'un grec et l'autre latin. Qu'il faille y voir non des billets de théâtre, mais des dames ou des pions, c'est ce dont il n'est plus permis de douter aujourd'hui, après la triple démonstration de Frœhner[1], d'Huelsen[2] et de Rostovtzew[3]. Aux preuves déjà données, la collection de Clercq en ajoute même une nouvelle : elle contient en effet douze tessères qui auraient été trouvées à Tortose, dans un même tombeau[4], et les chiffres qui s'y succèdent vont de I à XV, total qui est rarement dépassé dans les monuments de ce genre[5] : les jetons XI, XII et XIII font seuls défaut dans la série, qui, cela va sans dire, était complète dans l'antiquité.

Est-ce à dire que nous puissions déterminer le jeu auxquels servaient ces menus disques? Je ne le crois pas et je ne saurais que m'associer sur ce point à la réserve prudente de M. Rostovtzew[6]. Non seulement en effet on rencontre les mêmes chiffres à côté de mots et au revers de sujets différents, mais il n'est même pas exact que l'inscription corresponde toujours à la représentation figurée[7]. J'imagine que les combinaisons

---

1. *Ann. de numismatique*, 1884, p. 232 ; 1894, p. 83 ; *Collection Dutuit*, II, p. 150.
2. *Rœm. Mitteil.*, XI, 1896, p. 238-252.
3. *Rev. Archéol.*, 1905, I, p. 110-124, fig. 1-4 (*Bull. de la Comm. imp. archéol. de Russie*, 1904, fasc. 10, p. 109, en russe).
4. Nᵒˢ **270, 272-3, 275-6, 278, 280-1, 285-8.**
5. *Rev. Archéol.*, 1905, I, p. 114, 1, note 2, Rostovtzew.
6. *Rev. Archéol.*, 1905, I, p. 120-1.
7. M. Rostovtzew croit le contraire (*l. l.*, p. 118) et il semble bien qu'il ait raison dans la plupart des cas, mais il y a des exceptions. L'atew représenté sur un jeton du British Museum (Blanchet, *Tessères antiques théâtrales et autres*, 25, p. 19, fig.) n'a aucun rapport avec le **Sarapis** de l'inscription et la tessère 24 de la Bibliothèque Nationale porte le même mot **Sarapis** avec une représentation différente. De même les nᵒˢ 44 et 45 de la même liste (p. 26-7) ont la même légende Στησίχορος, quoique le sujet de l'avers ne soit pas le même, et il est douteux que la finale ωτος sur le jeton 51 (p. 29-30) ait quelque rapport avec la tête de squelette en relief sur le droit. Enfin, l'on peut apporter le témoignage des tessères de Clercq. Ἀμαράκιν, nom qui paraît féminin, y est accolé à une tête d'homme (**270**) et Φαμόλης, doublet certain de Παμόλης, désignerait tantôt une **Tyché** et tantôt un quartier de ville.

devaient être très nombreuses, comme il y a chez nous plusieurs variétés de loto ou de jeu d'oie, dans lesquelles on donne à volonté aux mêmes jetons les valeurs et les désignations les plus diverses. Aussi ne peut-on guère dater nos monuments et les noms historiques que l'on rencontre sur certains d'entre eux[1] nous avertissent tout au plus du point au delà duquel nous ne pouvons remonter. S'il y a peu de jetons qui soient antérieurs à notre ère, il y en a sans doute plusieurs d'une époque assez basse et la fabrication dut continuer au moins jusqu'aux Sévères.

Le diamètre moyen des tessères syriennes est de $0^m,031$[2] et la technique en est uniforme. L'ouvrier commençait par décrire avec un compas un cercle régulier sur le dos d'une lame assez épaisse d'ivoire ou d'os, puis il n'avait qu'à découper la lame suivant le contour ainsi obtenu. Le même procédé servait à graver les filets concentriques qui servaient, sur l'avers, de cadre à la représentation[3] ; le sujet était ensuite travaillé et modelé dans l'épaisseur de la plaque : souvent même, afin de donner plus de relief, le champ était creusé au milieu et légèrement concave.

Les inscriptions que portent nos jetons ne sont pas toutes inédites. Plusieurs avaient déjà été relevées par les archéologues qui avaient visité à Beyrouth la collection de Péretié. Une douzaine sont nouvelles, dont deux sont incomplètes[4]. Parmi les dix qui restent, l'une (276) est connue avec un autre chiffre et une autre (278) confirme, d'une manière frappante, la lecture qui avait été faite par M. Blanchet d'une des tessères du Louvre[5]. Quatre noms se terminent de la même manière en ΙΝ et appartiennent à la même classe de diminutifs féminins. Ce sont Ἀμαράχιν (270), Ἀνθάλιν (286), l'énigmatique Ἐρωτότιν (272) et le non moins singulier Πατώχιν (288)[6]. Les quatre derniers graffites donnent ἀναυλία (280), δισάχκια (281), ὀρφανή (273) et πισσοῦς (285). Il semble bien que ce dernier mot n'ait, tout comme Πατώχιν, que l'allure égyptienne[7].

Parmi les légendes, il en est qui ne laissent pas de paraître surprenantes. Comme la représentation du droit est également singulière, et comme le style en est à la fois maladroit et barbare, on pourrait être tenté de rejeter

---

1. *Rev. Archéol.*, 1905, I, p. 121-2. Aucun de ces noms ne se retrouve sur nos tessères.
2. Dix sur vingt ont ce diamètre, mais le n° **279** a $0^m,027$ et le n° **282** $0^m,0335$.
3. Le point central paraît encore sur quelques-unes de nos tessères. Il est en revanche toujours visible sur le revers.
4. Ἀμα (**275**) et Τερπηι (**287**).
5. *Tessères antiques*, 47, p. 27.
6. Suivant MM. Jouguet et Spiegelberg, que j'ai consultés à ce sujet, le mot n'est égyptien que d'apparence. M. Spiegelberg y reconnaît avec hésitation une déformation du grec πανδοχεῖον.
7 V. *infrà*. M. Spiegelberg veut bien me dire que le mot n'a rien d'égyptien.

ces tessères comme suspectes et de les attribuer à quelque main moderne. Après un examen attentif, je ne crois pas que ces doutes puissent être fondés. Qu''Ερωτότιν soit dû à l'imagination fantaisiste d'un faussaire, la chose est certes possible, mais n'est rien moins que démontrée. Que Κορμίνη soit copié sur la tessère publiée par Dumont, c'est ce qui devient déjà moins vraisemblable, la thèse latine du savant français n'ayant guère dû pénétrer dans la région syrienne. L'érudition de l'antiquaire devient encore plus surprenante si on lui attribue l'invention de mots bien formés tels que 'Αμαράχιν et 'Ανθάλιν. Enfin, jusqu'à la publication dans la *Revue Archéologique*, en 1889, des articles de M. Blanchet, on lisait Χελιδόνη sur une tessère du Louvre, où l'H final doit être remplacé par la syllabe IN. Comme le jeton **278** était entré avant cette date dans la collection de Clercq, il eût fallu être devin pour rectifier ainsi à distance une graphie qui, depuis Wieseler, était communément reçue. Or on ne peut faire un choix dans la trouvaille de Tortose et mettre certaines pièces à part comme authentiques en rejetant les autres comme suspectes. Les représentations figurées au droit sont en effet de même style et on ne peut attribuer un jeton à une main moderne sans lui donner du même coup tous les autres ; or, comme le n° **278** paraît bien ancien, les autres disques ne le sont pas moins. Si le type des têtes est singulier, il faut songer que ce sont très probablement des caricatures [1] et qu'elles sont figurées de même sur des monuments non soupçonnés [2]. Pour toutes ces raisons, je suis porté à croire à l'authenticité des tessères et, si quelques noms gravés au revers nous paraissent aujourd'hui surprenants, il faut songer que l'onomastique syro-hellénique nous est encore très peu connue.

Ces représentations sont assez peu variées.

Les types féminins sont au nombre de trois : tête féminine voilée, à droite [3] ou à gauche [4], tête semblable coiffée d'un kékryphale, à droite [5] ou à gauche [6], enfin tête où les cheveux sont simplement ramassés en chignon [7]. A ces neuf profils de femmes, nous n'avons à opposer que quatre têtes d'homme. Les cheveux en sont également crépus, mais l'occiput est [8] ou

1. *Rev. Archéol.*, 1905, 1, p. 119 (ROSTOVTZEW).
2. BLANCHET, *Tessères antiques*, 16. p. 14-6, 47, p. 27-8.
3. Nos **272, 273, 279, 288.**
4. N° **285.**
5. N° **281.**
6. Nos **276, 287.**
7. N° **278.**
8. Nos **270, 275.**

n'est pas[1] recouvert d'une calotte ; deux des profils sont dirigés vers la droite et deux sont tournés vers la gauche.

Six jetons font contraste avec les précédents, non seulement parce que la représentation y est différente, mais parce que l'exécution en est bien supérieure. L'**Abondance 283** est d'un dessin peu net, mais la porte **271,** les tours **282** et les autels **277** sont rendus avec précision et la finesse du modelé est plus grande encore dans le batelier **284,** ainsi que dans le sphinx couché et dans l'obélisque de la tessère **274.** Or il est à remarquer que les derniers sujets paraissent empruntés au répertoire alexandrin : il doit en être de même pour les premiers, où l'on retrouve le même souci du pittoresque. Je n'aurais pas insisté sur ce point si l'on n'avait précisément trouvé en Égypte un certain nombre de tessères d'ivoire[2] et si, sur beaucoup de ces jetons, qu'on les ait ou non découverts dans le Delta, le sujet de la représentation n'était d'inspiration certainement égyptienne[3].

Il ne faut pas en conclure que les tessères de la collection de Clercq et les deux autres qui sont de provenance syrienne[4] soient nécessairement de travail alexandrin. Mais MM. Frœhner[5] et Rostovtzew[6] paraissent avoir raison de chercher dans l'Égypte hellénisée l'origine de ce jeu gréco-romain.

Les trois jetons **291-3** ne portent au revers ni chiffres ni inscriptions. La tête qui est modelée sur le plat est d'un meilleur style que les effigies des tessères proprement dites. Il est possible qu'il faille y voir des couvercles de pyxis, ceux-ci étant souvent ornés de têtes en relief[7]. Il est à remarquer que le disque **293** a été percé, peut-être après coup, d'un trou de suspension.

270 (125) [E. 18]. — **Tessère.** — Tortose. — Diam., 0^m,031 (du champ, 0^m,027). Ép. de la tranche, 0^m,003.

1. Nos **280, 286.**

2. Blanchet, *Tessères antiques,* p. 17 (19), p. 34 (56 *bis*), p. 38 (63), p. 42 (73), p. 45 (10), p. 48 (21), p. 53. Frœhner, *Coll. Dutuit,* II, 152. Ajouter les tessères alexandrines signalées par Rostovtzew, *Rev. Archéol.,* 1905, I, p. 123, note 1.

3. Je relève dans les *Tessères antiques* de Blanchet, un **Agathodæmon** (*ibid.,* 1, p. 9), un **Harpocrate** (9, p. 13), une **Isis** (8, p. 17), le **Sarapis** 24, p. 193, le **Toth** 28, p. 21, l'atew 25, p. 19, une tête coiffée du klaft (26, p. 20), plusieurs pylones (53, p. 32 (?); 63, p. 38 (?); 64, p. 39 ; 11, p. 45); un bateau (p. 45); un filet (56 *bis*, p. 34); un crocodile et un ibis (60, p. 36). Ajouter les allusions possibles aux monuments d'Alexandrie relevées par Rostovtzew, *l. l.,* p. 119-120 et l''Αδελφός Κλεοπάτρα; de la collection Dutuit (II, p. 151).

4. Blanchet, *Tessères antiques,* 9, p. 13 et 24, p. 19 (Bibliothèque Nationale).

5. *Coll. Dutuit,* II, p. 151.

6. *Rev. Archéol.,* 1905, I, p. 123-4.

7. Stephani, *C. Rendu de St-Pétersbourg,* 1880, p. 71 (tête grotesque). Cesnola, *Salaminia,* fig. 71 (tête barbue, à droite).

Deux filets concentriques autour du champ, qui est légèrement creusé sur les bords de l'image. Au revers, comme dans toutes les autres tessères, un point central est gravé assez profondément : le cercle était donc décrit à l'aide d'un compas et la lame d'ivoire était ensuite découpée suivant le contour ainsi tracé.

Dans le champ, buste de **Sémite** à droite, le départ des épaules marqué, le bord d'une draperie paraissant au-dessus de l'épaule gauche, le menton pointu, la bouche fermée, l'aile du nez forte, le front en retrait, l'œil enfoncé sous l'arcade sourcilière, une sorte de bonnet couvrant la tête, des boucles de cheveux frisés bouffant sur la nuque.

Au revers est l'inscription :

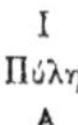

'Αμα[ρ]άκιν

Le type du visage rappelle une tessère du Louvre, BLANCHET, *Tessères antiques*, p. 29, 50. Le diminutif 'Αμαράκιον n'est pas connu, mais le simple 'Αμαρακίνη (d'ἀμάρακον, marjolaine) se trouve au second siècle chez Alciphron (3, 37).

271 (130) [E. 343]. — **Tessère.** — Anc. collection Péretié. — Diam., 0ᵐ,031 (du champ, 0ᵐ,027). Ép. de la tranche, 0ᵐ,0025. — Pl. XLI.

Même bordure. Cassé en bas.

Dans le champ, porte, les montants légèrement concaves, le linteau surmonté de six merlons ; une fente sépare les vantaux, qui sont ainsi figurés comme entr'ouverts, les panneaux séparés par des lignes parallèles, ceux d'en haut ornés d'une croix oblique cantonnée de points. A mi-hauteur de la porte, à droite et à gauche, double ligne séparée par un grènetis et marquant la crête du mur au milieu duquel s'ouvre la porte.

Au revers est l'inscription, dont les chiffres sont peu distincts :

Πύλη

BIBL. *Bull. Corr. Hell.*, III, 1879, p. 270, 41, M. BEAUDOIN-POTTIER. BLANCHET, *Tessères antiques*, p. 34, 57. *Rœm. Mitteil.*, XI, 1896, p. 245, 74, HUELSEN.

C'est à tort que les premiers éditeurs ont lu ΠΥΛΗΟϹ. Trois tessères sont déjà connues, qui portent les mêmes chiffres et la même représentation. Les deux premières sont, l'une au British Museum, l'autre au Musée de Naples (BLANCHET, *l. l.*, 58, p. 34-5 = HUELSEN, 83-4). Une troisième vient d'être découverte à Bolsène (*Not. degli Scavi*, 1903, p. 372, fig. 10; diam., 0ᵐ,031). Mentionnons enfin une tessère du Louvre où une porte est figurée au droit, mais dont le revers est marqué du chiffre VI et dont la légende est différente (BLANCHET, *l. l.*, 59, p. 35). Sur un exemplaire italien (chiffre XII), des animaux égyptiens, tels qu'un crocodile et un ibis, semblent garder la porte (BLANCHET, *l. l.*, 60, p. 36). Rostovtzew y voit un monument bien connu d'Alexandrie [1].

La porte est fermée sur la tessère de Bolsène. Elle est entr'ouverte dans les autres exemplaires et l'on voit bien, sur le jeton que possède le British Museum, la suite de merlons qui couronne le linteau, de même que les assises du mur sont marquées avec soin sur la tessère du Louvre.

272 (124) [E. 11]. — **Tessère.** — Tortose. — Diam., 0ᵐ,0315 (du champ, 0ᵐ,027). Ép. au bord, 0ᵐ,003.

Deux filets concentriques autour du champ, qui est légèrement creusé autour de l'image.

Dans le champ, tête de femme âgée, à droite, le menton pointu, la bouche entr'ouverte, le nez long, mince et busqué, l'œil très enfoncé sous une arcade sourcilière en fort relief, des mèches de cheveux se hérissant en haut du front, un voile couvrant la tête, la nuque découpée d'une manière singulière, le visage maigre et ridé.

Au revers est l'inscription :

Η
'Ερωτότιν
B′

Le mot est inconnu, mais 'Ερώτιον se rencontre dans une épigramme de Lucilius (*Anthol.*, XI, 88).

1. *Rev. Archéol.*, 1905, I, p. 119.

273 (128) [E. 14]. — **Tessère.** — Tortose. — Diam., 0ᵐ,031 (du champ,
0ᵐ,027). Ép. de la tranche, 0ᵐ,003.

Même bordure.

Dans le champ, tête de femme âgée, à droite, le menton pointu, les lèvres
légèrement entr'ouvertes, le nez long, mince et busqué, l'œil très enfoncé
sous une arcade sourcilière en fort relief, les cheveux rabattus en haut du
front, un voile couvrant la tête, la nuque découpée, la joue marquée et coupée de deux rides.

Au revers est l'inscription :

III
Ὀρφανή
Γ′

Pour les voiles qui couvrent la nuque, on peut comparer une tessère
de Munich (BLANCHET, *Tessères antiques,* p. 16, 16) et une autre du Louvre,
ibid., p. 29, 50. Le mot se rencontre pour la première fois sur une tessère.

274 (136) [E. 341]. — **Tessère.** — Anc. collection Péretié. — Diam.,
0ᵐ,031 (du champ, 0ᵐ,0275). Ép. de la tranche, 0ᵐ,003. — Pl. XLI.

Même bordure.

A gauche, soubassement rectangulaire à deux étages, chacun des degrés
surmonté d'un bandeau en relief : sur cette base, sphinx couché à droite,
les pattes repliées sous le corps, la tête coiffée du klaft et, semble-t-il, de
la couronne royale. A droite, soubassement placé à un niveau inférieur et
surmonté de deux listels[1] ; il porte un obélisque, dont le fût est strié d'incisions verticales.

Au revers est l'inscription :

IIII
Νικόπολις
Δ′

BIBL. *Bull. Corr. Hell.,* III, 1879, p. 269, 38, M. BEAUDOIN-POTTIER. BLANCHET,
Tessères antiques, p. 43, 74. *Rœm. Mitteil.,* XI, 1896, p. 245, 71, HUELSEN. *Rev. Archéol.,*
1905, I, p. 119 (ROSTOVTZEW, qui voit dans le mot un quartier d'Alexandrie).

---

1. Les premiers éditeurs de l'inscription y voient une *spina* d'hippodrome.

275 (139) [E. 21]. — **Tessère.** — Tortose. — Diam., o^m,o3 (du champ,
o^m,o26). Ép. de la tranche, o^m,oo25.

Même bordure. Cassé en haut.

Dans le champ, buste de **Sémite** à gauche, les épaules en partie
figurées, le menton pointu, la bouche fermée, les commissures abaissées, le
nez mince et allongé, l'œil enfoncé sous l'arcade sourcilière dont la saillie
est exagérée, l'oreille trop relevée, la tête couverte d'un bonnet rond, des
touffes de cheveux frisés bouffant sur la nuque.

Au revers est l'inscription :

                IIII
              AMA[.....]
                Δ′

Peut-être est-ce le début d''Αμαράκιν (tessère **270**).

276 (137) [E. 19]. — **Tessère.** — Tortose. — Diam. o^m,o31 (du champ,
o^m,o27). Ép. de la tranche, o^m,oo25.

Même bordure.

Dans le champ, tête de femme (?), à gauche, les bras coupés court, le
visage osseux, allongé et singulièrement découpé, le menton pointu, la
bouche fermée, le nez mince, allongé et busqué, l'œil en retrait, l'arcade
sourcilière très marquée, les cheveux relevés sur les tempes et revenant
sur les joues, le crâne couvert d'un kékryphale ou d'un foulard plissé.

Au revers est l'inscription :

                V
              Κορμίνη
                ε′

Le mot se rencontre plus loin avec le chiffre VII.

277 (135) [E. 342]. — **Tessère.** — Anc. collection Péretié. — Diam.,
o^m,o32 (du champ, o^m,o28). Ép. de la tranche, o^m,oo25. — Pl. XLI.

Même bordure. Cassé à droite.

Dans le champ, deux autels sur une sorte de ménisque ou sur un segment de cercle en relief. A la base des autels, filet saillant ; sur le corps, deux incisions verticales ; en haut, filet surmonté de trois dents.

Au revers est l'inscription :

VI
Βωμοί
ϛ΄

Bibl. *Bull. Corr. Hell.*, III, 1879. p. 270, 40, M. Beaudoin-Pottier. Blanchet, *Tessères antiques*, p. 37, 62. *Rœm. Mitteil.*, XI, 1896, p. 240, 20, Huelsen.

278 (127) [E. 17]. — **Tessère.** — Tortose. — Diam., 0ᵐ,031 (du champ, 0ᵐ,026). Ép. de la tranche, 0ᵐ,003.

Même bordure.

Dans le champ, tête de femme âgée, à droite, le cou mince et coupé net, le menton allongé et pointu, la bouche fermée, le nez mince et très long, l'œil grand et très ouvert sous une arcade très relevée, les cheveux formant un bandeau sur les tempes et un court chignon à la nuque, le haut du crâne creusé d'une série de losanges, l'oreille oblique et mal placée, la joue décharnée et ridée.

Au revers est l'inscription :

[VI]
Χελιδ[ό]νIN
ϛ΄

Le mot se lit déjà, mais avec le chiffre XI, sur une tessère du Louvre, Blanchet, *Tessères antiques*, 47, p. 27 (*Rœm. Mitteil.*, XI, 1896, p. 247, 94, Huelsen). Le mot simple Χ]ελιδών est connu par une tessère de la collection Bourguignon (Huelsen, *l. l.*, 93).

279 (141) [E. 193]. — **Tessère.** — Anc. collection Péretié. Amrith. — Diam., 0ᵐ,027 (du champ, 0ᵐ,023). Ép. de la tranche, 0ᵐ,002.

Même bordure.

Dans le champ, tête de femme âgée, à droite, le menton pointu, la bouche fermée, le nez très long et très mince, la pointe grosse et proéminente, l'arcade sourcilière en forte saillie, les cheveux coiffés en bandeaux sur les tempes, un voile plissé tombant sur le derrière de la tête.

Au revers est l'inscription :

VII
Κορμίνη
z′

BIBL. DUMONT, *de plumbeis apud Græcos tesseris*, p. 43. BLANCHET, *Tessères antiques*, p. 24, 38. *Rœm. Mitteil.*, XI, 1896, p. 244, 62, HUELSEN.

280 (134) [E. 16]. — **Tessère.** — Tortose. — Diam., 0ᵐ,0295 (du champ, 0ᵐ,026). Ép. de la tranche, 0ᵐ,003.

Même bordure.

Dans le champ, tête d'homme à gauche, le buste coupé en haut des bras, le bord d'une draperie paraissant au-dessus de l'épaule droite, le menton pointu, la bouche fermée, le nez long et busqué, l'œil en retrait sous une arcade sourcilière en fort relief, les cheveux crépus formant plusieurs rangs de touffes frisées, l'oreille grande et trop haut placée, l'os zygomatique nettement indiqué.

Au revers est l'inscription :

VII
'Αναυλία
z′

Le mot se rencontre pour la première fois, mais on peut le rattacher à ἄναυλος, de la même manière qu'ἀναυδία se trouve dans Hippocrate à côté d'ἄναυδος.

281 (133) [E. 10]. — **Tessère.** — Tortose. — Diam., 0ᵐ,003 (du champ, 0ᵐ,026). Ép. de la tranche, 0ᵐ,003.

Même bordure.

Dans le champ, tête de femme âgée, à droite, le cou ridiculement court et singulièrement coupé net, le menton pointu, la bouche entr'ouverte, le nez mince, allongé et busqué, l'œil petit, mais l'arcade sourcilière en très fort relief, le front plissé, les cheveux ondulés et cachés sous un kékryphale ou foulard à plis multiples.

Au revers est l'inscription :

VIII
Δισάκκια
H′

Le mot n'est pas employé par les auteurs, mais il paraît régulièrement formé de δίς et de σάκκιον ; je ne crois pas qu'il faille le rattacher à δισσάκι = δισσάκις, dont l'emploi est poétique.

282 (132) [E. 194]. — **Tessère.** — Anc. collection Péretié. Amrith. — Diam., 0ᵐ,0335 (du champ, 0ᵐ,028). Ép. de la tranche, 0ᵐ,0025. — Pl. XLI.

Même bordure.

Quatre tours ou maisons de ville. La première, à gauche, est plus basse et est surmontée d'un toit pointu. Le couronnement des trois autres est rectangulaire. La première, qui est plus haute que les autres, a trois étages, marqués par deux traits verticaux parallèles ; au-dessous, bande de cannelures verticales. La hauteur des deux autres tours va en diminuant vers la droite ; la première a trois étages comme plus haut ; au-dessous, croix oblique et cannelures verticales ; la seconde tour, plus enfoncée, n'a pas les cannelures verticales.

Au revers est l'inscription : ·

VIII
Φαμόλης
H′

Dumont, *de plumbeis apud Græcos tesseris*, p. 43 (théâtre). Blanchet, *Tessères antiques*, p. 26, 43. *Rœm. Mitteil.*, XI, 1896, p. 247, 91, Huelsen.

On peut comparer, pour le sujet, une tessère de Naples, trouvée à Pompei, Blanchet, *l. l.*, p. 31, 52. Le nom se lit encore sur une tessère de la collection Martinetti (*Mélanges École Rome*, XVI, 1896, p. 299-314, 5, Graillot = Huelsen, *l. l.*, 90).

283 (142) [E. 344]. — **Tessère.** — Anc. collection Péretié. — Diam.,
0ᵐ,031 (du champ, 0ᵐ,027). Ép. de la tranche, 0ᵐ,003. — Pl. XLI.

Même bordure. Cassé en bas. Ivoire verdâtre.

Dans le champ, **Abondance** ou **Tyché** (?), assise sur un siège non
figuré, ou peut-être marchant à droite, le corps entièrement drapé, le bras
levé à droite, la main paraissant tenir une corne d'abondance, la tête pleine
et de forme ronde, les cheveux massés et réunis par un bandeau mince.

Au revers est l'inscription :

VIII
Παμόλης
Η′

BIBL. *Bull. Corr. Hell.*, III, 1879, p. 270, 39, M. BEAUDOIN-POTTIER. BLANCHET,
Tessères antiques, p. 26, 43.

La lecture des premiers éditeurs est exacte, seulement elle ne s'applique
pas à la tessère précédente, vue par Dumont en 1868. Il faut admettre le
doublet Παμόλης — Φαμόλης.

284 (129) [E. 340]. — **Tessère.** — Anc. collection Péretié. — Diam.,
0ᵐ,029 (du champ, 0ᵐ,026). Ép. de la tranche, 0ᵐ,00275. — Pl. XLI.

Même bordure.

Dans le champ, bateau dont la proue et la poupe sont presque égales ;
au grand mât s'attache par une vergue une voile carrée, retenue à la proue
par un cordage ; à la poupe est assis un rameur nu, accroupi à droite, le
bras droit allongé, la main tenant une rame oblique, la main gauche pouvant
tenir la barre du gouvernail.

Au revers est l'inscription :

VIII
Παράπλους
Θ′

BIBL. *Bull. Corr. Hell.*, III, 1879, p. 269, 37, M. BEAUDOIN-POTTIER. BLANCHET,
Tessères antiques, p. 39, 66. *Rœm. Mitteil.*, XI, 1896, p. 245, 77, HUELSEN.

Un bateau est figuré sur une tessère d'Alexandrie dont le revers porte les deux chiffres sans nom gravé, Blanchet, *l. l.*, 10, p. 45. M. Rostovtzew (*Rev. Archéol.*, 1905, I, p. 124) croit que le mot est une déformation du célèbre περίπλους isiaque.

285 (138) [E. 13]. — **Tessère.** — Tortose. — Diam., o^m,031 (du champ, o^m,027). Ép. de la tranche, o^m,003.

Même bordure.

Dans le champ, tête de femme à gauche, le menton relevé, la bouche fermée, les commissures baissées, le nez difforme et grossi d'une excroissance singulière, l'œil enfoncé, l'arcade sourcilière sinueuse et saillante, les cheveux ondulés sur le front et ramenés vers le sinciput, le crâne couvert d'un voile plissé, la joue grasse et la nuque nettement découpée.

Au revers est l'inscription :

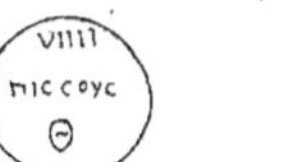

VIIII
Πισσοῦς
Θ′

Πεσσοῦς se lit sur une inscription de Tehneh (*Bull. Corr. Hell.*, XXVII, 1903, p. 385, 154), mais il n'est pas impossible qu'il faille rattacher le mot au verbe πισσόω-ῶ et M. Spiegelberg le croit plutôt grec qu'égyptien.

286 (131) [E. 15]. — **Tessère.** — Tortose. — Diam.; o^m,031 (intérieur, o^m,027). Ép. de la tranche, o^m,003.

Même bordure.

Tête de jeune homme à droite, le cou long et mince, le menton court et en galoche, les lèvres entr'ouvertes, le nez grand et mince, l'arête légèrement busquée, l'œil enfoncé sous une arcade sourcilière épaisse et sinueuse, le front bas, les cheveux courts et crépus, l'oreille de forme ronde et trop haut placée.

Au revers est l'inscription :

X
'Ανθάλιν
Ι′

Le diminutif ἀνθήλιον se lit dans Dioscoride (d'ἀνθήλη, aigrette).

De Ridder.   26

287 (140) [E. 20]. — **Tessère.** — Tortose. — Diam., o^m,o3 (du champ,
o^m,026). Ép. de la tranche, o^m,oo3.

Même bordure. Cassé à gauche.

Tête de femme âgée, à gauche, le cou très mince et coupé court, tout
le devant du visage emporté, l'œil enfoncé sous une arcade sourcilière saillante, les cheveux ondulés sur le front et ramassés à la nuque sous un kékryphale ou un foulard plissé.

Au revers est l'inscription :

XI[III]
Tερπο[...]
ΙΔ′

Peut-être peut-on lire, à cause de la fréquence des noms en IN, Tερπό[νιν],
mais Tερπόνιον est inconnu.

288 (126) [E. 12]. — **Tessère.** — Tortose. — Diam., o^m,o315 (du champ,
o^m,027). Ép. de la tranche, o^m,oo3.

Même bordure.

Dans le champ, tête de femme âgée, à droite, le menton pointu, la
bouche fermée, le nez long, mince et busqué, l'œil très enfoncé sous une
arcade sourcilière irrégulière et en fort relief, les cheveux apparents en
haut du front, un voile couvrant la tête, la nuque découpée, le visage dé-
charné et ridé.

Au revers est l'inscription :

XV
Πατώγιν(?)
ΙϹ′

289 (143). — **Tessère.** — Diam., o^m,o31 (du champ, o^m,027). Ép. de la
tranche, o^m,oo3.

Même bordure. Toute la moitié de gauche cassée.

Dans le champ, tête à droite, qui paraît barbue. Au-dessous, objet peu
distinct, en forme de crochet ou de ménisque(?).

L'inscription est très effacée. Je crois apercevoir les lettres N et ω.

290 (147). — **Fragment de tessère ou de jeton.** — Long., o^m,o2.
Ép. au bord, o^m,oo1.

Deux cercles concentriques autour du champ.

291 (145) [E. 191]. — **Jeton.** — Amrith. — Diam., o^m,o38. Ép. de la
tranche, o^m,oo2. — Pl. XLI.

Pas de bordure. Le relief plat.

Dans le champ, tête de femme à droite, le chiton échancré sur le cou,
le menton gros, la bouche fermée, les ailes du nez mal dégagées, l'œil franchement indiqué, le front très en retrait, les cheveux ondulés sur les
tempes, un grand voile couvrant le derrière du crâne.

Style passable.

292 (144) [E. 192]. — **Jeton.** — Amrith. — Diam., o^m,o31. Ép. au bord,
o^m,oo3. — Pl. XLI.

Simple cercle autour du champ. Le relief plat.

Grande tête de femme à droite, le buste drapé, le cou portant un collier,
le menton plein, la bouche fermée, le nez droit, l'arcade sourcilière bien
indiquée, le front bas et en retrait, les cheveux relevés en bandeaux ondulés
sur les tempes et retenus par un diadème de forme simple.

Assez bon style.

293 (146) [E. 195]. — **Jeton.** — Amrith. — Diam., o^m,o315. Ép. au bord,
o^m,oo15 (au milieu, o^m,oo3).

Cassé à droite et à gauche. Cercle autour du champ. Un trou est percé en haut du
crâne.

Dans le champ, tête de femme à gauche, les épaules indiquées, le menton pointu, la bouche fermée, le nez mince et allongé, le front oblique et en
retrait, un voile tombant derrière la tête.

TABLES

II. — PRINCIPAUX RECUEILS DE PLANCHES
ET CATALOGUES DE VENTE

I. *Archives des Missions scientifiques,* 3ᵉ série, tomo XI, 1885 (Clermont-Ganneau, 5ᵉ rapport).
    Pl. II = **55.**
    Pl. V, A = **6.**
II. Frœhner, *Catal. de la vente Hoffmann,* 26 mai 1888.
    571 (fig.) = **227.**
    Pl. XXIII = **28.**
    Pl. XXIV = **39.**
III. Daremberg et Saglio, *Dictionnaire des Antiquités.*
    Fig. 5090 = **49.**
    Fig. 5092 = **46.**
IV. Perrot, *Histoire de l'Art,* t. III (Phénicie et Cypre).
    Fig. 23 = **1.**

III. — TABLES DE CONCORDANCE

INVENTAIRE D

NUMÉROS de L'INVENTAIRE	NUMÉROS du CATALOGUE	NUMÉROS de L'INVENTAIRE	NUMÉROS du CATALOGUE	NUMÉROS de L'INVENTAIRE	NUMÉROS du CATALOGUE
24	18	39	22	236	25
25	23	234	16	237	55
27	20	235	12	239	35

INVENTAIRE E

NUMÉROS de L'INVENTAIRE	NUMÉROS du CATALOGUE	NUMÉROS de L'INVENTAIRE	NUMÉROS du CATALOGUE	NUMÉROS de L'INVENTAIRE	NUMÉROS du CATALOGUE	NUMÉROS de L'INVENTAIRE	NUMÉROS du CATALOGUE	NUMÉROS de L'INVENTAIRE	NUMÉROS du CATALOGUE
1	158	131	263	187	193	214	223	245	168
2	159	132	213	188	191	215	224	246	151
3	157	133	241	189	243	217	172	247	254
4	169	134	181	190	200	222	259	248	199
5	154	135	182	191	291	223	262	249	192
6	153	136	242	192	292	224	196	340	284
7	156	149	265	193	279	225	195	341	274
8	165	150	269	194	282	226	197	342	277
9	171	151	267	195	293	227	194	343	271
10	281	152	266	196	161	228	249	344	283
11	272	153	268	197	203	229	248	345	253
12	288	154	184	198	207	230	215	346	256
13	285	155	176	199	208	231	264	347	214
14	273	156	180	200	206	232	185	412	240
15	286	157	177	201	201	233	186	413	247
16	280	158	179	202	255	234	187	424	235
17	273	159	175	203	233	235	155	425	211
18	270	160	174	204	239	236	163	426	212
19	276	161	183	205	229	237	164	427	226
20	287	162	173	206	230	238	162	428	228
21	275	163	178	207	257	239	232	429	216
125	238	182	245	208	260	240	167	430	222
126	225	183	246	209	258	241	149	431	221
127	237	184	244	210	251	242	150	432	231
128	218	184 bis	188	211	209	243	152	433	160
129	236	185	189	212	204	244	170	436	7
130	210	186	190	213	220				

INVENTAIRE H

NUMÉROS de L'INVENTAIRE	NUMÉROS du CATALOGUE	NUMÉROS de L'INVENTAIRE	NUMÉROS du CATALOGUE	NUMÉROS de L'INVENTAIRE	NUMÉROS du CATALOGUE	NUMÉROS de L'INVENTAIRE	NUMÉROS du CATALOGUE	NUMÉROS de L'INVENTAIRE	NUMÉROS du CATALOGUE
4	136	13	110	141	45	161	44	167	33
5	146	14	116	144	145	164	38	168	34
6	144	78	129	147	130	165	24	169	37
10	148	79	128	148	141	166	32	174	36
11	117	103	118	154	111				

IV. — TABLE DES PROVENANCES

I. — Grèce.

Messénie, **118.**

II. — Iles.

Rhodes (Camiros), **62, 63, 111, 112.**

III. — Asie Mineure.

Tarse, **24.** — Banias (Balanée), **35, 116.** — Tortose (Antaradus, Rouad), **18, 20, 21, 22, 34, 117, 136, 144, 146, 153, 154, 156, 158, 159, 165, 171, 188, 189, 190, 191, 193, 201, 204, 207, 209, 225, 229, 233, 237, 238, 239, 242, 244, 245, 246, 251, 255, 257, 258, 260, 270, 272, 273, 275, 276, 278, 280, 281, 285, 286, 287, 288.** — Amrith, **155, 157, 161, 162, 163, 164, 167, 169, 170, 185, 186, 187, 192, 194, 195, 196, 197, 199, 200, 215, 232, 248, 249, 259, 262, 264, 279, 282, 291, 292, 293.** — Tripoli, **36.** — Djebaïl (Byblos), **1.** — Beyrouth, **32, 33, 45.** — Saïda (Sidon), **6, 7, 17, 46, 54.**

V. — INDEX ALPHABÉTIQUE

De Ridder.

28

De Ridder.

29

TABLE GÉNÉRALE

3

Ern. Leroux, Editeur, Paris.

Héliog. Dujardin.

4

5

19

19

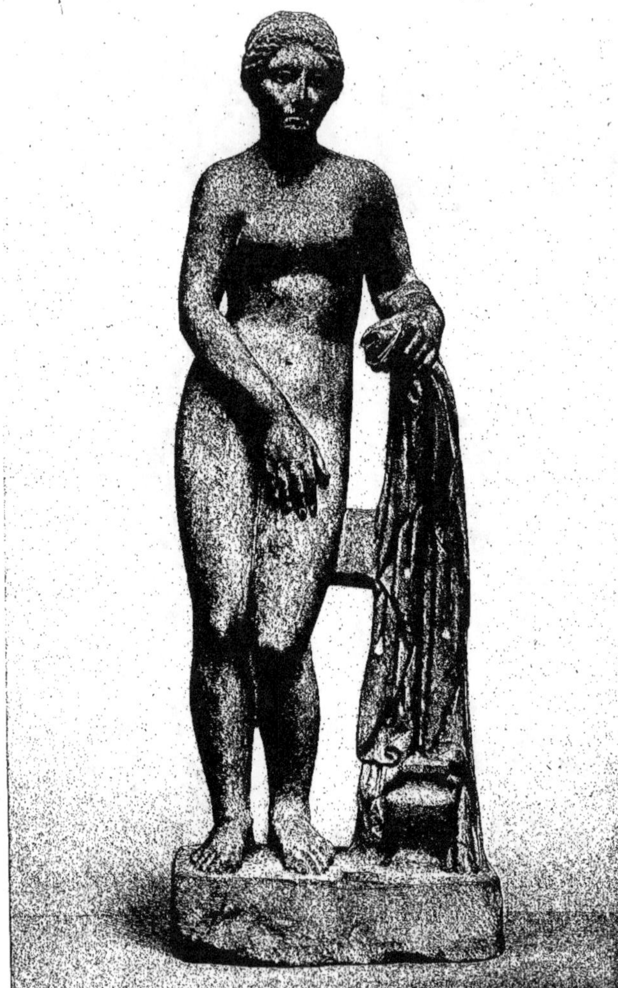

10

11

                    Héliog. Dujardin.

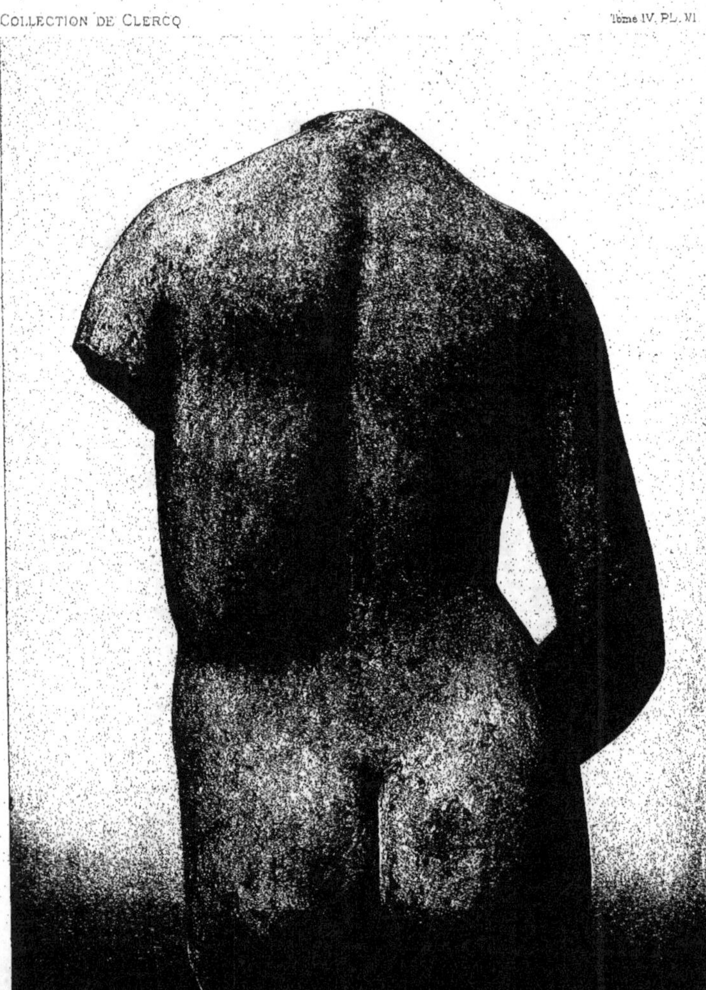

11

15

28

29

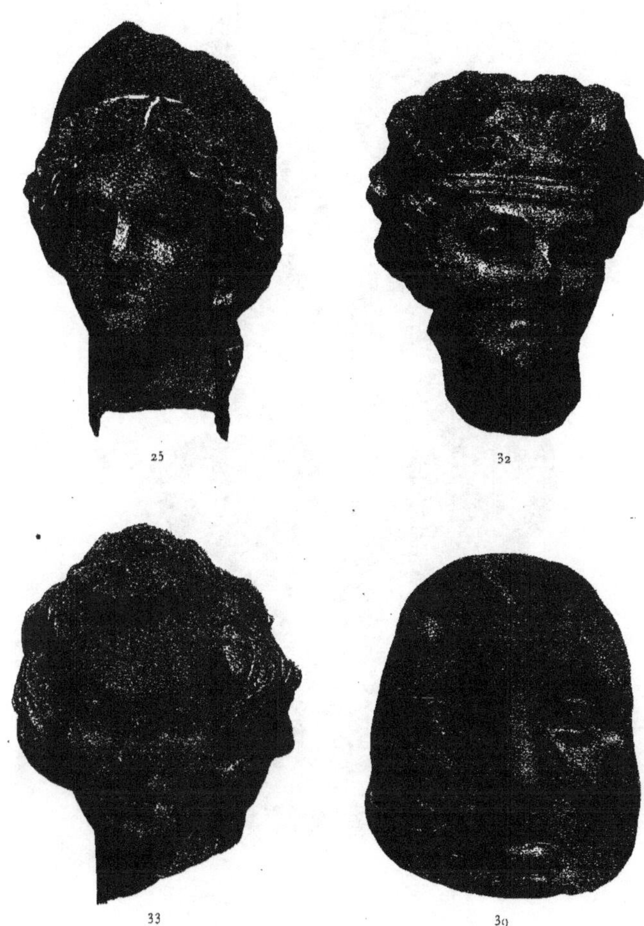

25
32
33
39

30

31

31

ANTINOVS

41

40

46

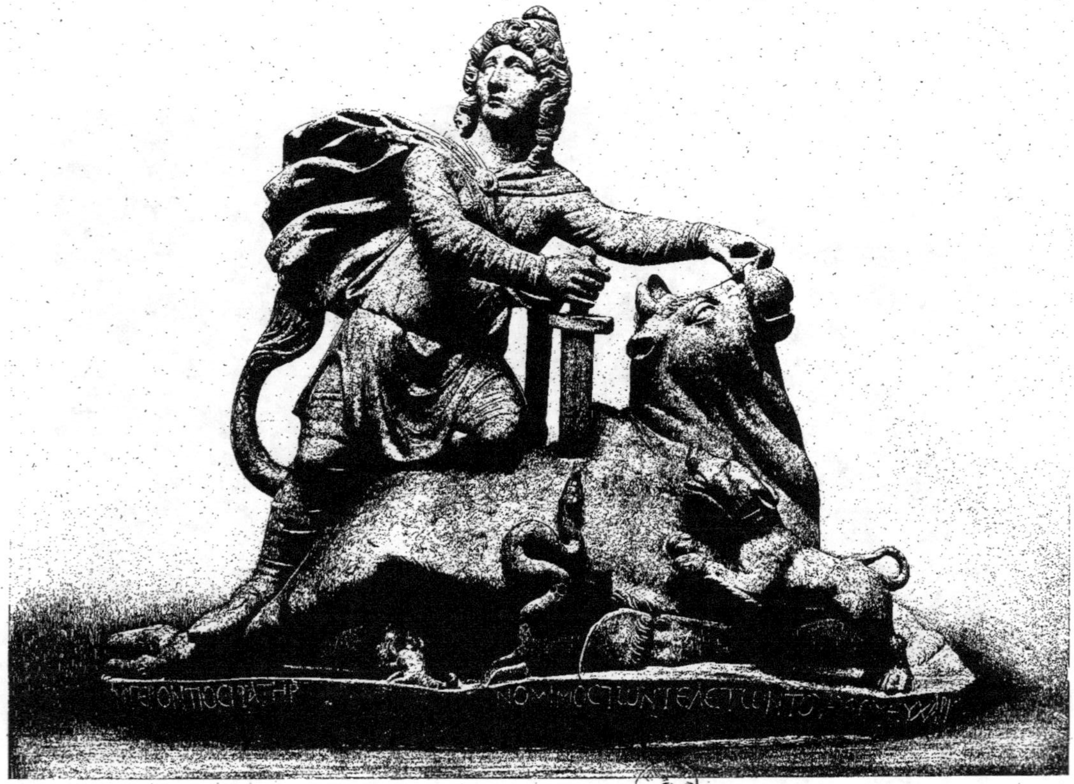

Ern. Leroux Editeur Paris.

Héliog. Dujardin.

Ern. Leroux, Editeur, Paris

Hélio & Dujardin

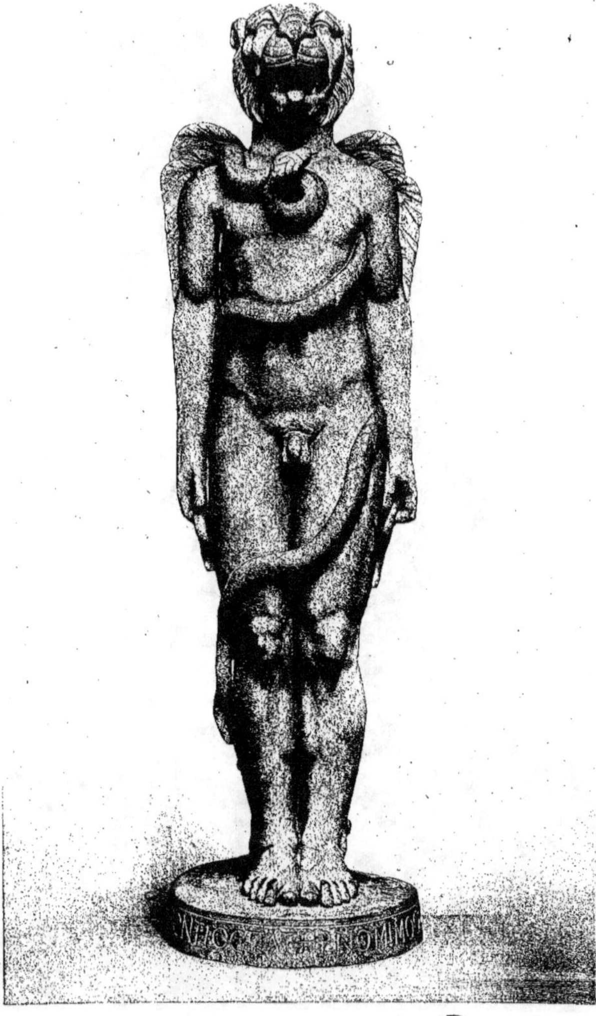

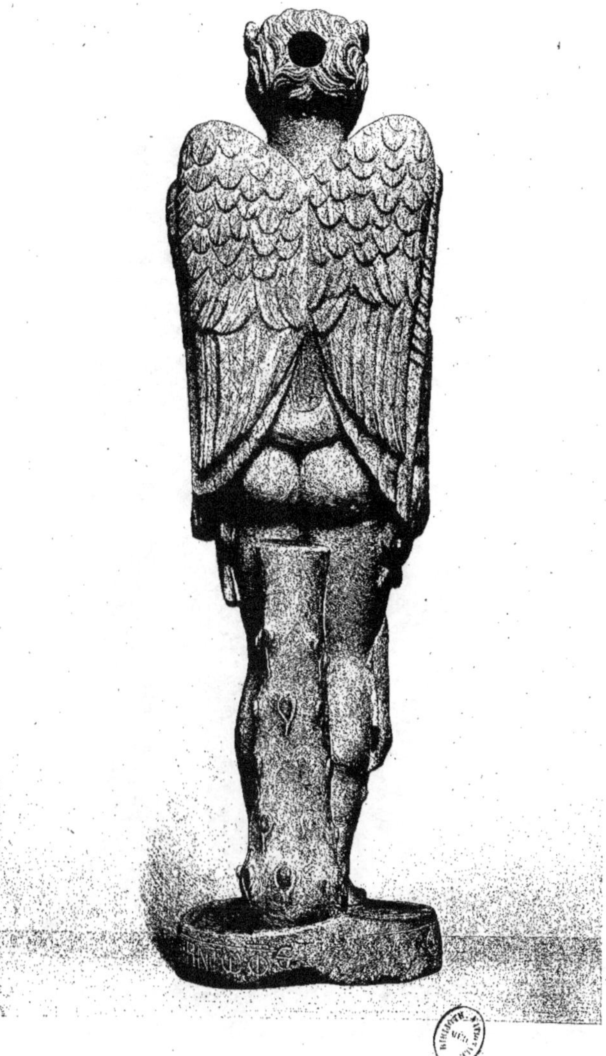

49

Ern. Leroux Editeur, Paris.   Héliog.Dujardin.

Ern. Leroux, Editeur Paris.

Hého & Dujardin.

Ern. Leroux, Editeur Paris.

Héliog Dujardin.

N° 54

43

44

42

60

57

58

59

89

61

63

62

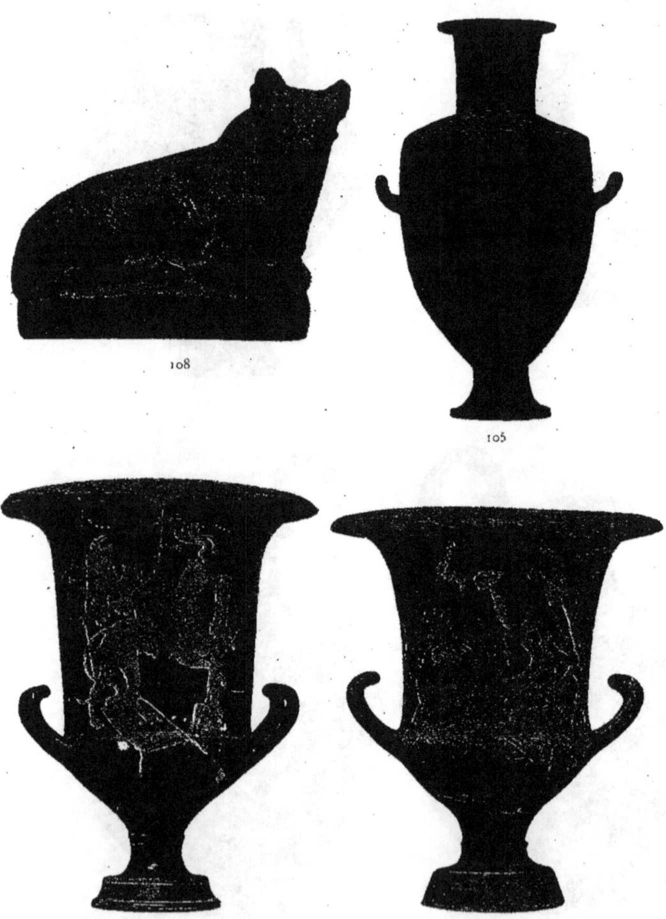

108
105
94
93

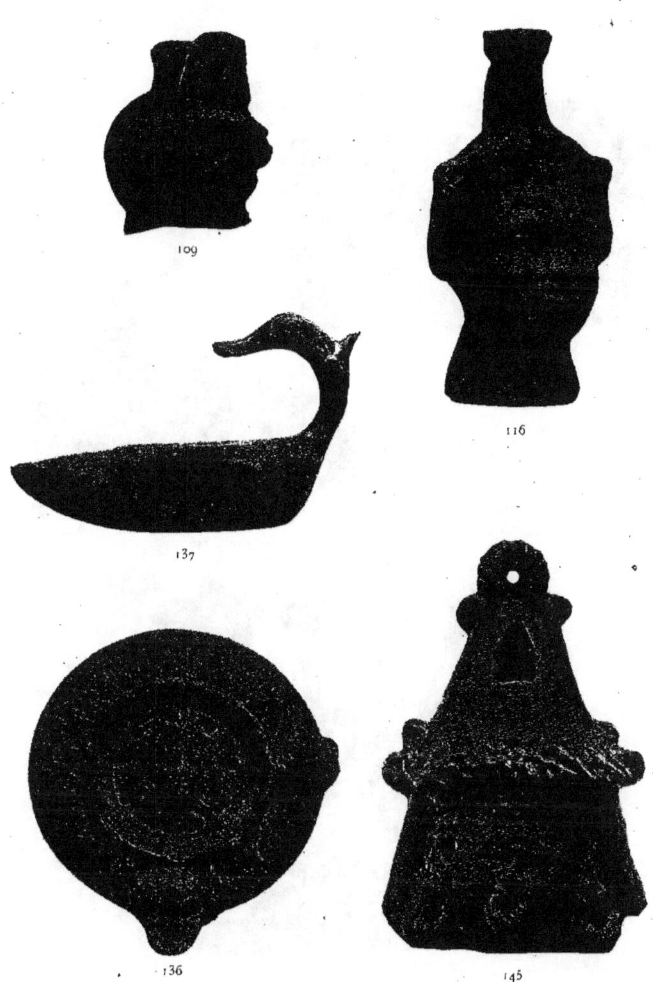

109
116
137
136
145

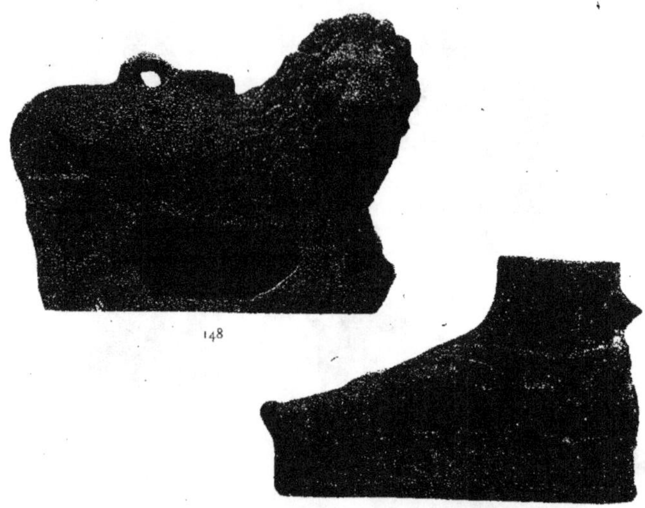

148

146

143

Ern. Leroux, Éditeur, Paris

Imp. Draeger

149
150
151
192
192
190
190
191
193
189
163
162
167
164
171
152

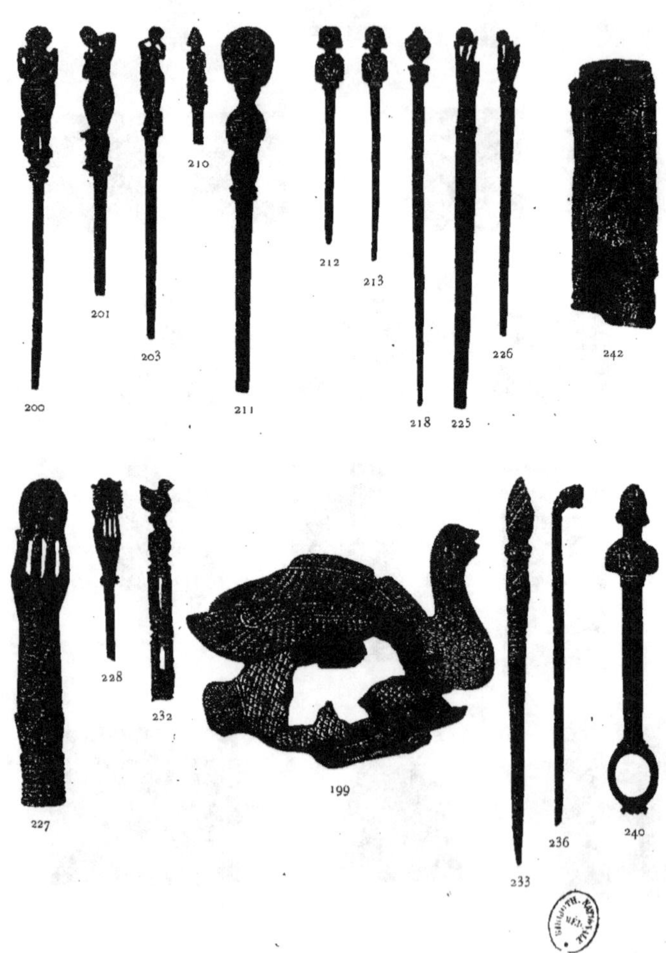

210
212
213
201
203
226
242
200
211
218 225
228
232
227
199
236
240
233

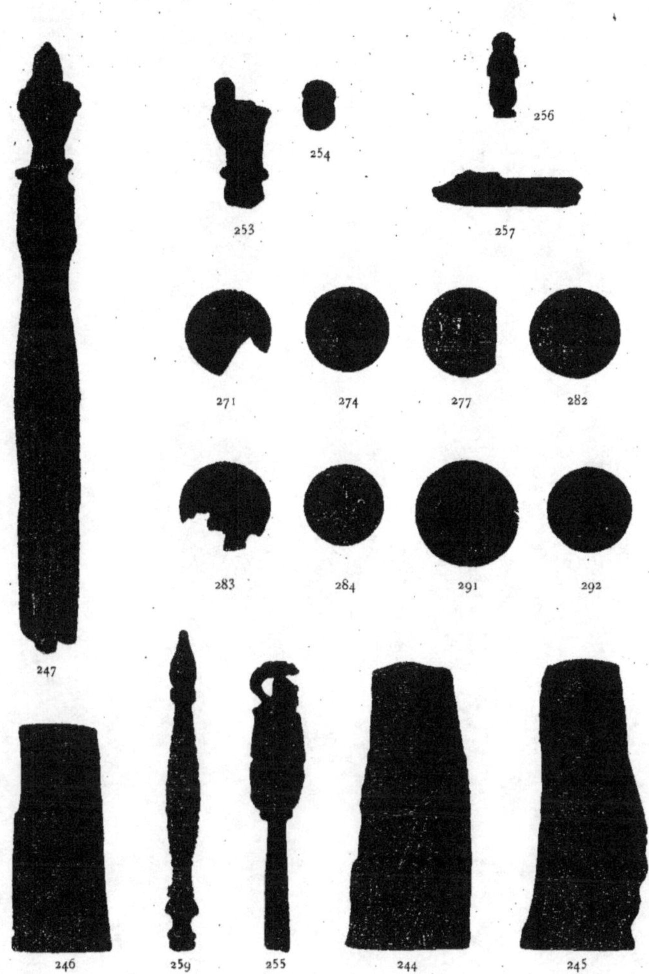
253
254
256
257
271
274
277
282
283
284
291
292
247
246
259
255
244
245